中国传播学评论

媒介转向

Chinese Communication Studies Review

第八辑

黄旦 主编

中国传媒大学出版社
·北京·

序言　媒介转向

◎ 黄　旦

在大众传播研究著名的"五W"模式中，其中一个"W"就是指向"媒介"，即通过什么"渠道"，又称"渠道理论"。显而易见，这是一种"管道隐喻"的具体展现：内容是物体，媒介是容器，传播是发送。总之，就是说话者（传播者）把内容（物体）放进媒介（容器）里并（顺着管道）传送给听者（受众），而听者（受众）会从媒介这个容器中提取出密闭的内容。① 好比是自来水，龙头一拧，水流从水管里自动哗哗流出。在这样的语境中，管道本身不过是一个物体，完全受人所掌控。这种将媒介视为人的工具的观念，在新媒体风起云涌的传播实践中，越来越遭到质疑。即以"管道"而论，我们现在认识到，其材质构成、大小粗细、承受能力、铺设方式、接口密封方式、方位走向、所处地势等不同，都能影响供水和水质。前些天看到一条新闻，四川山区一个村庄，由于地势高峻，管道无法铺设，一直缺水。最后是扶贫干部利用了上海一个工厂所发明的新的抽水设施，才解决了这一难题。可见是"管道"打通了阻碍，从而改变了"流水"，而不是相反。温纳的提醒值得我们留意，"人们并非随心所欲地任意'使用'工具，而是要注意遵守适当的操作程序和技法，满足运转所需的全部物质条件"②。以此来看，基特勒称城市本身就是一种媒介，是街道交错的"必然结果"，"是由河流、水道和新闻渠道共构的网络"③，是极富创见的。正是出于这样的考虑，复旦大学信息与传播研究中心近几年一直提倡并致力于"媒介转向"，藉此为我国传播研究打开一个新局面。

---

① 乔治·考莱夫，马克·约翰逊.我们赖以生存的隐喻[M].何文忠，译.杭州:浙江大学出版社,2015:7-8.
② 兰登·温纳.自主性技术:作为政治思想主题的失控技术[M].杨海燕，译.北京:北京大学出版社,2014:171.
③ 弗里德里希·A.基特勒.城市,一种媒介[M]//周宪.文化研究(第十三辑).北京:社会科学文献出版社,2013:255-268.

媒介转向,大致包含两层意思:第一,重新理解媒介在传播中的重要意义。英文的 media 来自拉丁文 medium——意指"中间"。medium 大约含有下述三种意涵:(1)指"中介机构"或"中间物",这属于比较古旧的普遍理解。它以一种特别的物理或哲学的观念为依据,认为一种感官(或一种思想)要去体验(或表现)必须有一个中间物;(2)专指技术层面,例如将声音、视觉、印刷视为不同媒介(media);(3)特指资本主义,在这个意涵里,报纸或广播事业被视为另外事物(例如,广告)的一个媒介。① 我的理解,这三层含义并非彼此取代,相反,第一层含义始终贯穿于后二者之中。试想,如果"声音、视觉、印刷"不是一种"体验(表现)"的中介物,报纸和广播不能居于"广告"与消费者之中间,是不可能以"媒介"(medium 或 media)来命名的。所以,媒介即居中搭建关系、转化关系之枢纽。关于此,延森有比较清楚的说明:"古典之后的拉丁文以及 12 世纪之后的不列颠资料中,媒介则指从事某事的方式。一方面,媒介可以视为一种偶然性的存在,它使得现实世界中的诸多现象相互关联,或将现实世界与可能性世界相互关联……另一方面,从现代意义看,媒介是一类特殊资源。直到 1960 年,媒介才成为一个术语,描述实现跨时空社会交往的不同技术与机构。"② 所谓的"相互关联""跨时空社会交往",等等,就是居中转圜——"媒介从事某事的方式",并生发出新的关系和结果。由此而言,以汉语"媒介"对译"media"还是比较贴切的,按《说文解字》,"媒"即"谋合二姓以成婚媾",同样是居中联结,创造新生之意。

媒介居中且又联结创造关系——谋合二者以成"婚媾",媒介的特性及其运作自然就对传播的构成及其形态起到根本作用。这就好比温纳眼中的技术:"从根本意义上来看,对事物起决定作用的是技术全部价值所在。如果它不起决定作用,那么它就毫无用处。"③"决定",就其普通含义,"意味着为某事物指引方向、决定其进程、使之明确地建立起来、确定其形态和构造",形成一种动力,是一种"活生生的力量旋涡。由这种旋涡所生成的环境,粗暴地磨灭旧的文化形态"。④ 我们平常所谓的"口语传播""文字传播""印刷传播""电子传播"等,应该置于这样的层面来认识,其实际上就是不同媒介所生成的不同的传播形态乃至于人类社会的基本形态。这也正是马克·波斯特所指出的,符号交换情形的结构变化决定了历史

---

① 雷蒙·威廉斯.关键词[M].刘建基,译.北京:三联书店,2005:299-300.
② 克劳斯·布鲁斯·延森.媒介融合[M].刘君,译.上海:复旦大学出版社,2012:59-60.
③ 兰登·温纳.自主性技术:作为政治思想主题的失控技术[M].杨海燕,译.北京:北京大学出版社,2014:64-65.
④ 麦克卢汉.麦克卢汉序言[M]//伊尼斯.帝国与传播.何道宽,译.北京:中国人民大学出版社,2003.

的不同时期。①

所以,媒介是什么,涉及现实世界是什么的问题。这里面既包含了哲学观,也包含着史观。关于传播——人与媒介关系的不同隐喻,指向不同的世界面孔。第一种是再现或者机器,这是最传统的理解,表示主体至上,理性的人运用技术但不受其奴役。第二种是表现或有机体,在这个隐喻里,技术构成了世界,人服从于技术所诱发的世界面貌。"支配"的思想消失,让位于"适应"的观点,人与媒介共存于一个有机的生态之中。第三种则是混合,人与技术是一种自我同义反复,主体与客体、生产者与产品混合在一起,真实性、意义和身份消失。这样的三种隐喻,是人所编制出的与传播有关的三种预先假定的世界面孔,这些假定在悄悄运作之时,就会出现在概念制造、发明、研究等方法之中②,就会制约思维和研究。因此,要将媒介确立为传播研究的基本视野,从媒介切入来理解传播及其构成的世界面孔,就是媒介转向的第二个意思。如果说,"表现一种科学特征的是观点,而不是研究对象。每一门科学都是沿着特定的入射角进入人类生活当中的"③,那么,媒介就是我们认为的这样一种传播研究之特定入射角。以媒介为支点,我们就有可能打通人文、社科和自然科学,重构学科体系、学术体系和理论话语体系,形成新闻传播学科新的版图。

正是基于这样的想法,本期的《中国传播学评论》以"媒介转向"为主题,试图为推动这方面的研究,提供新的思想营养。

本期内容共分四个部分,第一部分"技术的本性",来自《剑桥经济学刊》(*Cambridge Journal of Economics*)。该刊 2010 年的第 1 期,正是以此为主旨的专辑。该刊之所以将技术列为专题,一方面在于技术既是传统经济学中关于经济增长、财富创造和缓解贫困的中心问题,也与一系列广泛的社会议题,诸如气候变化、全球化、教育、卫生保健供应、媒介和艺术发展等密切相关。可是关于什么是技术、如何将之概念化,莫衷一是,五花八门。有的认为技术就是物质对象(电脑、照相机或者起重机);有的以为它是客观物质和人类行为或者社会结构之间的关系,二者纠缠一起难解难分;也有的认为技术是指科学进展(信息技术、纳米技术、生物技术)、程序或者生产技能,而在主流经济学当中,技术就是公司企业关于各种投入的综合概括。在还有一些人那里,技术被简单理解为"专门知识"(technical

---

① 马克·波斯特.信息方式[M].范静哗,译.周宪,校.北京:商务印书馆,2000:13.
② 吕西安·斯菲兹.传播[M].朱振明,译.陈卫星,审校.北京:中国传媒大学出版社,2007:16-20.
③ 转引自雷吉斯·德布雷.媒介学引论[M].刘文玲,译.陈卫星,审译.北京:中国传媒大学出版社,2014:3-4.

knowledge),从理论知识到生产过程的程序和惯例中所反映出来的那些默会知识均涵盖在内;还有的将技术指认为社会体系(social institutions),如抽象的"货币"或者比较具体的政治或军事力量。① 正是基于此,刊物邀请了不同学科的顶尖人物,共同参与讨论,分享不同见解,以推动思考和研究。我们选购了其中八篇文章的版权,并译成中文,以飨读者。本期共刊出四篇,另有四篇将在下一期的《中国传播学评论》刊载。选译《剑桥经济学刊》技术专辑的文章,出于两个考虑:第一,媒介具有物质的一面,这些从不同视野对于技术的讨论,可以与我们以往对于媒介技术的认识形成比照,或许会有助于拓展新的思路;第二,这些文章的焦点都是关于技术如何概念化,这也有可能为我们如何将媒介概念化提供某种启示。

本期的第二部分,是五篇当前传播领域中有关媒介研究的几种主要路径及其观点的梳理和辨析,对这方面有兴趣的读者,可以由此获知其面貌及变化。这五位作者均为复旦大学新闻学院的博士生,都是"世界传播学说史"课程的学生。他们结合课内课外的文献阅读和讨论,各自按照选题分头来写。文章自初稿到成稿,花了大半年,其中还包括一个暑假。仅和我们老师讨论,在我的印象中就不下三到四次,每次拿来,又被打回去修改,更不必说他们自己组织的讨论。如此磨砺和折腾的过程本身,相信会让同学终身难忘。文章中所显露出的认真和勤勉,也一定会给人留下深刻印象。当然,文章肯定不太成熟,其归纳也未必都很准确,甚至难免有错漏,因此也殷切期盼大家的指点。

本期第三部分,是我们中心创设的"切问近思半月谈"沙龙之成果。这个沙龙目前分为三个板块:跨学科前沿、新时代媒体实践以及新闻传播学教学与研究新探索。这部分中的两篇文章,就是2018年"新时代媒体实践"的主要成果。另一篇文字,则是2017年"传播与中国·复旦论坛"的圆桌讨论,业界和学界共同就"融合媒介与城市公共生活创新"的一些真知灼见。我们始终以为,学界与业界保持良好的互动,既是学术研究的需要,因为研究的新思维常常来自业界创新之启发;同时也是学术反馈实践,为实践提供新思想资源的需要。这几年我们坚持利用各种机会与业界精英们交流,激发辩论、激励思考,取得了很好的效果。现在借助本集刊,刊载这方面的成果,既是为了与同行分享,也希望大家能从中得到刺激和启示,从而为学术研究助力。

---

① FAULKNER PHILIP,LAWSON CLIVE,RUNDE JOCHEN. Theorising technology[J]. Cambridge Journal of Economics,2010(34):1-16.

近几年,为了进一步了解全国新传播实践的状况,我们中心组织人员走访了十几个不同类型的城市,对新媒体环境下城市公共传播做了实地调查研究,撰写了调查报告。本期最后一部分就是其中之一,是关于杭州、深圳、上海和银川四城市的状况和分析。另外还有两篇报告,我们将在后续集刊中分别刊出,恳请大家注意。调查报告虽然是我们的所见所闻所想,难免有偏狭,但还是乐意贡献于同行面前,或许能对了解现实、启发思考起到应有作用。

目 录

第一部分　技术的本性

技术如何生成？这才是问题的关键所在
　　　　　　　　　　　　　　　　　维比·伯杰克　贺碧霄译 / 3
技术考古学　　　　　　　　马西娅-安妮·多布雷　季凌霄译 / 18
技术的本性:知识、过程/程序/步骤、人造物与生产投入
　　　　　　　　　　　乔瓦尼·多西　马可·格拉奇　张妤文译 / 32
人类技术有什么特别之处？　　　　　罗伯特·翁格　杨　击译 / 45

第二部分　什么是媒介

作为信息物质的媒介
　　——《留声机 电影 打字机》中基特勒媒介思想的光与影　凤　仙 / 57
作为实践制度的媒介:理解媒介化研究　　　　　　　　　黄　显 / 72
作为中介行为的媒介:德布雷的媒介理论初探　　　　　骆世查 / 87
作为界面的媒介:交互性视角　　　　　　　　　　　　徐亦舒 / 107
媒介理论:作为文化环境的媒介　　　　　　　　　　　许同文 / 120

第三部分　新新闻业时代

从东方电台到阿基米德
　　——上海广播的前沿探索　　　　　　　　　　　　　　/ 141
融合传播与城市公共生活创新
　　——传播与中国·复旦论坛(2017)主题圆桌论坛　　　　/ 155

以新闻推动社会进步
——人民日报社高级记者李泓冰从业30年新闻作品探讨　　　　　　　／169

第四部分　调查报告：中国城市公共传播的创变

上分下合，联动共作
——上海、深圳、杭州和银川城市公共传播调查　　　　　潘霁　／189

第一部分
技术的本性

技术如何生成？这才是问题的关键所在*

◎ 维比·伯杰克(Wiebe E. Bijker)**

贺碧霄 译

摘要：本文回顾了技术建构论方面的研究，尤其是技术的社会建构研究（SCOT）。为了探讨如何从本体论的层面了解技术建构论，笔者从分析单元、方法路径和研究问题三个方面对此类研究进行了历史回顾。只有在方法论的意义上，这些技术建构论者才是相对主义者。在技术的本体论问题上，他们是不可知论者。建构主义的研究主要追问的问题不是技术是什么，而是技术是如何生成的。

关键词：社会建构；本体论；相对主义；唯实论；唯心论；技术；技术文化；技术框架

导 论

作为一个由工程师转行的社会学家，笔者对诸如"技术是什么"这样的哲学问题关注较少，而更关注"技术如何生成"这样的技术问题、"如何使用技术"这样的政治问题以及"如何研究技术"这样的学术问题。当然，笔者必须确认这三个问题背后依然有"何为技术"这样的潜在本体论前提在起作用。在这篇论文中，笔者想尝试兼顾两方面：探讨如何学习、生产和使用技术，并以此过程回答哲学层面的关于技术的本体论问题。更具体地说，在本文中，笔者将回答两个有关联却不同的本体论问题：一是"技术建构论者的研究是否必须采纳非唯实论的取向（比如唯心论的取向），还是说他们可以同时与唯实论相容？"二是"对技术建构论者的研究来说，技术意味着什么"。笔者的回答将与技术的社会研究相关，更直接与技术的社会建构研究（以下简称SCOT）相关。换言之，笔者对此类问题的回答将采用历史人类学的方法。通过追溯社会学家（以及历史学家）针对技术所

---

* 本文译自《剑桥经济学刊》(*Cambridge Journal of Economics*)2010年第1期，第63—76页。本文已获得牛津大学出版社授权。

** 2009年4月9日收稿，2009年8月21日定稿。作者通信地址：马斯特里赫特大学(Maastricht University)。我感谢此次特刊的编辑雷·德·王尔德(Rein de Widle)以及其他两位匿名评审人的有益评论。

采用的多样研究路径,笔者希望了解这些研究背后的本体论假设。

SCOT 始于20世纪80年代,笔者将以三种叙述来追溯它的发展轨迹。第一种叙述与解释单元的变化有关,即从技术的物质层面转向技术文化。第二种叙述回顾了它的核心方法论和理论观点——从技术的社会建构到技术与社会的协同生产。第三种叙述则重新估量研究问题如何从理解技术发展到探讨现代技术科学社会的政治问题。

在展开对这三种研究路径的叙述之前,笔者先回答本体论问题。关于技术建构论的讨论,笔者主张这些讨论背后都有相对主义的假设。区分哲学、方法论和伦理意义上的三种相对主义对于理解我们的讨论是有益的:这里所讲的相对主义,主要是从方法论意义上来说的。① 这三种层面的相对主义的讨论,将在本文的三个核心部分,即分析单元、关于分析单元的探索以及研究问题部分体现。

只有第一个层面的相对主义的讨论涉及唯实论/唯心论的本体论问题。这一层面的唯心论很容易站在唯实论的反面。虽然日常用语中的"唯实论"常指野心不大的态度,而"唯心论",即便不被认为是乌托邦式的,相形之下,也会被认为具有更大的野心。然而,在哲学讨论里,情况可能相反。"唯实论者宣称比他们的对手知道得更多——他们是哲学上的乐观主义者。"②他们对世界的存在、现象、宇宙、抽象的东西,都提出了很多论断。唯心论者却将观点看作观察世界者本人心智的创造物。笔者的观点是技术的建构主义研究对这样的唯心论/唯实论问题持不可知论态度:对于技术社会建构论者而言,唯心论与唯实论都与之兼容,而且,在经验的层面上,他们无法在两者之间选择一种认识论立场。方法论上的相对主义是技术建构论者的重要特征。正如笔者在方法论的探索部分将要讨论的那样,这是一种特殊的相对主义,用于解释机器如何工作。技术社会学并不强制某人接受道德相对主义。笔者将讨论(尤其是在研究问题那个部分)SCOT 的分析路径,这对于讨论规范和政治问题具有极富成果的贡献,而且使用这种分析框架能够形塑道德立场。所以,SCOT 并不强迫任何人接纳某种特定的规范立场。

我们不论对于回答文章开头的"什么是技术"这样的问题如何采取保留的态度,至少还是需要给第二个本体论问题一个直觉意义上的回答。这个初步的回答与麦肯尼兹和瓦杰克曼③在他们的开创性研究读本中的回答一模一样:技术首先包括器物和系统,其次是关于技术和系统的知识,最后则是使用此项技术的系统实践。这个初步的

---

① 关于建构主义科学研究的类似讨论,可参见 COLLINS, H. M. Gravity's shadow: the search for gravitational waves[M]. Chicago: University of Chicago Press, 2005.
② MAKI, U. Realisms and their opponents: philosophical aspects[M]//SMELSER N J BALTES P B. International encyclopedia of the social & behavioral sciences. Oxford, Amsterdam: Elsevier Science, 2001.
③ MACKENZIE D, WAJCMAN J. The social shaping of technology: how the refrigerator got its hum[M]. Milton Keynes: Open University Press, 1985.

回答将有助于正文对于技术的讨论,有助于人们寻找一种不同的或更复杂的对第二个本体论问题的解释。

一、技术社会学(尤其是 SCOT)简介

伯格与卢克曼[①]在《知识社会学》一文中最早提出了"社会建构"的说法。基于现象学的传统讨论,尤其是舒茨[②]的研究,他们提出:现实是一种社会建构,而这种社会建构的过程本身应该成为知识社会学考察的对象。他们考察人们如何建构这一类寻常的知识以达成对社会的理解。他们关注社会机构的现实,并将社会作为一个整体来加以理解,而不关注科学、技术等亚文化,虽然学术研究中依然出现了许多关于精神疾患、失范、性别、法律和阶级的社会建构的研究。类似的,20 世纪 70 年代,关于科学事实的社会建构研究发展起来,80 年代则出现了关于人工制品的社会建构研究。

技术建构主义者的研究相当广泛,从最温和的研究到最激进的研究都被包括在内。[③] 其中比较温和的观点仅仅强调关于科学技术的研究应该涵盖社会过程。这样的研究包括康斯坦特[④]对涡轮喷气飞机革命的研究、道格拉斯[⑤]对广播电视历史的探讨、奈[⑥]对美国电气化的研究,以及柯兰那基斯[⑦]对法国桥梁工程的研究。虽然没有被明确地讨论过,但是我们可以合理地认为这些研究都具有唯实论取向。更为激进的技术建构论研究认为科学与技术的内容都是社会建构的。换句话说,关于科学的陈述与机器的技术运转都不是自然而然形成的,而是在社会过程中形成的。激进的建构主义研究具有相同的背景、相似的研究目标,并且其中部分研究是由同一群作者完成的。[⑧]

---

① BERGER P L, LUCKMANN T. A treatise in the sociology of knowledge[M]//The social construction of reality. New York:Doubleday Anchor Books,1966.
② SCHUTZ A. The problem of rationality in the social world[J]. Economica,1943(10):130-149.
③ SISMONDO S. Some social constructions[J]. Social studies of science,1993(23):515-553.
④ CONSTANT E W. The origins of the turbojet revolution[M]. Baltimore:Johns Hopkins University Press,1980.
⑤ DOUGLAS S J. Inventing American broadcasting, 1899—1922[M]. Baltimore: Johns Hopkins University Press,1987.
⑥ NYE D E. Electrifying America:social meanings of a new technology,1880—1940[M]. Cambridge, MA: MIT Press,1990.
⑦ KRANAKIS E. Constructing a bridge: an exploration of engineering culture, design, and research in nineteenth-century France and America[M]. Cambridge:MA, MIT Press,1997.
⑧ BARNES B, BLOOR, D. Relativism,rationalism,and the sociology of knowledge[M]//HOLLIS M, LUKES S. Rationality and relativism. Oxford: Basil Blackwell, 1982; BIJKER W E. Social construction of technology [M]//SMEISER N J, BALTES P B. International encyclopedia of the social & behavioral sciences,Vol. 23. Oxford:Amsterdam,Elsevier Science,2001;COLLNS H M. Changing order:replication and induction in scientific practice[M]. London:Sage,1985;COLLINS H M. Sociology of scientific knowledge[M]//SMELSER N J, BALTES P B. International encyclopedia of the social & behavioral sciences,Vol. 20, Oxford: Amsterdam, Elsevier Science,2001.

科技建构论的研究成果主要由三部分构成：早期的科学－技术－社会运动（STS）、关于科学的知识社会学研究、技术史。第一部分研究主要发源于20世纪70年代的荷兰、斯堪的纳维亚、英国和美国。它的目标是在大学和中学增加科学家的社会责任、核能的潜在威胁、核武器扩散和环境污染等方面的教育课程。这项运动在科学与工程类的专业研究者中的推广尤其成功，部分STS课程也成为获得学位资格的必修课程。以知识社会学、科学哲学和科学社会学等研究为基础，关于科学知识的社会学研究兴起于20世纪70年代末期的英国。① 这些项目的核心方法论信条（尤其是它的不对称性原则）也同样适用于技术方面的研究。在技术史领域，尤其在美国，越来越多的学者开始提出更具理论性和社会意义的问题，其中最有影响的研究包括休斯②和考曼③的研究。这类具有开创性的研究催生了麦肯尼兹和瓦杰克曼编辑的技术史读本④，而这又进一步扩大了这类研究的影响。

1984年在荷兰举行的一次国际学术工作坊让这三种传统的研究汇集在一起。这次的工作坊论文集经由技术史和科学知识社会学学者⑤编辑出版，则预示了技术的社会建构论学派研究的开端。为了更好地理解这次工作坊和这本论文集，需要对"技术建构论"做广义和狭义之分（但是需要注意这两者都属于激进的社会相对论）。广义地讲，这个词用以泛指所有出现在1987年论文集上的研究，包括加农、拉图尔和洛等人的行动者网络研究⑥，以及休斯的技术系统路径研究。狭义地讲，它指的是平奇和伯

---

① BLOOR D. Knowledge and social imagery[M]. London: Routledge & Kegan Paul, 1976; COLLINS H M. Stages in the empirical programme of relativism[J]. Social studies of science, 1981, 11: 3-10; COLLINS H M. Changing order: replication and induction in scientific practice[M]. London: Sage, 1985.
② HUGHES T P. Networks of power: electrification in western society, 1880—1930[M]. Baltimore/London: Johns Hopkins University Press, 1983.
③ COWAN R S. More work for mother: the ironies of household technology from the open hearth to the microwave[M]. New York: Basic Books, 1983.
④ MACKENZIE D, WAJCMAN J. The social shaping of technology: how the refrigerator got its hum[M]. Milton Keynes: Open University Press, 1985.
⑤ BIJKER W E, HUGHES T P, PINCH T J. The social construction of technological systems, new directions in the sociology and history of technology[M]. Cambridge, MA: MIT Press, 1987.
⑥ CALLON M. Some elements of a sociology of translation: domestication of the scallops and the fishermen of St Brieuc Bay[M]//LAW, J. Power, action and belief: a new sociology of knowledge?. Boston: Routledge and Kegan Paul, 1986; CALLON, M. Society in the making: the study of technology as a tool for sociological analysis[M]//BIJKER W E, HUGHES T P, PINCH T J. The social construction of technological systems, new directions in the sociology and history of technology. Cambridge, MA: MIT Press, 1987; CALLON M. Four models for the dynamics of science[M]//JASANOFF S, MARKLE G E., PETERSEN J C, et al. Handbook of science and technology studies. Thousand Oaks: CA, Sage, 1995; LATOUR, B. and BASITE, F. Writing science—fact and fiction: the analysis of the process of reality construction through the application of socio-semiotic methods to scientific texts[M]//CALLON, M., LAW, J, RIP, A. Mapping the dynamics of science and technology. London: Macmillan, 1986; LAW J. Power, action and belief: a new sociology of knowledge? [M]. London: Routledge and Kegan Paul, 1986.

杰克开创的缩写为 SCOT 的技术建构研究。①

二、技术社会学及其分析单元

在 SCOT 的早期研究中，它的分析单元是单一的人工制品。人工制品作为一种单一分析单元可能最难分析。即便要展示一辆自行车或一盏台灯的生产是社会建构的，也是个困难的任务。所以，这种展示一旦成功，则将比"技术作为一种更高层级社会建构物的聚合体的研究"更有说服力。"这条路径是为了批判技术决定论而提出的。这种观点给予技术以主动性，并否认行动者有影响技术发展的可能（详细分析见后文）。在这里，SCOT 接近唯心论立场：它通过研究人对人工制品的宣称来研究人工制品，而所有的宣称却不是独立存在的。恰恰相反，对称原理（symmetry principle）在这里被视为一种警示，主张在解释人工制品的使用过程时不要假设独立技术的存在。

对单一的人工制品的分析被证明确实是卓有成效和令人信服的。一旦这种根本性的反对技术决定论的观点确立，也就是说，即便是在单一的器物层面，技术也并没有一个内在的独立逻辑，而是社会形塑的结果，那么 SCOT 的分析单元就可以"扩展"。（见图1）。第一种扩展，构成了 SCOT 的史前阶段，即将"技术系统"视作一个分析单元。当这样的系统被认作纯粹的技术系统时，这么做只是前进了一小步，因为即便是对"最简单的"人工制品而言也没有所谓不证自明的界定。自行车是一个人工制品，还是一个连接齿轮、踏板、框架、手柄和刹车的系统？抑或一个齿轮并不是一个人工制品，而是轮缘、轮轴、轮辐和轮胎的系统？关于最实质性的分析单元的升级，正如托马斯·休斯②所做的那样，只有当一个技术系统与一种技术、社会、组织、经济和政治因素结合的时候，它才能够实现。这种情形下，这个分析单元能够证明"技术可能是另外一个样子"，这个分析系统可以指涉分析中观和宏观层面如经济和工业发展、管理制度等问题，比如电气化与交通设施结构。③

---

① PINCH T J, BIJKER W E. The social construction of facts and artefacts: how the sociology of science and the sociology of technology might benefit each other[J]. Social studies of science, 1984(14): 399-441.
② HUGHES T P. Networks of power: electrification in western society, 1880-1930[M]. Baltimore/London: Johns Hopkins University Press; Hughes, T. P. The seamless web: technology, science, etcetera, etcetera[J]. Social studies of science, 1986(16): 281-292.
③ HUGHES T P. The evolution of large technological systems[M]//BIJKER W E., HUGHES T P, PINCH T J. The social construction of technological systems. Cambridge, MA: MIT Press, 1987; HUGHES T P. Human-built world: how to think about technology and culture[M]. Chicago: University of Chicago Press, 2004; JOERGES, B. Large technical systems: concepts and issues[M]//MAYNTZ R HUGHES T P. The development of large technical systems. Frankfurt am Main: Campus Verlag, 1990; LA PORTE, T R. Social responses to large technical systems, Vol. 58[M]. Dordrecht/Boston/London: Kluwer Academic Publishers, 1988; MAYNTZ, R, HUGHES T P. The development of large technical systems, Boulder[M]. CO: Westview Press, 1988.

> 单一人工制品（技术系统 technical system）
> 整体性的技术系统（technological system）
> 社会技术组合
> 技术文化

图1　SCOT 的不同分析单元

另一个分析单元——作为整体的社会技术（sociotechnical ensemble），第一眼看上去，与技术系统十分相似。总而言之，技术系统包括了技术与社会因素，而这似乎正是"社会技术"一词的原意。然而，这两者之间有两个重要的区别：一个是理论的，一个是本体论的（是的，为何不是呢）。既然使用"系统"一词描述分析单元，那么就不可避免地涉及某些形式的系统理论，比如控制论或卢曼式的概念框架①。"整体"这个单词在概念上不是那么严格，可以引致更宽泛和开放的——有些人认为是更混乱的理论解释范围。第二个区别是被强调"技术的"和"社会技术的"，并建立在对称原理之上。对称原理扩展了"无形之网"的隐喻，这种隐喻被置于休斯的技术分析路径的中心。在这种语境之下，"技术与社会的无形之网"成为一种提醒：非技术因素对于理解技术进步是至关重要的。第二种更为复杂的意涵是，没有不证自明或独立于情境的优先性，可以决定一个问题究竟是技术问题还是社会问题。"挑战者"号的失事是一种技术失败、一次组织错误还是主要因为缺乏资金支持②？认识到所有的社会群体都与技术（分析单元：人工制品）的建构有关，而工程师和设计师的活动最好被看作多种多样的系统构建（分析单元：技术系统）的做法，很好地支持了关于无形之网的第二种用法。第三种关于"无形之网"的解释将之与对称性原则相连。荧光灯之类的器物的发明受到的经济和政治的影响，与它受到的电气化和荧光的影响不相上下。我们把这类研究叫作技术社会学。以荧光灯的发明为例，社会与技术所扮演的角色并非纯粹社会的或纯粹技术的，而是社会技术的。（关于灯的案例，请见伯杰克的研究；关于通用意义上的对称性原则的讨论，见卡农的研究）③

一个简要的对本体论的解释有助于理解以上内容。对荧光灯是"社会技术的产

---

① LUHMANN N. Die wissenschaft der gesellschaft[M]. Frankfurt am Main:Suhrkamp Verlag,1990.
② VAUGHAN D. The challenger launch decision:risky technology,culture,and deviance at NASA[M]. Chicago,IL:University of Chicago Press,1996.
③ 对荧光灯的研究，见 BIJKER W E. Of bicycles,bakelites,and bulbs:toward a theory of sociotechnical change[M]. Cambridge:MA,MIT Press,1995;对更一般意义上的对称原理的探讨，见 CALLON M. Some elements of a sociology of translation:domestication of the scallops and the fishermen of St Brieuc Bay[M]//LAW J. Power,action and belief:a new sociology of knowledge?. Boston:Routledge and Kegan Paul,1986.

物"的解释有多种①。一种唯实论的解读是灯存在,而后作为社会技术的灯存在,而且前者由后者构成;最基本的理解范式是物先于人而存在。而现象学的解释是:感觉数据在,并创造了灯的影像、物质存在和两者之间的关系;但是现象学不解释感觉数据从何而来。一个唯心论者的解释是灯和物质的存在都是一种观念的存在,并没有独立于人的意念的灯,以及构成灯的物质或两者之间的关系的存在。这三种描述都与技术建构论在方法论意义上相容。

笔者要讨论的最后一个分析单元是"技术文化"。通过扩展以上各种分析单元社会建构观点的论争,我们现在可以讨论更广义的社会和文化问题。我们假设今日的社会是完全被技术渗透的,而所有的技术都是文化的。技术不仅是我们日常生活中的辅助,还是重塑人类活动及其意义的强大动力。一个工作场所引进机器人不仅能增加产量,而且使生产过程发生了剧变,并重新定义了"工作"的内涵。当一个复杂的新技术或设备被应用于医学实践时,它不仅改变了医生的工作,也改变了人们对健康、疾病、医疗甚至死亡的认知。荷兰和美国的海岸线防卫技术(此处指的是河堤和填方基底)反映了两个国家的风险文化。② 总而言之,我们生活在技术文化之中。

虽然笔者从历史的角度分析了这些分析单元是如何从彼此之中生发出来的,但是这并不意味着早生的技术已过时。所以这些分析单元能同时存在,对它们的选择主要取决于研究问题本身。对大多数研究而言,这些分析单元常常被同步使用。对水稻强化栽培系统技术(SRI)的创新体系研究就兼涉了对作为单一机器的自动除草机、灌溉技术系统和印度农村地区的技术文化的研究。③

三、技术社会学及其核心方法论诠释和理论观点

作为一整套社会技术研究的阐释学语言,技术的社会建构能够被分解为三个连续

---

① MÜKI U. Realisms and their opponents: philosophical aspects[M]//SMELSER, N. J. and BALTES, P. B. (eds), International encyclopedia of the social & behavioral sciences, Vol. 19. Oxford: Amsterdam, Elsevier Science, 2001.
② BIJKER W E. American and Dutch coastal engineering: differences in risk conception and differences in technological culture[J]. Social studies of science, 2007, 37(1): 143-52.
③ PRASAD C S. System of rice intensification in India: innovation history and institutional challenges[C]. Bhubaneswar and Patancheru, Hyderabad, Xavier Institute of Management and WWF—Dialogue Project at the International Crop Research Institute for Semi Arid Tropics, 2006; PRASAD C S, BEUMER K, MOHANTY D. Towards a learning alliance[C]. SRI in Orissa, Bhubaneswar and Hyderabad, Xavier Institute of Management and ICRISAT, Patancheru, 2007.

的研究步骤。① 笔者将通过 SCOT 的早期版本来解释分析单元是人工制品时期的理论阐释步骤。阐述的第一步涉及的核心概念包括"相关的社会群体"和"解释的灵活性"。一个人工制品是通过相关社会群体的眼睛来描述的。因此，当社会群体对于一个人工制品表达出清晰的意见时，他们就与这个制品发生了关联。这样，通过寻找以同样的方式论及制品的行动者，便能够确定相关的社会群体。以 19 世纪 70 年代关于高轮"普通"自行车的描述为例。相关的社会群体包括自行车生产商、年轻的"普通"运动员、女自行车手和反对骑自行车的人。因为不同的相关人群对人工制品有不同的叙述——在他们眼里产生了不同的人工制品，所以才有了研究者所叙述的对人工制品的"解释的灵活性"。因此，不是只有一种人工制品，而是有许多种。就"普通"自行车这个案例而言，它是一种"不安全"的机器（从女性视角出发），也是一种充满男子气概的机器（从年轻的"普通"男性自行车手视角出发）。对女性而言，自行车是一种容易把裙子绞进去并容易使人频繁摔跤的人工制品；对于拥有财富和胆量的男性自行车手而言，骑行这种机器能引起女性的注目。这就是 SCOT 分析的方法论相对主义的核心观点：不要预设一个社会群体对于人工制品的解释优先于其他社会群体。好似机器运作一样，一种解释的真实性可以在一个框架内进行分析和说明。但是，这里没有框架的分层：我们无法确认某个解释框架优于其他的。②

这样的方法论相对主义能避免以成败论英雄的研究偏好：胜者超过败者，成功的机器优于失败的机器，运转自如的技术胜过运转不灵的技术。正相反，这种方法论探讨的是不同的机器被运用的社会过程，在经验的层面上解释为何有些技术能够成功运转。这种方法的焦点在于解释相关社会过程而非描述某个技术产品。

让我们再次回顾一下认识论问题。再重复一遍，类似于"没有一个人工制品"和"有许多人工制品"这样的短语，可以置于唯实论、现象学的或唯心主义的诸种层面来读解。这些观点不是这样的一种本体论，即暗示人工制品是与人类和社会过程无关的独立存在。相反，他们都主张，联系社会过程才是对于人工制品如何变化发展的最好的理解。也就是说，尽管可以有不同的解释，但通过"男子气概"和"不安全"这样的竞争性术语来理解自行车，远胜于把自行车变化讲述成自行车自身的单线进化。

让我们回到前述的 SCOT 研究技术的诠释步骤。在第二个阶段，研究者关注灵活性的解释是如何消失的，因为有些人工制品取得了支配性的地位，不同的意义阐释

---

① BIJKER W E. Of bicycles, bakelites, and bulbs: toward a theory of sociotechnical change[M]. Cambridge, MA: MIT Press, 1995.
② HACKING I. Language, truth and reason[M]//HOLLIS M, LUKES S. Rationality and relativism. Cambridge: MA, MIT Press, 1982.

合流了——最终一个人工制品从社会建构过程中诞生。在这个过程的开头,人们对于自行车的表述有劳森自行车(Lawson bicycle)、明星自行车(star bicycle)、普通安全自行车(safety ordinary)、小型安全敞篷车(dwarf safety roadster)、罗孚安全自行车(Rover safety bicycle);在一个最终停止的社会过程中只剩下了"自行车"这一清晰无误的表述。在这一阶段的分析中,关键的概念是"闭合"和"稳定"。这两个概念都用来描述社会建构过程。"稳定"用来强调这一过程的特征:社会建构的过程通常要几十年才能完成,在这个过程中"稳定"性逐渐增强并最终达到"闭合"的时刻。这一语法源自科学知识社会学(SSK)的"闭合"概念,强调许多人工制品并存竞争的并不和谐的过程引致的一个不可逆转的结尾。

第三个诠释步骤关注第二阶段产生的"稳定"现象,并要在更宽泛的框架下解释为何是这样一个社会过程而不是其他的过程。这一阶段的关键概念是"技术框架"。技术框架能够结构相关群体中不同成员之间的互动,并塑造他们的思考和行动方式。这与库恩①的"范式"概念有相似之处,但是又有重大差别:技术框架适用于所有相关的社会群体,但是范式却专门指科学家社群。当关于人工制品的互动开始发生时,技术框架就开始被建构了。在这个意义上,虽然有时这种影响在逻辑上难以成立,但早先的实践也会影响后来的实践。关于自行车的运动变成人工制品—技术框架—相关社会群体—新的人工制品—新的技术逻辑框架和新的社会群体等的分析模式。典型情形是一个人可能被同时纳入多个社会群体和多个技术框架。比如,荷兰女性房屋顾问委员会(Women Advisory Committees on Housing in the Netherlands)被置于男性建筑师、设计师和相关政府公务人员的框架考量之中,这使得她们可以与这些建造公共房屋的男性进行互动。但是与此同时,这些女性中的大多数也被纳入女性主义的技术框架的考量之中,这让她们能够提出激进方案,挑战由男性建造者的技术框架占据主流的标准荷兰家庭房屋设计。②

这个分为三个步骤的方法论诠释能够分析以下范畴中的人工制品演进:①能够宣称具有灵活阐释性的人工制品的社会建构;②对人工制品社会建构的描述;③对相关社会群体所采用的技术框架的阐释过程(见表1)。理解技术所能提供的社会建构至关重要,因为它提供了阐释社会学的一系列方法。它不是捕捉经验事实的经验之网。比如,"通过对多元行动者对人工制品的相关论述确认相关社会群体"的宣言,并没有减少研究者的工作任务,比如决定哪些群体因其重要性而被涵盖其中,而哪些群体只

---

① KUHN T S. The structure of scientific revolutions. 2nd ed[M]. Chicago: University of Chicago Press, 1970.
② BIJKER W E, BIJSTERVELD K. Women walking through plans—technology, democracy and gender identity [J]. Technology & culture, 2000, 41(3): 485-515.

是增加了无用的细节,并干扰了主体事实。

表 1 分析单元及相关重要概念

分析单元	关键概念
单一人工制品(技术系统)	相关的社会群体 阐释的灵活性 稳定与闭合
技术系统	技术框架 技术动力
作为整体的社会技术	闭合硬度 顽固的闭合性(closing-out obduracy)
技术文化	协同生产

建构主义的分析在技术的社会建构论和技术的社会影响两方面都提供了一种理论视野。它为之前针锋相对的社会建构论和技术决定论提供了一种和解的渠道。这种和解需要一种理论推演来扩展之前的结论:技术与社会之间的分野能够被超越,分析的主体可以是社会技术。"技术框架"这个概念提供了两者之间的理论联结。技术框架能够描述行动和行动者之间的互动,解释社会如何建构了技术。但是,技术框架围绕人工制品而构成,整合且包含了一种特定技术的逻辑,而且还揭示了这种技术对于社会的影响。荷兰标准家庭住房的影响部分表现在 20 世纪 50 年代至 70 年代占据主流的建筑设计思潮上,并使它难以整合其他的替代性方案;建筑师,甚至包括荷兰女性房屋顾问委员会的成员都被成功地闭合在"一夫一妻两孩"的房屋设计技术框架之中。

"技术动力"的概念也被用于历史和建构的分析中,解释技术决定论的现象,但是要与"技术系统"分析单元结合使用。当一个技术系统靠资本、技术和人来增值时,它就建构起了技术动力——它似乎有了特定的方向感和速度感。所有这些投资的结果,使得改变这种方向和速度感变得越来越困难。这个技术系统本身对环境越来越大的影响也日益显现,这正是技术决定论捕捉到的特征。

使用整体的社会技术的分析单元可以分析技术的社会影响(见下一个部分的讨论),相比采纳人口制品进程的发展的方法,其他的概念则更适合分析人工制品的发展——我们需要概念化技术固化,而非概念化塑造与解释的灵活性过程。一种人工制品能够通过两种截然不同的路径被固化。[①] 第一种方式是"闭合固化",发生在人参与

---

① BIJKER W E. Of bicycles, bakelites, and bulbs: toward a theory of sociotechnical change[M]. Cambridge, MA: MIT Press; HOMMELS A. Unbuilding cities: obduracy in urban sociotechnical change[M]. Cambridge, MA: MIT Press.

到相关技术框架的固化过程时。例如,当手机发生故障时,学生的处理方法与老派的笔者的处理方法不同。学生可能会重启网络选择设定,更换电池,或尝试笨拙地修改偏好菜单。只有很长时间都不能解决这个问题时,他才会考虑寻找有线电话——他已经被手机电话技术"闭合"。换作笔者,如果遇到一个无法工作的手机,笔者可能会尝试再次拨打电话,但是如果还是不行则会很快尝试有线电话或者写一封信。笔者可能不太会重启手机,这就是第二种方式的"顽固的闭合性"。笔者看不到什么替代性方案,于是将技术放置一边,重拾墨水笔。在这两种情况下,技术以完全不同的形式对人产生了影响。

这两种形式的技术固化也可见于社会整体层面。比如,手机技术在洛杉矶的居民那里发生了"闭合固化":在自动化文化中具有多样选择可能,但是很难考虑外在于这种文化的替代性选择。对许多人来说,普通电压的标准化和墙体上的插座展示的是"顽固的闭合性":要么全盘接受这些既定的插座和设置,使用不同的转换器和插座,要么完全不使用电器。

这些针对技术文化的分析单元去掉了对社会因素和人工制品的分析。换句话说,技术化约论和社会化约论——抑或技术决定论和社会建构论——都不可能分析这些问题。因此,新形式的解释需要得到发展。这就是我们需要新的概念,如"协同演变"和"协同生产"的原因。

> 协同生产是对我们所知晓和表征的世界(包括自然的与社会的)速写式的主张,与我们选择的生活于其中的方式不可分离。知识与它的物质上的具身性是社会工作的产品,也是社会生活的一种具有连续性的形式。①

这个观念试图解释社会与技术是一体两面的。这个问题需要深描,因为它回答的是"如何"的问题,而非有清晰因果逻辑的"为何"的问题。②

---

① JASANOFF S. States of knowledge: the co-production of science and social order[M]. New York: Routledge, 2004.
② 通过将此项工作描述为"研究技术与社会因素之间的互动",一位匿名评审人建议这种思潮可以被解释为唯实论者和建构论者的汇流。笔者不想这样做。这样的一种特征化处理,将不必要地假设一种技术存在和社会整体性的实在立场,并会模糊本来清晰的建构主义分析和方法论。出于同样的理由,笔者认为没有必要将技术概念化为具有社会功能和物理功能的"双重本质"。(FAULKNER P, RUNDE J. On the identity of technological objects and user innovations in function[J]. Academy of Management Review, 2009, 34(3): 442-462; KROES P, MEIJERS A. The dual nature of technical artefacts[J]. Studies in the History and Philosophy of Science, 2006(37): 1-4.

四、技术社会学及其核心研究问题

我们在这部分开篇就要批判技术决定论,这有点消极,但十分重要。这里指的技术决定论主要包括两个方面:(1)技术是自然发展的;(2)技术决定社会发展的整体水平。这种观点在智力上是贫乏的,政治上也是衰弱的。技术决定论代表了一种备受争议的研究策略,因为它代表了一种决定论的、线性的、单向度的技术发展观。而它同时在政治上也是衰弱的,因为技术决定论暗示社会与政治是不可能对技术进行干预的,政治干预会变成无益尝试。为了支持这种批评,有必要通过强调技术的"社会性"运作来证明技术是社会建构的产物。这一研究试图在技术自身的逻辑之外理解人工制品的发展(见表2)。这就是建构论研究最好避免唯实的本体论的原因:唯实论很容易(虽然不是必然的)接受技术决定论的观点。

表2 相关问题的分析单元

分析单元	研究问题
单一人工制品(技术系统)	如果摈除已经被内化的技术谈技术理所当然的前提,将如何理解并描述技术的发展
作为整体的技术系统	如何理解更庞大的技术系统的发展 如何理解技术对社会的影响
社会技术组合	如何理解社会秩序 如何理解社会形塑技术和技术构建社会之间的关系
技术文化	如何理解技术化社会里的规范性和政治问题

在微观层面上宣称人工制品的社会建构特征的分析数不胜数。一段时间以后,这些研究开始在两条道路上扩展。[①] 第一条,同时从中观和微观层面提问并整合这两种维度的讨论。例如放射性废弃物的政治建构、英国国家健康委员会(British National Health Service)的医疗预算、被技术中介化了的社会秩序。第二条,更为广泛的技术如何影响社会的研究,也被纳入对抗技术决定论的一种研究模式。

在成功地批判了技术决定论之后,我们重新提出这个问题——它通常有不同的表述方式——技术如何影响社会、技术如何结构化社会机构等。教会、资本、政府、劳工、交通、教育等系统组成了作为整体的社会,但是这些系统中的哪一种能离开技术?现

---

① BIJKER W E, LAW, J. Shaping technology/building society: studies in sociotechnical change[M]. Cambridge, MA: MIT Press, 1992.

代社会的社会秩序只能在技术的框架下得到理解。[1] 在 SCOT 的分析中,这个分析过程通过将技术的硬化和固化(hardness or obduracy of technology)进行概念化得以完成,这已经在之前的章节里讨论过。

我们身处一种技术文化之中,离开对科学技术角色的分析,我们很难完全理解现代的、高度发展的社会。技术的社会建构提供了一个概念框架来对技术文化进行政治化(在这里,"政治化"的含义是显示隐藏的政治维度,将问题提上政治议程,将问题开放给政治辩论)。技术的社会建构路径不仅对维纳[2]的问题——"人工制品有政治吗"作出了肯定的回答,也提供了一个分析这类政治的途径[3]:技术是社会(政治)建构的,社会(包括政治)是技术建构的,技术文化包含作为整体的社会技术系统。

阐释这条研究路径的研究涵盖内容广泛,其中最富有成果的研究包括对性别与技术的探讨[4]。另外一个迅速发展的领域聚焦于信息社会、信息与传播技术的政治化(见施密德对标准化问题的卓有成效的研究)。[5] 麦肯尼兹对制导导弹历史的研究[6]、赫希特对法国核能历史的研究[7]、沃汉[8]对"挑战者号"悲剧的研究,都证明了这一全新的分析框架的合理性,对经典的政治研究问题也能贡献精彩的分析。

在技术的社会建构理论面前,技术工程的政治决策问题需要伪装才不会被识破。如果我们接受各式各样的相关社会群体都参与了对技术的建构,且这种建构贯穿这个人工制品生产周期的每个阶段的说法,那么,将技术决策过程中的不同群体都考量进去,是一种合理的做法。因此,一些国家试验过共识会谈(consensus conferences)、公

---

[1] LATOUR B. Where are the missing masses? the sociology of a few mundane artifacts[M]//BIJKER W E, LAW J. Shaping technology/building society: studies in sociotechnical change. Cambridge, MA: MIT Press, 1992.
[2] WINNER L. Do artifacts have politics? [M]//WINNER L. The whale and the reactor. Chicago, IL: University of Chicago Press, 1986.
[3] BIJKER W E. Why and how technology matters[M]//GOODIN R E, TILLY C. Oxford handbook of contextual political analysis. Oxford: Oxford University Press, 2006.
[4] LERMAN N E, MOHUN A P, OLDENZIEL R. Gender analysis and the history of technology[J]. Technology & culture, 1997, 38(1):1-231; WAJCMAN J. Technofeminism[M]. Cambridge: Polity Press, 2010; WAJCMAN, J. Gender politics of technology[M]//GOODIN R, TILLY C. Oxford handbook of contextual political analysis, Vol. 9. Oxford: Oxford University Press, 2005.
[5] SCHMIDT S K, WERLE R. Coordinating technology: studies in International standardization of telecommunications[M]. Cambridge, MA: MIT Press, 1998. 这些研究关注标准化问题并取得了丰硕成果。
[6] MACKENZIE D. Inventing accuracy: a historical sociology of nuclear missile guidance[M]. Cambridge, MA: MIT Press, 1990.
[7] HECHT G. The radiance of France: nuclear power and national identity after World War II[M]. Cambridge, MA: MIT Press, 1990.
[8] VAUGHAN D. The challenger launch decision: risky technology, culture, and deviance at NASA[M]. Chicago: University of Chicago Press, 1996.

共辩论和公民陪审团(citizens' juries)的形式。这里最重要的问题之一是专家在公共辩论中所扮演的角色。技术建构论提示所有的相关社会群体都应具备一定的专业知识,但是并没有哪一种形式的专业知识,比如科学家或工程师所具备的专业知识,具有先验的特殊的优先权力。

笔者所草拟的这个研究途径不仅仅适于回答"如何研究技术"这样的问题,而且也适于追问技术生成与使用的问题。社会科学专业中研究技术的学生已经越来越多地参与到研究技术发展本身中。早期比较著名的例子包括露西·萨其曼[1]对X射线的研究。但是,新近的研究扩大了技术研究的范围,除了理解技术,还主张将参与和干预技术的研究也包括进来。[2]

上文探讨的许多研究问题都涉及了规范和政治议题。因此,很明显地,技术的社会建构社会学已经从早期的(狭窄的)不涵盖规范问题的讨论,发展到了近期的(宽泛的)全部涉及这些问题的讨论。笔者只能解释罗素[3]和维纳[4]等人将方法论相对主义视为某种形式的伦理上的相对主义这样一些偶然的误读[5]。笔者的研究主要关注技术文化的脆弱和科学技术在进步中所扮演的角色。这个研究与规范性选择和政治参与直接相关。[6]

结 论

笔者的目的是通过追踪分析单元的演进、方法论和研究问题,讨论(建构的)技术社会学的本体论假设。对第一个本体论问题而言——技术建构论的唯实论/唯心论立场而言,笔者已经论证了三种不同形式的相对主义是可以相互区分的。它们之中只有第一种——哲学上的相对主义隐含了这个问题的本体论立场。最早的SCOT范式与

---

[1] SUCHMAN L. Plans and situated actions: the problem of machine-human communication[M]. Cambridge: Cambridge University Press, 1987.
[2] BIJKE W E. The need for public intellectuals: a space for STS[J]. Science, technology & human values, 2003, 28(4):443-450; WOODHOUSE E, HESS D, BREYMAN S, MARTIN B. Science studies and activism: possibilities and problems for reconstructivist agendas[J]. Social studies of science, 2002, 32(2):297-319; ZUIDERENT-JERAK T. Preventing implementation: exploring interventions with standardization in healthcare[J]. Science as culture, 2007, 16(3):311-329.
[3] RUSSELL, S. The social construction of artefacts: a response to Pinch and Bijker[J]. Social studies of science, 1986(16):331-346.
[4] WINNER L. Upon opening the black box and finding it empty: social constructivism and the philosophy of technology[J]. Science, technology & human values, 1993, 18(3):362-378.
[5] 也可以参见 HAMLETT, P. W. Technolog theory and deliberative democracy[J]. Science, technology & human values, 2003, 28(1):112-140.
[6] BIJKER W E. Globalization and vulnerability: challenges and opportunities for SHOT around its 50th anniversary[J]. Technology & culture, 2009, 50(3):600-612.

唯实论立场接近,因其聚焦于相关社会群体并解释社会过程;同时批判技术决定论基础上的唯实论技术观。① 但是自从早期的 SCOT 通过社会群体中的人的表述(观念)来描述技术以后,它也可以被贴上唯心论的标签。所以,笔者要再一次强调,所有形式的 SCOT 再一次在对于技术和自然世界的认识论立场上都采取不可知论的态度。作为一个 SCOT 研究者,你无须采取特定的技术研究的认识论立场,同时 SCOT 也无须宣称其持任何特定的认识论立场。

第二个认识论问题是"建构技术论中的技术是什么",笔者从回答人工制品、知识和实践分别是什么开始讨论。我们现在走得更远了。方法论的相对主义允许我们将"技术"视作许多种"物质",通常这些物质是不被看作"技术"的,例如:城市②、经济市场③,甚至父母与子女④。

技术建构论的关键特征是它的方法论相对主义:对于解释技术的发展而言,某种(特定的社会群体的)权力、某个(特定技术项目的)成功、某种(立场的)真理或者某个(机器的)运作过程并不具有优先性。技术建构论研究建议研究者不要将机器的运作解释为这种机器的成功,而是要追索它最终成功的社会过程。这种方法论相对主义与本体论在唯实论/唯心论立场上的不可知论结合得很好。通过探讨一种技术如何被制造和使用,而非它究竟是什么,笔者给予了第二个问题一个非本质主义的回答。

---

① 与之类似,柯林斯认为他的科学知识社会学预示了一个社会的唯实论立场。COLLINS H M. Gravity's shadow: the search for gravitationalwaves[M]. Chicago: University of Chicago Press, 2005.
② AIBAR E, BIJKER W E. Constructing a city: the Cerdà Plan for the extension of Barcelona[J]. Science, technology & human values, 1997, 22(1): 3-30; HOMMELS A. Unbuilding cities: obduracy in urban sociotechnical change[M]. Cambridge, MA: MIT Press, 2005.
③ PINCH T J, SWEDBERG R. Living in a material world: economic sociology meets science and technology studies[M]. Cambridge, MA: MIT Press, 2008.
④ THOMPSON C. Making parents: the ontological choreography of reproductive technologies[M]. Cambridge, MA: MIT Press, 2005.

技术考古学*

◎ 马西娅-安妮·多布雷（Marcia-Anne Dobres）**
　李凌霄 译

摘要：考古学者运用几种不同的本体论来研究古代技术并发展相关的理论。本文将首先对主流（物质主义的）技术视域的中心特征进行概述，接着便聚焦于近来的本体论趋向，它强调人与制品的"相互生成"。象征和结构主义的取向使考古学者能够在一定程度上"观察到"远古时期形塑技术传统的社会价值和认知结构。随着性别的问题被摆上台面、成为愈益受到关注的议题，考古学者终于能够将古代工匠设想为思考着的、感觉着的女性和男性。为了"以人为本"地理解古代技术，笔者基于现象学和能动性理论提出自己所偏向的本体论。这一本体论认为，古代工匠的身体是有心智的（mindful）的、感性的、被社会建构的、性别化的存在，它不断地处理着世界并由此理解世界以及自身。而操作链数据——关于技术表现以及在器物制作、使用、修理时作出的策略选择，为我们在（古代）政治体/社会中解释人之存在和物之制造及使用之间的关系，提供了必不可少的经验基础。

关键词：考古学；技术；性别；具身能动性；操作链

前　言

自18世纪晚期开始，技术一直是考古学存在的理由（raison d'être）。长期以来，工具的形态变化标志着文化的演进，直到今天，各个文化时代都是以技术来命名的：旧

---

* 本文译自《剑桥经济学刊》(Cambridge Journal of Economics) 2010年第1期，第103—114页。本文已获得牛津大学出版社授权。

** 收稿日期为2008年3月23日，定稿日期为2009年2月20日。作者通信地址：美国奥罗诺缅因州大学人类学系(Department of Anthropology, University of Maine, Orono)，邮编04469，电子邮箱：madobres@maine.edu。衷心感谢《剑桥经济学杂志》(Cambridge Journal of Economics) 编辑邀请笔者参与这辑特刊。笔者非常荣幸能够成为特刊作者之一，这个作者群是令人敬重的研究者群体。受其中许多学者的启发，笔者针对过去与现在的技术形成了（且仍在发展中）自己的本体论。这些年来，持"实践理性"的Michael B. Schiffer、Peter Bleed与持"文化理性"的笔者、Chris Hoffman、John Robb和John Clark之间有过许多争论，对此笔者乐在其中并尤为感激。本文是笔者一人之作，编辑与两位匿名评审亦以其中肯的反馈给予了笔者极大的帮助。

时器时代、新石器时代、青铜时代、铁器时代,一目了然。技术被视作文化演进的主要动因。技术同样构成了几乎所有古代研究的核心,因为我们(现在)常常将那些人类活动的物质遗存、那些"东西"等同于技术,例如石制工具、陶器碎片、金属镰刀、冶铁熔渣、打磨石器用的台面,等等;而正是这些人类活动的物质遗存构成了考古资料(archaeological record)。另外,考古学者总是被叫作"科学牛仔(和女牛仔)",因为他们会使用高端的技术设备来复原、分析人工遗迹。"牛仔"或"女牛仔"的绰号实则提请我们注意一种蕴藏在主流见解中的观念,这种观念认为,用以研究古代技术的现代手段服务于我们对古代科学的理解;同样,古代技术一直以来亦服务于我们对文化演进的理解。最后,同样重要的是,由于考古学者是在一种工业的和资本主义的背景中开展工作的,因此他们常常(尽管是无意地)将当下的感受(sensibilities)投射到对古代技术的理解之上。一言以蔽之,长期以来,日常工作中的考古学者理所当然地认为技术处于古代人类生存的核心位置,这是因为我们将现代的自己定义为"技术的人(Homo Technologicus)",并颇为自豪地将"技术的人"追溯到"巧人(Homo Habils)"①,即制造工具的"手巧的人"②。

20世纪,研究古代技术的路径是丰富的,这些路径运用了极为不同的本体论③以及两种常常是截然相反的认识论,每种路径又指向全然不同的解释目标。萨林斯(Marshall Sahlins)区分了赞同"实践理性(practical reason)"的人类学理论和强调"文化理性(cultural reason)"的人类学理论,④我们不妨借助这一著名的区分来理解上文提到的路径丰富性。大体上说,观照古代技术时,一方面"实践理性"的视角要求一种因果性解释,这种因果性解释往往强调实用性和合理性具有普遍规范性(nomothet-

---

① 巧人生活在距今约240万至150万年前撒哈拉以南非洲的一些地区,是最原始人类的代表。1959、1960年,在坦桑尼亚北部的奥杜瓦伊峡谷(Olduvai Gorge)最早发现了巧人的化石。其手骨表明,他们具有制造较为精细的器物的能力,因而被命名为"巧人"。——译注
② DOBRES MARCIA-ANNE. Technology and social agency: outlining a practice framework for archaeology [M]. Oxford: Blackwell Publishers, 2000; DOBRES MARCIA-ANNE. Technologies[M]//CUNLIFFE B, GOSDEN C, JOYCE R. Oxford handbook of archaeology. Oxford: Oxford University Press, 2008: 115-141.
③ 本文是在较为笼统的意义上使用"本体论"这个词的,为此,笔者向熟知哲学的读者致以歉意。对笔者来说,本体论是理论范式、观念取向、总体视角、出发前提,甚至是"世界观",引导着我们研究往昔的路径。考古学者很少使用"本体论"这个词,却很注重澄清其理论取向和出发前提。经验告诉笔者,考古学者的本体论赋予其想象的能力,同时,本体论也界定了研究的边界。关于过去,什么是可知的?哪些问题值得探究?本体论形塑我们对这些问题的看法。本体论在一定程度上决定了什么能够算作可供研究的合适的物质数据、什么是"正确"的分析方法,甚至基于何种规模我们才能够进行模式识别(pattern-recognition)或解释。本体论同样在一定程度上决定了什么能构成一种可接受的解释,应该通过什么方式来评价这种解释。读者将会看到,存在着林林总总的本体论,它们使古代技术研究各呈特色,并且对于技术是(曾是)什么以及应该如何研究这些问题提出了极为不同的设想。
④ SAHLINS M. Culture and practical reason[M]. Chicago: University of Chicago Press, 1976.

ics),从而超越了时间与地方的独特性;另一方面,"文化理性"取向的解释则强调诸如象征结构(symbolic constructs)、意义制造(meaning-making)、地方历史(local history)、能动性(agency)等方面。"实践理性"和"文化理性"视角持不同的认识论立场,其中值得一提的有实证主义、现实主义或阐释学。为求简明,下文将对主流的"实践理性"路径作一简单回顾,以便更好地表述清楚笔者所偏向的"文化理性"本体论:它注重分析器物制造及使用中的感性(sensuality)、心智投入(mindfulness)①和能动性,从而强调人与其制品相互生成(mutual becoming)。

一、实践理性的诸种本体论

主流的古代技术研究中,很大一部分明确地赞同物质主义的本体论和实证主义的认识论。技术最常被定义成"人类适应的体外手段"②,是一系列物质的东西(material things)和在人类理性中"实用(practical)"方面发挥作用的知识,因此,技术便既区别于工匠的身体,也区别于政治体[即"社会(body politic)"]。在这种工具主义(instrumentalist)的表述中,技术以外的多数文化方面,包括经济和社会的组织、政治和认同的形成、社会价值和象征结构,都以技术为基础,并为技术所形塑。古代技术是文化与外部环境之间的缓冲器,且它是有形的、实用的、理性的。这使得技术相当地分裂,它既存在于文化系统的"外部",又存在于文化系统的核心。

持"实践理性"立场的考古学者常常运用两种不同又互补的本体论,老生常谈地认为技术是可观察的、可知晓的,并且因此在现代是可验证的。第一种本体论依据一种修正了的帕森斯形式主义经济理论(Parsonian Formalist Economic Theory),认为古代技术系统的逻辑基础是资本主义的经济原则,尤其是那些关涉效率、组织复杂性管理的原则。③ 这一脉的研究文献中充满了绝佳的释例,运用现代成本/收益和相关的

---

① 作者认为古代工匠的身体是与有心智的(mindful),这里针对的是身心(mind—body)二元论。——译注
② BINFORD L. Archaeological systematics and the study of culture process[J]. American antiquity,1965,31 (2):209.
③ 关于此种本体论的概述,参见 DOBRES MARCIA-ANNE. Technology and social agency:outlining a practice framework for archaeology[M]. Oxford:Blackwell Publishers,2000:35-44.

经济理论来解释古代技术系统——从取材(procurement)、设计、制造到使用。①

第二种(相关的)本体论强调"制品之物理特性(artifact physics)"的普遍性,注重分析和解释内在于原材料(比如石头、木头、黏土、铁、贝壳等)的所谓操作特性(performance characteristics)。例如,希弗(Michael Brian Schiffer)及其同事便从这种物质主义的关切着手探索古代技术,对"人—制品互动"进行了行为主义的技术研究(behaviouralist technology studies),目前已取得了丰硕的成果。②

"实践理性"的诸种本体论(之间亦有诸多变化)常常仰赖某种实证主义的认识论立场。就古代技术而言,这种认识论立场不仅关涉何者是可知晓的(或不可知晓的),亦关涉何者能被判定为可检验的。相应地,实证主义的严缜亦极大地影响了研究方法。具体来说,研究的开展常常建立在这样一种隐性观念的基础上:在考古资料中保存得最为完好的东西,即技术,是我们最能知晓的关于史前的方面,也是对日常生活、对几代人的生存来说最为核心的方面。可正是由于气候的多变、地质的活动,甚至是后代的清理行为,这些坚硬的"东西"更容易被保存下来,例如石制工具和制造它们时留下的残片、冶铁熔渣和烧制陶器的窑炉。这些偶然保存下来的古代技术设备的遗迹,便顺理成章地处于我们理论的核心,而这些理论告诉我们对于古人的生存来说什么是最基本的。然而,在古代生活中更具有演进意义或社会文化意义的东西,并不一定就能得到更妥善的保存进而遗留下来。但是,"实践理性"研究蕴含着一种方法论和认识论的优先级,它提请考古学者在技术与环境的二分体中首先找到物质的(因此是可知的)方面,并将之当成恒定不变的,再去处理古代技术中那些"更柔软(softer)"的方面,比如社会关系或是信念。

---

① 例见 ANDREFSKY W. JR. Raw-material availability and the organization of technology[J]. American antiquity, 1994, 59(1): 21-34; BLEED P. Artifice constrained: what determines technological choice? [M]// SCHIFFER M B. Anthropological perspectives on technology. Albuquerque: University of New Mexico Press, 2001: 151-162; BIEED P. Cheap, regular, and reliable: implications of design variation in late Pleistocene Japanese microblade technology[C]//ELSTON R G, KUHN S. Thinking small: global perspectives on microlithization. Washington DC: Archaeological Papers of the American Anthropological Association No. 12, 2002: 95-102; BIEED P, BLEED A. Energetic efficiency and hand tool design: a performance comparison of push and pull stroke saws[J]. Journal of anthropological archaeology, 1987(6): 189-197; TORRENCE R. Time, energy and stone tools[M]. Cambridge: Cambridge University Press, 1989.
② SCHIFFER M B. Technology and society[M]//SCHIFFER M B. Technological perspectives on behavioral change. Tucson: University of Arizona, 1992: 130-141; SCHIFFER M B. The explanation of long-term technological change[M]//SCHIFFER M B. Anthropological perspectives on technology. Albuquerque: University of New Mexico Press, 2001: 215-235; SCHIFFER M B. Studying technological change: a behavioral perspective[J]. World archaeology, 2004, 36(4): 579-585; SCHIFFER M B, SKIBO J M. The explanation of artifact variability[J]. American antiquity, 1997, 62: 25-50; SCHIFFER M B, SKIBO J M, GRIFFITTS J, HOLLENBACK K L, LONGACRE W L. Behavioral archaeology and the study of technology[J]. American antiquity, 2001, 66(4): 729-738.

二、文化理性的诸种本体论

前文对考古学的主流技术视域进行了概述。笔者并不想对所有学派的思想、认识论、研究旨趣或分析方法进行总结，而是想用基本的术语勾勒出一种学科语境。近来，正是在这一学科语境中萌生出一种转变：转向赞同"文化理性"解释的、鲜明的人本主义本体论。下文将要介绍这一多面向的视角。这一视角"以人为本（as if people mattered）"①地处理古代技术问题。笔者从许多不同的智识传统中笼统地借用了一些理念，这些理念启发笔者以人（people）作为具体古代技术研究的本体论起点。下文亦将讨论这些智识传统的影响，特别是社会人类学和科学—技术—社会研究（science, technology and society, STS）中的结构主义和象征研究、女性主义和性别理论、哲学和现象学，以及新近的能动性（或者说实践）理论。②

在最宽泛的意义上，所有古代技术的"文化理性"本体论都重拾了"技艺（tekhne）"概念的原初（希腊语的）意涵，它强调艺术、技巧（skill）、匠艺（craft）、方法、知识、理解和意识（awareness）之间存在着千丝万缕的、不可分割的关系。③ 由于基于知识的实践（knowledgeable practice）和实践的知识（practical knowledge）是技术事功（technological endeavours）中两个不可分割的维度——理解是在日常生活实践中被塑造的，故而，出于思考的便捷而划在实践的物质对象和文化价值系统及信念之间的界线，被文化理性取向有意地模糊了，这是因为文化理性取向认为，在自然通过技术而转化为文化的过程中，关于自然材料的特性以及如何最"因材制宜"地处理它们的史前知识，一定是经由文化这一中介的（而"实践理性"本体论则认为史前技术在自然与文化之间起着中介的作用）。

实际上，通行的世界观、社会价值和文化态度关系到如何在世界中生存、如何针对

---

① DOBRES MARCIA-ANNE. Of paradigms and ways of seeing: artifact variability as if people mattered[M]// CHILTON E S. Material meanings: critical approaches to the interpretation of material culture. Salt Lake City: University of Utah Press, 1999: 7-22; 更早的论述参见 VINSRYGG S. Archaeology—as if people mattered: a discussion of humanistic archaeology[J]. Norwegian archaeological review, 1988, 21(1): 1-12.
② 笔者想提请读者时刻注意考古学研究的特殊性：考古学的时间范围是广大的；其时间分辨率（temporal resolution）必然是不精确的；其数据受到地质过程和其他（"埋葬"）过程的影响，因而是有偏向的；其旨趣在于长时段、具有演进规模的过程；考古学者所研究的文化也往往没有活着的子裔。因此，从别处借用的理念已经过相当程度的"拿捏（massaged）"，适用于考古学研究的特殊性。
③ INGOLD T. Tools, minds, and machines: an excursion in the philosophy of technology[J]. Techniques et culture, 1988(12): 151-176; INGOLD T. Society, nature, and the concept of technology[J]. Archaeological review from Cambridge, 1990, 9(1): 5-17.

世界开展行动；而古代技术便使那些世界观、社会价值和文化态度得以物质化。反过来，信念和价值既在材料与身体方面形塑了器物制造及使用的常规，又通过这些常规加强与巩固自身。同样，信念系统影响了技术行动的每一个步骤——从原材料的选择、到哪里去获得它们，到制作的具体操作步骤（operational sequences），再到工具的形态、功能甚至是修理或弃用的策略。①

因此，秉持"文化理性"本体论的技术研究者们一方面对具体的物质进行分析（例如在实验室中），将之作为研究的基础；但另一方面，他们并不认为物质的可知晓性具有认识论方面的优先性。② 换句话说，他们认为以下问题是切适的，并将它当作颇有裨益的研究起点，即"一种文化的信念、价值或社会准则对于形塑一种古代技术的物质面貌（contours）起到了什么样的作用？"是的，笔者是在公然反对狭隘的认识论准则（它由一些持"实践理性"本体论的研究者提出），即为了弄清楚古代工匠为何作出如此选择，必须首先指出那些由制品的物理特性所决定的原因，在弄清所有"主要的操作特性"之后，再来探究剩下的"隐秘不彰"的原因。③

一种跨越"实践—文化理性"区分的分析方法正日益得到普遍运用，即便是极为不同的理论取向，这一方法都能为之提供中性且富有前景的研究基础。这就是我们一般所说的操作链（operation chain）研究④，以及"行为链分析（behavioural chain analysis）"⑤，或是更广泛意义上的"生命史（life history）"研究。这种研究方法对古代工匠在制作、使用和修理器物时所采用的物理操作步骤（physical sequence of operations）

---

① 例见 SILLAR B, TITE M S. The challenge of "technological choice" for materials science approaches in archaeology[J]. Archaeometry, 2000, 42(1): 2-20; SHENNAN S. Symbolic aspects of early technologies[J]. World archaeology, 1995, 27(1).
② 例见 BARCET A, LE BAS C, MERCIER C. Savoir-faire et changements techniques[M]. Lyon: Presses Universitaires de Lyon, 1985: 18-30; DOBRES MARCIA-ANNE. Technology and social agency: outlining a practice framework for archaeology[M]. Oxford: Blackwell Publishers, 2000: 35-38.
③ DOBRES MARCIA-ANNE. Technology and social agency: outlining a practice framework for archaeology[M]. Oxford: Blackwell Publishers, 2000.
④ BALFET H. Observer l'action technique: des chaînes opératoires, Pour Quoi Faire? [M]. Paris: CNRS, 1991; CRESSWELL R. Transferts de techniques et chaînes opératoires[J]. Techniques et culture, 1983(2): 145-163; EDMONDS M. Description, understanding, and the chaîne opératoire[J]. Archaeological review from Cambridge, 1990, 9(1): 55-70; PELEGRIN J, KARLIN C, BODU P. "Chaînes opératoires": un outil pour le préhistorien[M]//TIXIER J. Téchnologie préhistorique. Paris: CNRS, 1988: 55-62. "操作链"英文为 operational chain 或 operational sequence，这一概念由法国人类学家、考古学家 André Leroi-Gourhan 于20世纪60年代提出。操作链作为一种研究方法，通过观察制品的取材、生产、使用、修理、废弃等每一个步骤，分析其中所涉及的技术过程和社会行动，也就是分析"操作序列"；而从取材到废弃，即人工制品的"生命史"。——译注
⑤ SCHIFFER M B. Behavioral chain analysis: activities, organization, and the use of space[J]. Fieldlana, 1975(65): 103-174; SCHIFFER M B. Studying technological change: a behavioral perspective[J]. World archaeology, 2004, 36(4): 579-585.

和身体表现(bodily gestures)①进行了事无巨细的记录。操作链是一种有效的、以经验为基础的分析方法,它从材料科学切入,借此我们能够弄清楚(这当然也取决于研究者的本体论立场)哪些实际要素影响了器物的设计、制作和使用,以及哪些认知的、象征的和社会的要素形塑了技术行动。② 但是,笔者亦将在下文中强调,当我们使用操作链这一分析方法时,如果带着现象学的问题、带着对性别和对社会能动性的明确关切,操作链同样能够成为一种概念框架,借此,我们能够理解人与其所造物之间、制艺与制品之间、表现与器具(gestures and gadgets)之间富有意义的联系与链条。

(一)古代技术中的象征与结构"方面"

近来,对那些有意要恢复古代技术之意义方面的考古学者来说,社会人类学和STS领域关于技术的结构主义研究和象征研究,给了他们相当大的启发。③ 甚至有许多技术研究转向了"民族考古学(ethnoarchaeological)",以仍然生活着的(常常是尚未工业化的)社群为研究对象,借此,考古学者试图澄清理论、认识论、方法论的议题,或是直接观察物质文化生产和使用的社会动态过程。④

这些研究促使考古学者以一种与以往不同的眼光来审视技术数据,用社会建构主义者的话来说就是"相信即看见"(而不是经验主义者所主张的"看见即相信")。特别是,通过对在考古记录中反复出现的器物样态进行操作链分析,考古学者们已能部分地"观察到(see)"共同价值、象征世界观、社会态度等方面的内容。这些内容指导着古人如何"适当地"制造和使用物质世界。确然,某些卓越的技术能够成为持久的传统,不仅仅因为它

---

① 制品生产过程中所涉及的工匠的技术行为/身体姿态。——译注
② 相关的概述参见 BLEED P. Trees or chains, links or branches: conceptual alternatives for consideration of stone tool production and other sequential activities[J]. Journal of archaeological method and theory, 2001, 8 (1): 101-127; DOBRES MARCIA-ANNE. Technology's links and chaines: the processual unfolding of technique and technician[M]//DOBRES MARCIA-ANNE, HOFFMAN C R. The social dynamics of technology: practice, politics, and world views. Washington DC: Smithsonian Institution Press, 1999: 124-146.
③ 相关概述参见 BRUMFIEL E M. It's a material world: history, artifacts, and anthropology[J]. Annual review of anthropology, 2003(32): 205-223; MILLER D. Material culture: why some things matter[M]. Chicago: University of Chicago, 1998.
④ CHILDS S T. After all, a hoe bought a "wife": the social dimensions of ironworking among the Toro of East Africa[M]//DOBRES MARCIA-ANNE, HOFFMAN C R. The social dynamics of technology: practice, politics, and world views. Washington DC: Smithsonian Institution Press, 1999: 23-45; HOSLER D. Technical choices, social categories and meaning among the Andean potters of Las Animas[J]. Journal of material culture, 1996, 1(1): 63-92; JARVENPA R, BRUMBACH H J. Circumpolar lives and livelihood: a comparative ethnoarchaeology of gender and subsistence[M]. Lincoln: University of Nebraska, 2006; KARLIN C, BODU P, PELEGRIN J. Processus techniques et chaîne opératoires: comments les préhistoriens s'appropient un concept élaboré par les ethnologues[M]//BALFET H. Observer l'action technique: des chaînes opératoires, Pour quoi faire?, Paris: CNRS, 1991: 101-117.

们是合理的、实用的或用途广泛的,还因为它们同时是富于意义的、具有社会重要性的。例如,史前技术研究的结构和象征路径不断向我们揭示出各种概念(认知)型板[mental (cognitive) templates]①,或形塑了直立人(Homo Erectus)的最早的手斧技术,②或催生出尼安德特人(Neanderthals)的勒瓦娄哇(剥片工具)技术(Levallois Technology)——这一令人惊叹的技术传统横亘了欧亚大陆并延续了9万年之久。③

结构主义认为深层的结构原则(organising principles)形塑了表面的行为和态度,这在方法论和认识论上极大地推进了关于古代技术的文化理性解释。莱希特曼(Heather Lechtman)研究了哥伦比亚发现新大陆之前的冶金术,这一研究现已成经典;④吉德炜(David Keightley)对新石器时代中国陶器的研究亦颇为著名。⑤ 考古学中当首推这两项研究为令人信服的典范,它们展示了如何通过对古代工具及其生产步骤的经验研究重新发现"心智(mind)"。二者皆在实验室中对"生命史"的细节展开研

---

① 工匠对其所制造的器物有相应的概念和认知,这一概念和认知将在制品中有所体现。——译注
② GIBSON K R, INGOLD T. Tools, language and cognition in human evolution[M]. Cambridge:Cambridge University Press,1993;GOWLETT J A J. Rule systems in the artefacts of Homo erectus and early Homo sapiens:constrained or chosen? [M]//MELLARS P, GIBSON K. Modelling the early human mind. Cambridge: McDonald Institute for Archaeological Research,1996:191-215;LEROI-GOURHAN A. Le Geste et la Parole I:Technique et Langage[M]. Paris:Albin Michel,1964;LEROI-GOURHAN A. Le Geste et La Parole II:La Mémoire et Les Rythmes[M]. Paris:Albin Michel,1964;PORR M. Signs of the times:a different approach towards the origins of Lower Palaeolithic handaxes[J]. Annual review from Cambridge,2000(17): 19-32;WYNN T G. The evolution of tools and symbolic behavior[M]//LOCK A, PETERS C R. Handbook of human symbolic evolution. Oxford:Clarendon Press,1999:263-287.
    直立人,很可能起源于非洲,约在190万年前从非洲迁徙到欧洲、南亚和东南亚,在这些地区都发现了直立人的化石,并伴有兽骨和石制工具。——译注
③ GAMBLE C, PORR M. The individual hominid in context[M]. London:Routledge,2006. PELEGRIN J. Les savoir-faires:une très longue histoire[J]. Terrain,1991:106-113. PELEGRIN J. A framework for analysing prehistoric stone tool manufacture and a tentative application to some early lithic industries[M]//BERTHELET A, CHAVAILLON J. The use of tools by human and non-human primates[M]. Oxford:Oxford University Press,1993:302-314;SCHLANGER N. Mindful technology:unleashing the chaîne opératoire for an archaeology of mind[M]//RENFREW C, ZUBROW E. The ancient mind:elements of cognitive archaeology. Cambridge:Cambridge University Press,1994:143-151. SCHLANGER N. Understanding levallois:lithic technology and cognitive archaeology[J]. Cambridge archaeological journal,1996,6(2):231-254.
    尼安德特人,出现在约30万到10万年以前,居住在欧亚大陆,其生活范围西临大西洋、东至中亚、北至今天的比利时、南至地中海和西北亚地区。勒瓦娄哇(剥片工具)技术是一种石制工具制造技术,对石核的两面进行预制,(根据想要石片的大小)对其中一面进行打制修理,进而剥取石片。这种技术能够对石片的大小和形状进行更好的控制。——译注
④ LECHTMAN H. Style in technology:some early thoughts[M]//LECHTMAN H, MERRILL R S. Material culture:styles, organization, and dynamics of technology. St Paul, Minnesota:American Ethnological Society, 1977:3-20;LECHTMAN, H. Andean value systems and the development of prehistoric metallurgy[J]. Technology and culture,1984,25(1):1-36;Lechtman H. Pre-Columbian surface metallurgy[J]. Scientific American,1984(25):56-63.
⑤ KEIGHTLEY D. Archaeology and mentality:the making of China[J]. Representations,1987(18):91-128.

究,指出深层的文化结构、象征范畴、隐喻甚至是社会态度——凡此种种关涉着在世界中开展行动的合理方式——如何直接影响了制造技术和制品形态。在法国和英国,亦有许多考古学者使用操作链的分析方法去理解史前器物制造和设计的心理认知维度①,史前的才智以及技术表现、技巧、知识和象征性世界观之间的关系。② 操作链研究能够在反复出现的物质行动和象征及认知层面之间建立因果联系,结构主义一旦与操作链研究结合,就能够使考古学者理解古代技术本身是如何具有意义的。

(二)赋予古代技术以性别

从考古学者的角度出发,他们一直都不善于将古代工匠设想为思想着的、感觉着的行动者,直到性别的问题被摆上台面并成为(热烈)争论的话题。③ 20世纪80年代中期之前,无论是"实践理性"还是"文化理性"取向,皆用一种本质主义的观点来看待性别,认为自始至终都是男性在从事着创新性的、费力的(hard)技术活动,这些活动既保证了人类物种的持存,又在考古记录中留下了不可磨灭的痕迹;而女性对于人类进化来说则是可有可无的,她们"追随着男人,坐享其成"④,做着一些微不足道的、不费

---

① 例见 BALFET H. Observer l'action technique:des chaînes opératoires, pour quoi faire? [M]. Paris:CNRS,1991; PERLÈS, C. 25 Ans d'etudes technologiques en préhistoire:bilan et perspectives[C]. Juan—les—Pins,Editions APD-CA,1991;ROUX V. The psychosocial analysis of technical activities:a contribution to the study of craft specialization [J]. Archaeological review from Cambridge,1990,79(1):142-153;SCHLANGER N. Mindful technology:unleashing the chaîne opératoire for an archaeology of mind[M]//RENFREW C ZUBROW E. The ancient mind:elements of cognitive archaeology. Cambridge:Cambridge University Press,1994:143-151;DER LEEUW, S. E. Cognitive aspects of "technique"[M]//RENFREW,C.,ZUBROW E. The ancient mind:elements of cognitive archaeology. Cambridge:Cambridge University Press,1994:135-142.

② 例见 KARLIN C,JULIEN M. Prehistoric technology:a cognitive science[M]//RENFREW C ZUBROW E. The ancient mind:elements of cognitive archaeology. Cambridge:Cambridge University Press,1994:152-164; PELEGRIN J. Les savoir—faires:une très longue histoire[J]. Terrain,1991:106-113;PIGEOT N. Réflexions sur l'histoire technique de l'homme:de l'homme cognitive à l'evolution culturelle[J]. Paleo:revue d'archéologie préhistorique, 1991 (3):167-200; ROUX V. Peut-on interpréter les activities lithiques préhistoriques en termes de durée d'apprentissage? apport de l'ethnologie et de la psychologie aux études téchnologiques[M]//PEILES C. 25 Ans d'etudes technologiques en préhistoire:bilan et perspectives. Juan—les—Pins:Editions APDCA,1991.

③ CONKEY M W,SPECTOR, J. D. Archaeology and the study of gender[J]. Advances in archaeological method and theory,1984(7):1-38;WYLIE A. Gender theory and the archaeological record:why is there no archaeology of gender? [M]//GERO J CONKEY M W. Engendering archaeology:women and prehistory. Oxford:Basil Blackwell,1991:31-56.

④ FEDIGAN L. The changing role of women in models of human evolution[J]. Annual review of anthropology,1986(15):25-66.

力气的(soft)、非持存性的活动,例如采集、编织、养育孩子。①

过去的20年中,出现了大量关于古代技术性别化本质的理论精深的著作,这是我们"大觉醒"的结果。其中,特别是所谓的"性别归类(gender attribution)"研究,试图纠正以往技术视域中男性中心主义带来的不平衡,其目标是要在物质遗存中指出女性(近来亦开始关注孩童)的技术事功和活动领域。② 另外,在关注技术结构(organisation of technology)特别是匠艺专业化(craft specialization)的研究领域中,性别同样日渐重要。这里,赋予古代技术以性别意味着要讨论以下问题:在不同的时空背景中为什么会产生特定性别的工作人群,其影响又是什么。③

但笔者认为,考古学仍然需要解释的策略和合适的分析方法来帮助我们在考古资料的各种物质样态中"观察":有性别的工匠如何在社会与自我之间、在规范性的性别意识形态和个体能动性之间、在历史传统的负重和生活实践(lived practice)的意义之间,为自己协商出一个边界区域。因此,在这篇文章的结尾部分,笔者将简单地论述现象学和社会能动性理论加上一种略经改动的操作链研究如何使考古学者领会古代性别化的工匠作为有血有肉的人制造与确认传统、与之协商甚至对抗,领会在技术活动最凡俗的过程中人与人之间的关系。

(三)史前技术能动性的具身化:结构主义、性别及其他

笔者关于古代技术的本体论视角建立在结构主义和性别研究的洞见之上,但因受

---

① 这一观点持续受到批评,参见 DOBRES MARCIA-ANNE. Technology and social agency:outlining a practice framework for archaeology. Oxford:Blackwell Publishers,2000:14-28;DOBRES MARCIA-ANNE. Digging up gender in the earliest human societies[M]//WIESNER – HANKS M,MEADE T. Blackwell companion to gender history. Oxford:Blackwell,2004:211-226;GERO,J. M. and CONKEY M W. Engendering archaeology:women and prehistory[M]. Oxford:Basil Blackwell,1985;WYLIE A. Gender theory and the archaeological record:why is there no archaeology of gender?[M]//GERO J,CONKEY M W. Engendering archaeology:women and prehistory. Oxford:Basil Blackwell,1991:31-56.
② CROWN P. Learning about learning[M]//SKIBO J,GRAVES M,STARK M. Archaeological anthropology:perspectives on method and theory. Tucson:University of Arizona Press,2007:198-217;GEROJ. M. and CONKEY M W. Engendering archaeology:women and prehistory[M]. Oxford:Basil Blackwell,1991;PIGEOT N. Technical and social actors:flintknapping specialists at Magdalenian Etiolles[J]. Archaeological review from Cambridge,1990,9(1):126-141;SCOTT,E. Through the lens of gender[M]//SCOTT E. Those of little note:gender,race,and class in historical archaeology. Tucson:University of Arizona,1994:3-24;对于此类研究的总述,参见 COSTIN C. Exploring the relationship between gender and craft in complex societies:methodological and theoretical issues of gender attribution[M]//WRIGHT R P. Gender and archaeology. Philadelphia:University of Pennsylvania Press,1996:111-137.
③ 相关概述,参见 COSTIN C. Craft specialization:issues in defining,documenting,and explaining the organization of production[J]. Archaeological method and theory,1991(3):1-56;HENDON J. Archaeological approaches to the organization of domestic labor:household practice and domestic relations[J]. Annual review of anthropology,1996(25):45-61.

到(特别是)康德(Immanuel Kant)、德绍尔(Friedrich Desauer)和海德格尔(Martin Heidegger)现象学论作的启发,笔者在所有跟技术相关的"事物"当中,尤其强调(史前)行动者身体的中心性。古代工匠是感觉的、经验的存在,他们在日常生活实践的凡俗常规中制造和使用物质文化时,也理解着世界,理解着他们自身——这是笔者研究视域的出发点。工匠的身体是有心智的、感性的、性别化的通道(conduit),通过它,工匠使其世界物质化、与世界协商并改变世界,同时又通过这些方式使事物具有意义。① 关于古代技术,这种具身的(embodied)、主体行动的(agentive)本体论与更宽泛的强调"人类—物质文化互动"的本体论之间的差别是微妙的(这是一种仍在发展中的观念)。笔者将古代技术定义为一种具有感受能力的(sentient)、感性的(sensual)物质实践形式,这是为了强调制造和使用器物/客体(object)这一过程的本质是生成性的,它始终伴随着主体(或者说人)被制造的生成性过程。

重要的是,古代工匠与有心智的、富于技术才智的身体是社会建构的,并且嵌入到了某段历史时期的政治体中,而不是遗世独立、直接与"现实"世界相接触的理性实体。因此,身体是一种媒介,工匠经由它感知并理解世界;同时身体也是一个"舞台",上演着身份认同和其他的旨趣(interests)。换句话说,古代工匠的手和身体,既是用以实现自我(和制品)的有感受能力的、感性的媒介,也是可被一同工作的他人阅读的"界面(surface)"。因为日常物质实践的意义和感官感受(sensuality),是在由社会掌管的场景中展开的,"社会"和传统在很大程度上形塑与约束了个体性。在这一动态的、多面向的、主体间性的、多义的环境当中,古代工匠所制造的不仅仅是实践的客体、知识和技巧,还有人之存在(它具有各种限定特征,例如具有性别),以及一种共同归属的感觉。②

基于这样的本体论,笔者坚持认为史前的技术活动是由思想着的、感觉着的行动者和行动者集体所从事的,而技术活动又提出了在器物制造及使用之外的旨趣。实践理性的本体论理所当然地将器物的制造和使用看成古代技术实践的首要目标。但只需扫一眼研究当代(尚未工业化的)族群的民族志文献——考古学者借此推想古人的

---

① KELLER C M. Thought and production:insights from the practitioner[M]//SCHIFFER M B. Anthropological perspectives on technology. Dragoon and albuquerque:amerind foundation and University of New Mexico Press,2001:33-45;KELLER C M,KELLER J D. Thinking and acting with iron[M]. Cambridge:Cambridge University Press,1993;KELLER C. M,KELLER J D. Cognition and tool use:the blacksmith at work[M]. Cambridge:Cambridge University Press,1996:16.
② 关于这一观点,详参 DOBRES MARCIA-ANNE. Technology and social agency:outlining a practice framework for archaeology[M]. Oxford:Blackwell Publishers,2000;DOBRES MARCIA-ANNE. Meaning in the making:agency and the social embodiment of technology and art[M]//SCHIFFER M B. Anthropological perspectives on technology. Dragoon and Albuquerque:Amerind Foundation and University of New Mexico Press,2001:47-76.

情况——就能知道技术常常是一种推进社会发展甚至达成政治目的的手段,例如通过技术选择和技巧使用等"操作"来确认或挑战人(际)的或族群的身份认同。①

然而,古代技术的掌握者并不是对其境况了如指掌的主宰者。在日常技术实践的过程中,形成身份认同的主体间的能动性总是由许多交错的因素调和而成:社会准则几乎影响了所有的方面,从工匠对原材料的选择到"适当的"身体表现;传统的力量左右着制造和使用器物的"正确"方式;性别意识形态决定了谁可以、谁不可以制造与使用某些物品;差错(faux pas)表露出个体的笨拙或是衰弱;当然,还有制品的物理特性。

笔者研究的技术对象(回溯到冰河时代晚期的欧洲)包括器物和残片,它们由兽骨、鹿角、象牙和石头等制成;但笔者还是要从"主体"方面来定义古代技术。这种对具身能动性的关切,引导考古学家注意日常技术活动中性别(以及其他)认同的形成与协商的政治。② 例如,大约1.4万年前,在法国的比利牛斯山地区(French Midi-Pyrénées),工匠们用鹿角和兽骨制成极为实用的狩猎工具。通过极其细致的操作链研究,笔者业已证明他们广泛采用的技巧和技术所表现的"身体语言",是一种静默的话语。在笔者看来,在马格德林晚期(Late Magdalenian),当工匠们穿越茫茫大地,从一处到另一处时,他们总是通过这种话语就性别认同和社会地位进行协商。③ 霍夫曼(C. R. Hoffman)通过一种与笔者类似的本体论和"生命史"路径来对器物进行分析,他的研究表明在青铜时代(约公元前1300年—公元前800年)西班牙的马略卡岛(Mallorca),技艺娴熟、知识丰富的冶金人通过锻造或毁坏真正的金属制品,来锻造或象征性地毁坏社会联盟。④ 在这两个研究个案中,人们使用技术知识和技艺不全是出于实用目的——制造、使用和修理具有实际用途的器物。透过显微镜我们可以观察到技术行动、技术表现以及能力(无能)的展示,凡此种种皆表明技术是一种传递社会讯息的媒介,这些讯息能够在数千年之后被"解码"。

---

① 例见 GOSSELAIN O P. Social and technical identity in a clay crystal ball[M]//STARK M. The archaeology of social boundaries. Washington DC: Smithsonian Institution Press, 1998: 78-106; INGOLD T. The reindeerman's lasso[M]//LEMONNIER P. Technological choices: transformation in material cultures since the neolithic. London: Routledge, 1993: 108-125; PÁlsson G. Enskilment at sea[J]. Man, 1994(29): 901-927.
② SOFAER DEREVENSKI J. Rings of life: the role of early metalwork in mediating the gendered life course[J]. World archaeology, 2000, 31(3): 389-406.
③ DOBRES MARCIA-ANNE. Gender in the making: late magdalenian social relations of production in the French midi-pyrénées[D]. Berkeley: University of California, 1995.
  马格德林时期距今约1.7万年至1.1万年,作者所研究的时段距今约1.5万年至1.1万年。作者之所以强调"从一处到另一处",是因为她发现工匠所采用的技术是场所特定的(site-specific)。——译注
④ HOFFMAN C R. Intentional damage as technological agency: breaking metals in late Prehistoric Mallorca, Spain[M]//DOBRES MARCIA-ANNE. HOFFMAN C R. The social dynamics of technology: practice, politics, and world views. Washington D C: Smithsonian Institution Press, 1999: 103-123.

无论我们如何强调工匠的这种有意识的策略化,亦应注意工匠受到社会规训的身体是有心智的。这提醒我们,做完一遍"惯习的技术常规"动作是一种重要的手段,能够使女性和男性被规范性的价值和共同体的情感所收编。① 这也许可以在一定程度上解释为什么某些技术传统极为持久。②

古代技术在表现策略、知识、技巧、所作选择等方面留下了物质的痕迹(这些都能够通过显微镜观察到);而对于有心智的工匠来说,在他们被社会化的身体与政治体之间,存在着一个动态的边界区域。对"现象(phenomenal)"身体和能动性的本体论的关切,在方法上给予笔者一种可能性,让笔者能够在上述物质痕迹与边界区域之间建立起联系。这种联系既是概念层面的,也是经验层面的。③ 这里,我们能够在经验层面看到古代技术实践中所蕴含的人际的、身体的、象征的本质与制品物理性之间逐渐展开的关系。借助操作链研究这一适当的方法所观察到的证据中,有一些能够表明内含于古代技术实践中的、广泛共享的社会象征规则,还有一些则展示出多元变化性(variability)。④ 表明多元变化性的数据——偏离规范的技术系统的技术表现和技术选择,一度被(实践理性的信徒们)认为是"噪音",是因工匠个体而产生的乖离,从而被抛置一边。从实践理性的本体论出发,这些数据缺乏解释的价值,但若从性别化的、现象学的和能动性的本体论视角出发,这些数据无疑为我们提供了丰富的材料,借此我们能够"观察到"古代技术是一种具有情境与意义的实践——可以是一种微观情境,比如一群工匠围着营火劳作,亦可是一种宏观情境,比如具有某"族群身份"的专业工匠在统治精英的赞助下,进行跨越地域的劳作。

---

① DIETLER M, HERBICH I. Habitus et reproduction sociale des techniques: l'intelligence du style en archéologie et en ethno-archéologie[M]//LATOUR B, LEMONNIER P. De la Préhistoire aux missiles balistiques: l'intelligence sociale des techniques. Paris: Editions la Découverte, 1994: 202-287;更早的论述见 MAUSS M. Fragment d'un plan descriptif de la sociologie[M]. reprinted in Oeuvres, Vol. III: Cohésion sociale et divisions de la sociologie. Paris: Editions de Minuit, 1969[orig. 1934]: 303-354.
② 例见 CHAPMAN J. Enchainment, commodification, and gender in the Balkan Copper Age[J]. Journal of European archaeology, 1996(4): 203-242; SCHMIDT P R, MAPUNDA B B. Ideology and the archaeological record in Africa: interpreting symbolism in iron smelting technology[J]. Journal of anthropological archaeology, 1997(16): 73-102; TAÇON P. The power of stone: symbolic aspects of stone use and tool development in Western Arnhem Land[J]. Australia, Antiquity, 1991(65): 192-207.
③ DOBRES MARCIA-ANNE. Technology's links and chaînes: the processual unfolding of technique and technician[M]//DOBRES MARCIA-ANNE, HOFFMAN C R. The social dynamics of technology: practice, politics, and world views. Washington DC: Smithsonian Institution Press, 1999: 124-146; DOBRES MARCIA-ANNE. Technology and social agency: outlining a practice framework for archaeology[M]. Oxford: Blackwell Publishers, 2000: 164-181.
④ DOBRES MARCIA-ANNE. Of paradigms and ways of seeing: artifact variability as if people mattered[M]//CHILTON E S. Material meanings: critical approaches to the interpretation of material culture. Salt Lake City: University of Utah Press, 1999: 7-22.

结　论

　　古代人类技术极为复杂，它伴随着许多不同的实践和文化策略发展；同样，用以解释和理解古代技术的考古学路径亦极为复杂。古代技术研究十分艰巨，究其原因，在于我们要处理的数据的性质和时间范围很多、很广，在于在现代很难找到类似史前技术的事物。学者们清楚的是，不同的本体论促使他们强调不同的过程、对考古资料提出不同的问题、使用极为不同的分析"技巧"。对于技术这一如此复杂与多面向的主题来说，本体论、知识论和方法论的丰富性可能是必要的。无论是持"实践理性"还是"文化理性"导向，或是试图结合两者，考古学者们都将继续揭示先人们处理物质世界时所采用的极其复杂的方式，借此，他们赋予物质世界以意义。

技术的本性：知识、过程/程序/步骤、人造物与生产投入

◎ 乔瓦尼·多西(Giovanni Dosi)　马可·格拉奇(Marco Grazzi)[**]
　张妤文 译

摘要：就最广泛的意义而言，一项技术可以被看作人类用于满足其特定目的而创造出的方法或手段，比如物品和人口的流动、信息的传递或疾病的治疗。这些方法或手段通常依据所要达成的目标涉及不同的过程，包括特定的知识和人造物，以及为获得所期望的结果而需要的具体物质投入。事实上，过程与隐含其中的所需采用的知识、相关的有形与无形投入、输出的性能特点等各不相同，但它们之间各为补充，构成了技术的各个方面。这些是本文所要探讨的内容。

关键词：技术；本体论；生产理论

一、作为制作方法的技术

构思、设计与生产任何人工制品一般会涉及（通常很长的）一系列认知上与身体上的行动。因此，我们首先将技术作为一种需要对最终产品进行设计的"制作方法"，就像烹饪食谱一样，涉及物质性人工制品（a physical artifact）和实现它的一套程序。这一制作方法会详细说明为达到预期目标所需采取的一套行动，如果方法是隐性的，它则会指出将要执行的输入命令和所需的设备。

---

[*] 本文译自《剑桥经济学刊》(*Cambridge Journal of Economics*) 2010年第1期，第173—184页。本文已获得牛津大学出版社授权。

[**] 初稿收稿日期2008年4月17日，终稿收稿日期2009年5月14日。作者通讯地址：乔瓦尼·多西(Giovanni Dosi), Piazza Martiri della Liberta', 33 Pisa, Italy；电子邮箱：gdosi@sssup.it。本文借鉴了多西和格拉奇于2006年出版的著述中的观点。正在进行中的工作是编撰一部受到进化启发的教科书，成员包括乔瓦尼·多西、斯坦·梅特卡夫(Stan Metcalfe)、理查德·纳尔逊(Richard Nelson)和西蒂尼·温特(Sidney Winter)。迪克·纳尔逊(Dick Nelson)与希德·温特(Sid Winter)的贡献非常重要，有时我们甚至逐字逐句地采纳两人的观点。在此，我们向欧盟DIME卓越网络项目和意大利大学与研究部提供的资助一并表示感谢。

在一些情况下,像是从字面意义上理解烹饪食谱一样,一个单独的个体就能掌握将原材料制成最终产品的所有技能,比如打鸡蛋,搅拌鸡蛋与面粉,在平底锅内放入黄油等,直到最终制作出蛋糕。然而在工业技术领域通常并非如此:必备的知识与技能由许多不同的个体掌握,一个至关重要的问题是在什么时候以什么方式将他们召集起来。无论过程如何机械化(像当代),人工制品的制作通常是团队行动,不同的人、不同的群体被分派在生产过程中的不同部分。产品的最终形式不仅取决于整体的设计和在名义上被遵从的制作方法(如果有的话),并且取决于分工的方式,取决于在一定的分工方式下人们的技能和对要做什么的理解与实际上做了什么之间的匹配程度,取决于工作是否得到了有效的协调和管理,以及,至少同等重要的是,连接不同个体(通常是不同组织机构)实际上在做什么的这一过程的有效性。

尽管技术知识的分配性限制了以"制作方法"为特性的技术的准确性,但它确实有助于突出技术的过程维度。后者涉及问题解决的过程,在这方面,汽车制造、软件编程或是定理证明并没有那么大的区别。① 近期已有相关研究尝试将这样的程序结构和动态组合正式地确定在与组织内和组织间的劳动分工及其动态变化相关的组合数学的基本认知和物理构成中。②

二、超越详尽方法:组织常规

作为方法的技术观念是有用的,但却并未穷尽关于什么是技术的描述。事实上,许多技术根本就没有方法的描述,即便有解释与说明,通常也不能完整地描述实际上做了什么,也不能规范地指出应该怎样做。这一观察既适用于个体实现的技术(如骑自行车),又适用于由大量的个体组成实施过程的情形。与此相反,组织机构"行事"或

---

① 这一观点基于赫伯特·西蒙(Herbert Simon)的许多贡献,例如西蒙1987年的论述以及多西和埃吉迪(Dosi&Egidi)在1991年所做的相关阐释。SIMON H A. Models of man[M]. New York/London:Garland, 1987;DOSI, EGIDI M. Substantive and procedural uncertainty:an exploration of economic behaviors in changing environments[J]. Journal of evolutionary economics,1991(1):145-168.
② MARENGO L, DOSI G. Division of labor, organizational coordination and market mechanisms in collective problem solving[J]. Journal of economic behavior and organization,2005(58):303-326;MARENGO L,DOSI G,LEGRENZI P,PASQUALI C. The structure of problem-solving knowledge and the structure of organizations[J]. Industrial and corporate change,2000(9):757-788;RIVKIN J W. Reproducing knowledge:replication without imitation at moderate complexity[J]. Organization science,2001(12):274-293;RIVKIN J W, SIGGELKOW N. Balancing search and stability:interdependencies among elements of organizational design [J]. Management science,2003(49):290-311.

提供服务的程序典型地涉及组织常规。① 组织常规是指"一种已被组织掌握了的、在某些情境中能够进行重复操作的能力"(科恩等,1996:683)。正如纳尔逊和温特早在1982年指出的:(1)常规是任何一个组织机构解决问题能力的重要部分;(2)常规涉及潜在利益冲突管理的互补机制(详细论述见科里亚特和多西,1998),整体的常规则是由不同的组织技能与能力(competence and capabilities)②共同构成的;(3)组织能力很可能涉及"元常规",它支配、挑战并修改"较低级别"的组织实践(例如研发活动的增加,反复进行的"战略调整"等)。这样"较高级别"的能力被命名为动态能力。③

三、作为人工制品的技术

在许多(并非所有)情形下,以方法和过程为中心体现出的技术与我们所称的以人工制品为中心的技术,以及随时间推移它们的动态变化是互补的。④ 就后者而言,被看作复杂人工制品的技术由各个部件轮流制成,它们通常是在具有一定约束力的技术一致性条件下结合在一起的。⑤ 动态地看,针对每个组件与整个系统的操作特性所进行的修正与改进能够被卓有成效地学习。事实上,产品与系统中功能方面的"瓶颈"与

---

① COHEN M D, BURKHART R, DOSI G, EGIDI M, MARGLIEN L, WARGLIEN M, WINTER S G. Routines and other recurring action patterns of organizations: contemporary research issues[J]. Industrial and corporate change, 1996(5): 653-698; DOSI G, NELSON R R, WINTER S G. The nature and dynamics of organizational capabilities[M]. Oxford: Oxford University Press, 2000; FOSS N, MAHNKE V. Competence, governance, and entrepreneurship: advances in economic strategy research [M]. Oxford: Oxford University Press, 2000; MONTGOMERY C A. Resource-based and evolutionary theories of the firm: towards a Synthesis[M]. Dordrecht: Kluwer Academic Publishers, 1995; NELSON R R. The simple economics of basic research[J]. Journal of political economy, 1959(67): 297-306; NELSON R R, WINTER S G. An evolutionary theory of economic change[M]. Cambridge, MA: Belknap Press, 1982; TEECE D. J., PISANO G., SHUEN A. Dynamic capabilities and strategic management[J]. Strategic management journal, 1997, 8(7): 509-533; AUGIER M, KREINER K, MARCH J G. Roots and branches of organizational economics[J]. Industrial and corporate change, 2002(9): 555-788; BECKER M C, LAZARIC N, NELSON R R, WINTER S G. Applying organizational routines in understanding organizational change[J]. Industrial and corporate change, 2005(14): 775-791.
② 在多西等人2000年著述的介绍中,技能与能力(competence and capabilities)这两个术语在文献中常使用得相当随意并可以互换。多西等人在2008年的著述中更明确地指出,技能应被限制在相对有目的的"高水平"的任务或工作中,如制造具有特定性能的"汽车",而"能力"应指掌握特定知识库的能力(如"机械"或"有机化学"的能力)。显然,这种技能/能力的概念与"企业的能力观"在很大程度上是重叠的。DOSI G, FAILLO M, MARENGO L. Organizational capabilities, patterns of knowledge accumulation and governance structure in business firms: an introduction[J]. Organization studies, 2008(9): 1165-1185.
③ TEECE D J, PISANO G, SHUEN A. Dynamic capabilities and strategic management[J]. Strategic management journal, 1997, 18(7): 509-533.
④ ARTHUR B W. The structure of invention[J]. Research policy, 2007(36): 274-287; BASALLA G. The evolution of technology[M]. New York: Cambridge University Press, 1988.
⑤ 在斯德哥尔摩的游客还可以欣赏到建造于17世纪的美丽战舰"瓦萨"号。正是国王对其设计的干预违背了这些条件,致使它很快沉入海底,它才被完美无缺地保存了下来。

"不平衡"被看作重要的"聚焦装置",正如内森·罗森伯格(Nathan Rosenberg)所指出的,它推动技术的进步[①]。举例说明,比如提高机床的速度,就要求切割材料的变化,而由此又会引发机器其他部件的变化。"增量"变化与人工制品结构和功能方面更深层的断裂,是创新进化理论关注的两个核心问题。

从人工制品的角度认识技术有助于实现另一个目的,即识别特定的产品、机器、组件和中间投入(intermediate inputs)[②]的技术-经济特性。事实上,技术的历史能够在它们所处的适当的特性空间中通过输出动态被有效地追踪。也就是说,通过追踪一代又一代功能相似的人工制品的技术-经济特性来识别技术发展的轨迹。

然而值得注意的是,无论是否有编纂好的方法,将技术作为常规的观念甚至适用于没有有形的最终人工制成品产出的情况,可以设想一下"订机票并确定乘客在飞机上有座位"这一服务。除此之外,有时即便最终产品是一种物质化存在,比如药品,描述"人工制品空间"中的技术动态对我们而言也没有多少意义。在这个示例中,碳、氢、氧等原子数量和组合的变化与分子对身体的作用几乎没有直接的关系。

四、知识库(knowledge bases)

这些过程的目的,如发现化合物的性能、发送或接收电子信号、焊接两块金属均会采用知识的某些特定要素,部分涉及实际知识,部分涉及理论知识。事实上,在过去的四分之一个世纪中,不同技术的识别问题已取得了以下两项重大进展:(1)就这类技术知识的特点而言,它在多大程度上被编写成"制作方法",或在多大程度上能够公开地被相对专业的共同体获取,又或者在多大程度上体现在操作者自身的默会技能中;(2)它的来源。

事实上,如温特所指出的,基于不同默会程度和不同维度的分类系统提供了一个有效的解释网格,用来对不同类型的技术知识进行归类。[③]

默会性是指参与者或经验丰富的观察者,不能明确清晰地表达出"做事"的一系列程

---

① 参见罗森伯格于1976年、休斯于1989年提出的关于"反向凸角"推动技术进步的相关阐述。ROSENBERG N. Perspectives on technology[M]. Cambridge:Cambridge University Press,1976;HUGHES T P. The evolution of large technological systems[M]//BIJKER W,HUGHES T P, PINCH T. The social construction of technological systems. Cambridge,MA:MIT Press,1989.
② 中间投入(intermediate inputs),也称中间产品或中间消耗,是指一定时期内所有常驻单位在生产或提供货物与服务活动过程中,消耗和转换的所有非固定资产的货物和服务的价值。中间投入一般按购买者价格计算。——译者注
③ WINTER S G. Knowledge and competence as strategic assets[M]//TEECE D. The competitive challenge. Cambridge,MA:Ballinger,1987.

序步骤,如问题的解决、行为模式的形成等。① 简言之,默会性是用来测量"我们知道的比我们能表述的多"的程度的。② 就方法而言,默会知识恰恰无法(有时在理论上都不能)被描述在方法中,正如上文中所举的制作蛋糕的例子,但它存在于奶奶的脑海里(更确切地说是在她的实践中),默会知识更多地通过实际的示例而非通过教授指令来传递。

反过来,特定知识体系的默会程度和知识编纂的动态性已对创新模式、劳动分工和"技术市场"的存在或缺失产生了多方面的影响。③

至于技术知识的来源,目前,大量的"实用经济"技术知识由企业掌握,在某些发达国家中,这些企业甚至进行着少但却不容忽视的,旨在对世界的物理、化学、生物特性进行更为推测性的理解的种种努力,即它们同样从事"基础科学"。这些企业内部生产的知识通常会得到外部机构,如大学和公共实验室以及其他企业行为者——如供应商和客户——的补充。④

重建提供创新性学习机会的各种制度来源有助于超越,第一,超越技艺进步"外生"和"内生"表现的精略划分;第二,同样重要的是,它也有助于确定创新驱动在部门之间和技术之间的差异。

---

① DOSI G, MARENGO L, FAGIOLO G. Learning in evolutionary environments[M]//DOPFER K. The evolutionary foundations of economics. Cambridge:Cambridge University Press,2005;NELSON R R, WINTER S G. An evolutionary theory of economic change[M]. Cambridge, MA:Belknap Press,1982;POLANYI M. The tacit dimension[M]. London:Routledge & Kegan Paul,1967.

② 涉及当代技术的关于知识编纂的可能性、障碍和决定因素,参见 COWAN R. Tortoises and hares:choice among technologies of unknown merit[J]. Economic journal,2001(101):801-814;COWAN R,DAVID P A, FORAY, D. The explicit economics of knowledge codification and tacitness[J]. Industrial and corporate change,2000(9):211-253;NELSON R R. On the uneven evolution of human know-how[J]. Research policy, 2003(32):909-922;BRUSONI S,PRENCIPE A, PAVITT K. Knowledge specialization,organizational coupling, and the boundaries of the firm:why do firms know more than they make? [J]. Administrative science quarterly,2001,46(4):597-621;PAVITT K. What makes basic research economically useful[J]. Research policy,1991(20):109-119;BALCONI M, POZZALI A, VIALE R. The"codification debate" revisited:a conceptual framework to analyze the role of tacit knowledge in economics[J]. Industrial and corporate change, 2007(16):823-849. 软件产业的案例说明参见 GRIMALDI R, TORRISI S. Codified—tacit and general specific knowledge in the division of labour among firms:a case study of the software industry[J]. Research policy, 2001(30):1425-1442. 对于基于 ICT 仪器和计算的制造技术的当代编纂模式的详细说明参见 BALCONI M. Tacitness,codification of technological knowledge and the organization of industry[J]. Research policy,2002 (31):357-379.

③ ARORA A, FOSFURI A, GAMBARDELLA A. Markets for technology:the economics of innovation and corporate strategy[M]. Cambridge, MA:The MIT Press,2001;DOSI G,GAMBARDELLA A,GRAZZI M,ORSENIGO L. Technological revolutions and the evolution of industrial structures:assessing the impact of new technologies upon size and boundaries of the firms[J]. Capitalism and society. 2008(3):3.

④ DOSI G. Sources,procedures and microeconomic effects of innovation[J]. Journal of economic literature,1988 (26):1120-1171;FREEMAN C. The economics of technical change[J]. Cambridge journal of economics,1994 (18):463-514;KLEVORICK A K, LEVINB R C, NELSON R R, WINTER S G. On the sources and significance of interindustry differences in technological opportunities[J]. Research policy,1995(24):185-205.

五、技术与信息

正如以上论证所表明的,技术和技术的有效运用能力比单纯的有关如何操作的"信息"更加重要。然而,信息无疑是整体重要的组成部分,技术与信息有某些相似的特性,这些特性在经济学家阿罗(Arrow,1962)和阿克洛夫(Akerlof,1984)、格林沃尔德和斯蒂格利茨(Greenwald & Stiglitz,1986)、纳尔逊(1959)和拉德纳(Radner,1992)等人有关信息的理论著述中得以强调。[1]

第一,技术使用(即使在其被等同于信息时)具有非竞争性。一个经济主体的使用绝不会降低其他经济主体使用该技术的能力(当然这一点不适用于以人工制品为中心的技术)。

第二,信息使用具有内在的不可分割性(50%的关于世界或技术特征的说明,其价值却不到整体的50%,很有可能是0)。

第三,当一种技术"到位"时(这里"到位"指从业者和组织机构对技术实际上的使用),与它们重复使用的成本相比,技术和单纯的信息均涉及高预付成本(high up-front generation cost)。此外,在严格意义上,信息通常显示出可以忽略不计的再生产成本,这与信息可以在任何规模上(大于或等于1)使用的主张密切相关(但不完全相同)。事实上,就技术而言同样如此,即使一套知识在名义上能够在任何规模上被使用(例如,一套生产计算方法可以被数十次乃至百万次使用),这也并不意味着复制或模仿一定是简单而廉价的。[2]

第四,对信息和技术知识的使用有一个根本的非递减(很可能是递增的)回报特性。使用标准的经济产品,从鞋子到机床,均意味着会带来损耗。这既不适用于信息,也不适用于广义的知识。相反,信息和技术知识的持续使用意味着它不会贬值,至少就技术术语而言如此。知识不会表现出磨损与消耗。

---

[1] ARROW K J. The economic implications of learning by doing[J]. Review of economic studies,1962(29):155-173;AKERLOF G A. An economic theorist's book of tales[M]. Cambridge/New York:Cambridge University Press,1984;GREENWALD B C,STIGLITZ J E. Externalities in economies with imperfect information and incomplete markets[J]. The quarterly journal of economics,1986(101):229-264;NELSON R R. The simple economics of basic research[J]. Journal of political economy, 1959(67):297-306;RADNER R. Hierarchy:the economics of managing[J]. Journal of economic literature,1992(30):1382-1415.

[2] WINTER S G,SZULANSKI G. Replication as strategy[J]. Organization science,2001(12):730-743;WINTER S G,SZULANSKI G. Replication of organizational routines:conceptualizing the exploitation of knowledge assets[M]//CHOO C W,BONTIS N. The strategic management of intellectual capital and organizational knowledge. New York:Oxford University Press,2002.

注意到信息（和与信息不同的知识）的非竞争使用、预付成本和不可分割性对所有经济协调和变革理论都具有深远的影响。正如肯尼斯·阿罗所强调的，"只有当生产可能性是凸集时，即不显示收益递增时，竞争均衡才有望实现"，但是"有了信息，固定收益则不可能实现"。"无论生产规模如何，均可使用同样的信息。因此，这里存在着一种收益递增的极端形式。"①这样的说法强调对不要求均衡竞争的经济协调的迫切需要。事实上，这正是经济协调与变革进化论提供的描述。②

六、知识、过程和投入/产出的关系

值得注意的是，从过程的角度来关注技术，指向的焦点不是技术能否立即用于生产，比如某种半导体或一辆法拉利的输入与设备清单，而是关注产品的设计和服务及其所使用的程序，例如原始硅转化为微处理器的过程，或是铁、塑料和铜片转化为具有特定性能的汽车的过程。对那些研究技术进步的学者而言，对程序和设计的修改与完善是"行动（action）所在"，然而，就本质而言，输入/输出关系的变化是试图按照期望的方向成功改进程序与设计的副产品。因此，熟悉生产理论，特别是任何一种生产函数理论的经济学家，应注意到这些无非是对制作过程中"数量部分"的事后描述，在上述烹饪的例子中是指涉及蛋糕制作过程的鸡蛋、黄油、面粉、平底锅、电、工人的数量等各种因素。这些物质的用量严格地来自于制作方法（如果有的话）的性质以及最终产品的特性——所有这些都在相当严格的技术限制之中。因此，像90%的鸡蛋和10%的面粉这样的配比是"不合理的"，因为它们顶多只会生产出一个鸡蛋饼而不是一个蛋糕，这与相对价格无关。

就任何生产理论而言，描述以过程为中心的技术和以输入/输出为中心的技术至关

---

① ARROW K J. Technical information and industrial structure[J]. Industrial and corporate change, 1996(15): 645-652.
② 参见纳尔逊和温特(1982)、多西(1988)、多西和温特(2002)文中的调查与讨论，以及西尔弗伯格与弗斯帕根(Silverberg & Verspagen, 2001)的著述。NELSON R R, WINTER S G. An evolutionary theory of economic change [M]. Cambridge, MA: Belknap Press, 1982; DOSI G. Sources, procedures and microeconomic effects of innovation[J]. Journal of Economic Literature, 1988(26): 1120-1171; DOSI, G., WINTER S G. Interpreting economic change: evolution, structures and games[M]//AUGIER M March J. The economics of choice, change and organizations: essays in memory of Richard M. Cyert. Cheltenham, UK: Edward Elgar, 2002; SILVERBERG G, VERSPAGEN B. Learning, innovation and economic growth: a long-run model of industrial dynamics[J]. Industrial and corporate change, 2001 (3): 199-223.

重要。假设在输入/输出空间①中有一些指标(尽管有不可避免的含糊之处),这些指标还能发展出一些高维度"问题解决空间"的指标,那么,后者是如何映射到前者的?特别是,如果一个人能够把所有已知的名义上的蛋糕(或者物质的微处理器或汽车)的制作方法在某个时间集中在一起,那么输入/输出系数的分布情况会是怎样的呢?尤其是对一个输出单位的生产而言,"具备合法性"的输入/输出关系列表是否被包含在生产可能性的凸集中?是否有可能发现能够用齐次函数(可能是程度)来大致描述的许多制作方法?实际上,技术知识的本质和制作方法的本质均未表明这种情况。

事实上,理论的和经验的证据均表明,制作方法和实践就程序的顺序而言非常地"接近",如钢铁制作,但涉及的输入/输出空间却相当遥远。反之,制作方法乍一看与输入强度很接近,但事实上从潜在的知识与程序角度而言却相距甚远。类似的考虑也适用于以人工制品为中心的技术和生产它们所需的输入强度之间的映射。

程序中的"小"变化是否对应输入/输出关系中的"小"变化?反之,影响"做事方式"的重大技术革命是否同样意味着在物品生产的方法中,不同人工制品与不同种类的劳动间比例的主要变化?这些问题在纳尔逊和温特(1982)、纳尔逊(1981)、奥尔斯瓦尔德等(2000)、温特(2006)以及多西和格拉齐(2006)的著述中均有讨论。② 然而,公平地说,我们还未能对这些问题做出一般性的回答,这些回答最终浓缩为以知识为中心的进化的生产理论。③

从更加积极的角度来说,前面提到的技术观关注解决问题的过程,涉及汽车、软件、化合物等的设计与制造,不同于(派生的)输入/输出关系,可以直观地说明在大多数工业部门中观察到的企业间绩效的差异。特别是在制作方法冗长复杂,只能被实施

---

① 作为方法的技术的正式表述在文献中相当罕见,其中有奥尔斯瓦尔德等(2000)的文章。任何两种方法间的"距离"是操作的最小数(the minimum number of operation),为了将一种方法转变成另一种方法,它必须改变(第397页)。这个定义与马伦等人提到的形式化相一致。MARENGO L,DOSI G,LEGRENZI P,PASQUALI C. The structure of problem-solving knowledge and the structure of organizations industrial and corporate change. 2000(9): 757-788;MARENGO L, DOSI G. Division of labor,organizational coordination and market mechanisms in collective problem solving[J]. Journal of economic behavior and organization,2005(58):303-326.

② NELSON R R,WINTER S G. An evolutionary theory of economic change[M]. Cambridge, MA: Belknap Press,1982;NELSON R R. Research on productivity growth and productivity differences: dead ends and new departures[J]. Journal of economic literature,1981(19):1029-1064;AUERSWALD P,KAUFFMAN S,LOBO J,SHELL K. The production recipes approach to modeling technological innovation: an application to learning by doing[J]. Journal of economic dynamics and control,2000(24):389-450;WINTER S G. Toward a neo-Schumpeterian theory of the firm[J]. Industrial and corporate change,2006(15):125-141;DOSI G, GRAZZI M. Technologies as problem-solving procedures and technologies as input-output relations: some perspectives on the theory of production[J]. Industrial and corporate change,2006(15):173-202.

③ 生物学上类似的问题是基因结构与表型结构间的映射。STADLER B M,STADLER P F, WAGNER G P, Fontana W. The topology of the possible: formal spaces underlying patterns of evolutionary change[J]. Journal of theoretical biology,2001(213):241-274.

它的组织机构部分地理解的情况下,每个组织机构很可能只知道一个或很少的几个方法;即便是相似的方法,任何两个机构掌握它们的有效程度也可能不同。有人补充说,不同的方法和使用的有效性映射不同的输入/输出关系,即使在相对价格相同的情况下,预测企业中不同的投入强度和不同的经济效益也是很简单的事。

七、技术知识的一些一般特征

如果承认技术/信息的上述特性,技术知识就具有自身的重要特性,这些观点突出体现在20世纪六七十年代由英国克里斯托弗·弗里曼和美国内森·罗森伯格所开创的思想体系中。这一思想体系根据其主要贡献者的所在地被称为"斯坦福-耶鲁-萨塞克斯(Stanford-Yale-Sussex)体系",简称SYS体系。[1]

简单地说,SYS体系结合了阿罗(1962)和内森(1959)著作[2]中的信息经济学的基本直觉,对其做了进一步的阐释与修正[3],并注重技术知识的具体特征[4]。这一体系涉

---

[1] DOSI G, LLERENA P, SYLOS LABINI M. The relationships between science, technologies and their industrial exploitation: an illustration through the myths and realities of the so-called "European Paradox"[J]. Research policy, 2006(35): 1450-1464.

[2] ARROW K J. The economic implications of learning by doing[J]. Review of economic studies, 1962(29): 155-173; NELSON R R. The simple economics of basic research[J]. Journal of political economy, 1959(67): 297-306.

[3] DAVID P A. Knowledge property and the system dynamics of technological change[M]//SUMMERS L, SHAH S. Procedings of the world bank conference on development economics. Washington D C: The World Bank, 1993: 215-248; DAVID P A. Understanding the emergence of "open science" institutions: functionalist economics in historical context[J]. Industrial and corporate change, 2004(13): 571-589.

[4] DOSI G. Technological paradigms and technological trajectories: a suggested interpretation[J]. Research policy, 1982(11): 147-162; DOSI, G. Sources, procedures and microeconomic effects of innovation[J]Journal of economic literature, 1988(26): 1120-1171; FREEMAN C. The economics of industrial innovation[M]. London: Francis Pinter, 1982; FREEMAN C. The economics of technical change[J]. Cambridge journal of economics, 1994(18): 463-514; FREEMAN C, SOETE L. The economics of industrial innovation: third edn[M]. Cambridge, MA: MIT Press, 1997; NELSON R R. Research on productivity growth and productivity differences: dead ends and new departures[J]. Journal of economic literature, 1981(19): 1029-1064; NELSON R R, WINTER S G. Simulation of schumpeterian competition[J]. American economic review, 1977(67): 271-276; NELSON R R Winter S G. An evolutionary theory of economic change[M]. Cambridge, MA: Belknap Press, 1982; PAVITT K. The objectives of technology policy[J]. Science and public policy, 1987(14): 182-188; PAVITT K. Technology, management and systems of innovation[M]. Cheltenham, UK: Edward Elgar, 1999; ROSENBERG N. Perspectives on Technology[M]. Cambridge: Cambridge University Press, 1976; ROSENBERG N. Inside the Blackbox, Cambridge/New York: Cambridge University Press, 1982; WINTER S G. An essay on the theory of production[M]//Hymans S H. Economics and the world around it. Ann Arbor: University of Michigan Press, 1982: 55-93; WINTER S G. Knowledge and competence as strategic assets[M]//TEECE D. The competitive challenge. Cambridge, MA: Ballinger, 1987; WINTER S G. Toward a neo-Schumpeterian theory of the firm[J]. Industrial and corporate change, 2006(15): 125-141.

及两个方面：(1)充分认可一般信息与知识的某些共同特征，特别是关于科学和技术的知识；(2)区分技术知识的具体特征及其在当代经济中的产生和使用方式。

事实上，科学知识，甚至技术知识，在不同程度上具有先前定义的"默会"性。这适用于那些引导任何发现的预先存在的知识，同样适用于需要解释和使用编码信息的知识。正如帕维特所讲的有关技术的知识：

> 大部分的技术是具体的、复杂的……并且在其发展的过程中具有累积性……这是实施大量的技术活动的公司所特有的，也是产品和过程所特有的，因为大部分的支出不是用在研究上，而是用在开发新产品和设计工艺上，在这之后，知识也通过所谓的"做中学"和"用中学"，即生产和使用的经验而积累起来。①

除此之外：

> 活动的组合反映了大多数技术知识本质上的实用性。尽管一个输入有用，但是在工作情况下，理论常不够强大并且没有足够的把握来预测技术人工制品的性能，并且很少有足够把握来消除昂贵和费时的原型以及实验装置的建造与测试。②

值得注意的是，鉴于这些技术知识的特性，将其等同于纯粹的"公共物品"可能会造成严重的误导。即使在理论上技术使用具备非竞争性的特点，但如果在使用上没有明显的障碍，获取相关技术能力通常也需要付出不菲的代价。此外，专有技能的默会性也意味着习得它的成本和时间有可能是巨大的、长久的。正如我们所指出的，对技术的有效使用通常需要适当的组织与管理，对它的学习、实施和复制可能非常困难。当然，许多技术在一定程度上受知识产权保护。然而，即便不考虑任何有关知识使用的合法授权垄断的问题，技术知识的复制方式和成本，正如前文中所提及的，从根本上说也不同于纯粹的信息。③"观点的复制"这个比喻只是在电脑上按"复制"和"发送"的指令，复制的有关过程、组织机构安排和产品的技术知识却是一

---

① PAVITT K. The objectives of technology policy[J]. Science and public policy, 1987(14):182-188.
② 同上。
③ 参见温特和苏兰斯基2001与2002年富有洞见的见解。WINTER S G, SZULANSKI G. Replication as strategy[J]. Organization science, 2001(12):730-743; WINTER S G, SZULANSKI G. Replication of organizational routines: conceptualizing the exploitation of knowledge assets[M]// CHOO C W, BONTIS N. The strategic management of intellectual capital and organizational knowledge. New York: Oxford University Press, 2002.

项艰苦并且通常非常昂贵的工作①。底线是,即便存在一个由温特和苏兰斯基提出的"箭头核心"(Arrow Core)②,就信息编辑模板而言,复制的实际过程也涉及巨大的投入以及最终能否成功的不确定性。

从动态的观点来看,对此的核心解释涉及不同的知识体系随时间的推移而演变的方式。下面让我们来看看它们。

八、技术的范式与轨迹

以往的文献中提出了各种概念以界定技术和技术创新的性质,如技术体制、范式、轨迹、重要性、控制指标、主导设计方式等。名称并不重要,重要的是这些概念由于试图捕捉技术活动以及技术变革程序与方向的一些共同特征而高度重合。

我们首选的技术范式的概念,基于以下三个以技术为基础的基本观念。③

第一,它表明,对于"技术是什么"以及"它是如何变化的"这些问题令人满意的答案必须同时包含基于特定活动的对特定知识形式的体现。这种体现,如上所述,不能被消减为有明确定义的计划大纲,但在根本上涉及解决问题的行动,包括体现在个人和组织中的知识的默会形式。在这样的层面上,技术是最终包含着物理和化学原理、专业技巧、方法、成功与失败经验以及物质装置与设备的一套知识。

第二,范式牵涉到"如何做事"以及如何改进的特定的探索与设想,通常由每个特定活动的参与实施者(工程师、公司、技术团队等)共享。也就是说,他们需要可以共享的认知框架。④

第三,范式(通常是但并不总是)还定义了人工制品的构件与系统(即"主导设计"⑤),它们随着时间的推移逐步被修改与完善。这些基本人工制品也可以用一些基

---

① MANSFIELD E, SCHWARTZ M, WAGNER S. Imitation costs and patents: an empirical study[J]. Economic journal, 1981(91): 907-918.
② WINTER S G, SZULANSKI G. Replication as strategy[J]. Organization science. 2001(12): 730-743.
③ DOSI G. Technological paradigms and technological trajectories: a suggested interpretation[J]. Research policy, 1982(11): 147-162; DOSI G. Technical change and industrial transformation: the theory and an application to the semiconductor industry[M]. London: Macmillan, 1984.
④ CONSTANT E W. The origins of the turbojet revolution[M]. Baltimore, MD: Johns Hopkins University Press, 1980.
⑤ ABERNATHY W J, UTTERBACK J M. A dynamic model of product and process innovation[J]. Omega, 1975(3): 639-656. 此处还需注意,支配性设计的概念与技术范式的一般性概念能够产生很好的共鸣,但后者并不一定意味着前者。例如制药技术,涉及特定的知识基础、特定的搜索方式等,即范式的强大标记,但却没有任何主导设计的暗示。即便是针对相同的病理学,分子也可能有完全不同的结构;在这种状况下,不可能找到类似的连接,甚至是1937年老式大众甲壳虫和2000年的法拉利。并且,即使在前一种情况下"范式"的概念也是根据知识基础与搜索过程的基本特征来界定的。

本的技术和经济特性来描述。例如,就飞机而言,对它们的基本属性的明确描述不仅仅包括投入和产出的成本,而且还包括机翼载荷、起飞重量、速度、可到达的距离等这些显著的技术特性。类似的技术的恒定性例子还有半导体、农耕设备、汽车和其他的技术。①

重要的是,技术进步在一些基本的产品特性上往往呈现出模式化和不变性。因此,技术轨迹的概念与每一种范式中隐含的逐步实现的创新机遇相关。在原则上,可根据产品与生产过程中基本技术经济特性的变化来衡量这一范式。

技术轨迹概念所涉及的核心思想如下。

粗略地估算且不考虑市场诱因,每一个特定的知识体系(每个范式)都会形塑和限制技术变化的速度和方向。事实上,技术的变化在某种程度上,正如前文所说,通过反复尝试和努力,被部分地驱动以应付技术本身所造成的不平衡。结果是,人们应该能够观察到在不同的市场条件下技术变化的规律和恒定性(如不同的相对价格),其断裂主要与知识库(范式)的根本变化有关。②

此外,目前在有关创新文献中被广泛承认的一个相当普遍的特性是,学习往往具有本地化和累积性特点。"本地化"意味着对新技术和产品架构的探索和开发很可能就出现在已经使用该技术和架构的地区。③"累积性"意味着当前技术的发展往往建立在之前的生产和创新经验的基础之上,通过具体的问题解决序列④,往往也导致微观经济序列相关性的成功或失败。

以知识来源与知识的部门差异为根据的有关技术知识和技术变化的文献,为我们

---

① GRUPP H. Dynamics of science-based innovation[M]. Berlin/Heidelberg:Springer Publishers,1992;SAHAL D. Recent advances in the theory of technological change[M]. New York:Addison—Wesley,1981;SAVIOTTI P. Technological evolution:variety and the economy[M]. Cheltenham,UK:Edward Elgar,1996.
② 关于"诱导机制"与其局限的详尽论述参见 DOSI G. Opportunities,incentives and the collective patterns of technological change[J]. The economic journal,1997(107):1530-1547;其面临的挑战参见 RUTTAN V W. Induced innovation,evolutionary theory and path dependence:sources of technical change[J]. The economic journal,1997(107):1520-1529.
③ ANTONELLI C. The economics of localized technological change and industrial dynamics[M]. Boston:Kluwer,1995;ATKINSON A B,STIGLITZ J E. A new view of technological change[J]. The economic journal,1969(79):573-578;DAVID P A. Technical choice,innovation and economic growth[M]. Cambridge:Cambridge University Press,1975.
④ VINCENTI W. What engineers know and how they know it:an analytical study from the aeronautical history [M]. Baltimore,MD:The Tohns Hopkins University Press,1990.

了解创新性探求发生的详细机制提供了许多洞见。[①] 不过,为了有一个简要的概括,让我们以一个基本的观点来表达自己的想法,即技术知识是结构性的。动态地说,与解决特定问题的具体途径相联系的技术创新具备相对有序的模式(例如,从氧化铁到钢,从钢到具有特定技术特性的钢制燃烧室)。与此同时,需要强调的是这些知识结构的重要变化往往来自于基本范式的断裂。

九、通过结论得出的解释性后果

我们已经通过技术随时间变化的特性表明了技术观念的一些重要含义。事实上,这就是技术知识的"认识论"[②]与创新经济学之间的联系。

其他重要的结论涉及技术构成的方式:(1)以在差异化竞争中获得成功为目标,企业组织提升其解决问题能力的过程;(2)产业学习与产业演进的整体模式;(3)国际贸易格局的决定性因素;(4)最终由技术和组织变革推动的宏观经济发展过程。事实上,前面提到的技术观念和创新活动,动态地看,是企业进化理论中产业变革和经济增长的核心。

[①] 关键的调研参见 DOSI G. Sources, procedures and microeconomic effects of innovation[J]. Journal of economic literature, 1988(26):1120-1171;DOSI G, MARENGO L, FAGIOLO G. Learning in evolutionary environmentsin[M]//DOPFER K. The evolutionary foundations of economics. Cambridge: Cambridge University Press, 2005;FREEMAN C. The economics of technical change[J]. Cambridge journal of economics, 1994(18):463-514.

[②] ZIMAN J. Technological innovation as an evolutionary process[M]. Cambridge: Cambridge University Press, 2000.

人类技术有什么特别之处?*

◎ 罗伯特·翁格(Robert Aunger)**
  杨 击译

摘要:人类技术难以理解,因为它太复杂。无论如何,人类技术是从其他物种的较为简单的技术演化而来的。与后者比较,就能够阐明人类技术的独特性。一些鸟类和灵长类动物制造工具,或者简单的技术物件,其功能与物件的形状相关。人类则制造机器——相对复杂的物件,其功能源自各个部件之间的交互作用(例如弓和箭)。为了制造机器,人类的认知水平必须进步到所谓"第二序列工具性"(second-order instrumentality)的层面。也就是说生产某物,为的是制造另一物,或者成为那一物的一个部分。这种能力使得人类社会能够发展有组织的专门化生产,因此,人工制品多样化和累积都成为可能,而其他物种的技术库存的复杂性依然停滞不前。

关键词:技术;进化;工具性思维;机器;工具制造

引 言

人类技术是一种复杂的现象。考察人类技术从简单形式中兴起的历史,其复杂性就容易被理解。人类学家用类似的策略解释文化的性质。文化或许是人类学的核心概念,像技术一样,也非常复杂。[①]当然,在其他物种当中,也能发现文化的雏形。一些人类学家试图去理解人类近亲中的各种文化是如何演化成人类文化的。

人类学家发现,人类文化与其他物种的文化的区别在于,人类有累积的能力。人类具备文化"储存"(stock)能力,人类文化代代相传并日益增多;而其他物种的文化局

---

* 本文译自《剑桥经济学刊》(*Cambridge Journal of Economics*)2010年第1期,第115—123页。本文已获得牛津大学出版社授权。

** 伦敦卫生和热带病医学院(London School of Hygiene and Tropical Medicine)生物人类学家。

① 虽然有人将技术囊括在文化概念之中,但笔者在这里把"文化"看作通过社会学习(Richerson and Boyd, 2005)习得的信息(比如信念和技巧)。这一界定排除了行为的各种有形产品,包括技术行为,笔者将文化纯粹看作心理现象。

限于有限传统,比如某些习得的、具有群体特色的特性(比如用叶子制造嗡嗡声吸引伴侣,或把叶子卷成一团,像海绵那样吸水)。① 灵长类动物掌握的技能也可能随着时间流逝而变化,但是技能的总量大致保持稳定不变②(严格来说,即便有累积,也是极其缓慢以至于难以测量的,即便是源自其他灵长类和鸟类动物的新近情况,也需经过类似智人所经历的时间长度,才能演化出复杂的技术)。

人类文化特有的累积能力被归因于其能够参加快速社会学习的心理能力。③ 摹仿和符号能力使得人类可以快速学习新的技能,对他人行为的个别观察可以推断出行为准则。④ 经过一代又一代,人类文化的容量"日益增长"⑤。人类迅速摹仿的能力是一种心理特征,能引发一种本质上不同的文化演化过程。

本文提出,技术学者应该使用类似人类学家的策略,提出"人类技术如何"以及"为何与其他物种不同",这样才能更好地理解人类技术。笔者进一步认为,这个问题的答案与人类学家之于文化的发现类似:人类技术与其他物种的区别在于累积能力。笔者还假设,人类具有一种独特的能力,使得人类技术得以累积。笔者称之为"第二序列工具性行动"(second-order instrumental action),即有能力生产只是用来帮助再造其他人工制品的物件。本文之后会简要讨论这一论证对于理解人类技术的意义何在。

其它动物的技术

一般而言,"技术"一词包含三个范畴⑥。技术可以被看作一种:

- 知识:技能(technique)(发明和制造物品的专业知识);

---

① MCGREW W C. Chimpanzee material culture[M]. Cambridge:Cambridge University Press,1992;WHITEN A,GOODALLl J,MCGREW W C,NISHIDA T,REYNOLDS V,SUGIYAMA Y. et al. Cultures in chimpanzees[J]. Nature,1999:682-685.
② RICHERSON P J, BOYD R. Not by genes alone:how culture transformed human evolution[M]. Chicago,IL:University of Chicago Press,2005.
③ DUGATKIN L A. The imitation factor:evolution beyond the gene[M]. New York:Simon and Shuster,2001;TOMASELLO M,KRUGER A, RATNER H. Cultural learning[J]. Behavioral and brain sciences,1993:495-552.
④ DEACON T. The symbolic species:the co-evolution of language and the Brain[M]. New York:W. W. Norton,1997;HURLEY S, CHATER N. Perspectives on imitation:from neuroscience to social science (2 vols)[M]. Cambridge,MA:MIT Press,2005.
⑤ BOESCH C,TOMASELLO M. Chimpanzee and human cultures[J]. Current anthropology,1998(39):591-614;DONALD M. Origins of the modern mind:three stages in the evolution of culture and cognition[M]. Cambridge,MA:Harvard University Press,1991.
⑥ MITCHAM C. Types of technology[M]//DURBIN P T. Research in philosophy and technology. Greenwich,CT:JAI Press,1978:229-294.

- 活动：在生产物品过程中，技能转化为行动；
- 产品：各种物品（行动的物质产品）。

事实上，这三者是不能分开的。作为一种可持续的系统，技术必须由（技能）知识导向实践（组织化的行为活动），实践的结果就是物质物件（比如各种物品）的维持和修缮。离开任何一个环节，系统就无法演化，我们也无法解释越来越复杂的被造物品的演化。请注意，这个界定包括"信息技术"在内，比如计算机、社会技术，以及因特网（信息机器辅助人际交流）和生物技术，这就使得诸如基因工程这样的有机体修饰成为可能。

若"知识体系"或制造物品的技能不能在认知上被编码，那么技术就很难成为人类的发明。[1] 许多动物也有动物制品（artefact）[2]。事实上，大约 5 亿年前，已经存在用物质材料制作耐久、合用东西的方法。[3] 早期技术活动出现在无脊椎动物之中。一般而言，像昆虫和蜘蛛这样的无脊椎动物，能够建造各种结构物，并总是服务于以下三种功能中的一种：抵御环境或者捕猎者（例如白蚁巢）；设陷阱捕获猎物（例如蜘蛛网）；是一种炫技，用来求爱（比如园丁鸟搭建的凉棚）。[4] 以上任何一种情况中，建造行为都是非常简单的（虽然一些相对"高等"的动物比如鸟类，能够掌控整个建造过程）。这种建造基本上是凭本能的，是动物个体利用少量的标准化行为[5]，对环境信息的回应（或许也有它们自身的一些先期活动）。建造的材料或者是收集来的，或者是自身分泌的，

---

[1] 有些人对人工制品的界定以刻意的制造为基础。也就是说，物件生产是出于某个明确的目的，通常是指人类制造（Hilpinen，2004；Kroes，本期刊物；Thomasson，2007）。例如，某物件之所以能被称为椅子，是因为制造者刻意将其作为椅子来制造（也就是说，这个物件是让人坐在它上面的）。这一类定义有利于将人工制品与生物有机体和其他非定向制作（niche constructive activity）的实体物件区分开来，也帮助我们区分使用和制造［例如，依据"合适"功能的概念来区分两者（Millikan，1984）］，并且也可以联系到本文所认定的人类技术的核心特征：将使用和制造分离。然而，刻意性无法涵盖一些新兴的人工制品范畴（例如网络和系统），它们通常是演化而来的，而非刻意设计出来的。刻意性也无法解释有些发明和那些偶然的制造活动（Vincenti，2000）。它也忽略了那些主要凭本能而不是刻意性（也就是认知）的动物的技术演化史（Gould and Gould，2007；Odling-Smee et al.，2003）。当然，这样界定人工制品也是合宜的，因为它也覆盖了非人类技术，扩大了解释的范围，也避免认为人类技术好像是无中生有的。所以，笔者把人工制品界定为：动物为了增加它们的生物适切性，通过定向建设性行为，创造出来的耐久的形式或者结构。
[2] 由于作者把 artefact 这个原本指"人工制品"的单词也用到了动物身上，见本页脚注 1 作者对这个词的界定，所以在翻译时，译者有时将其译成动物制品，有时译成人工制品，有时笼统译为物品。——译者注
[3] 技术活动的基本演化功能必须以这种方式与作为技术活动结果的建造结构（construction）互动，以增加动物的生物适切性。蚯蚓不断在泥土中挖洞透气以存活其间，倒是让泥土肥沃起来（Turner，2002），但这不是蚯蚓蠕动的根本原因，所以蚯蚓改变土质不能算技术活动。但蜘蛛织网以利于捕食，就属于技术活动。因此，跟定向制造相比，技术活动是一个更加窄义的行为范畴。（Odling-Smee et al.，2003）
[4] HANSELL M. Animal architecture[M]. Oxford：Oxford University Press，2005.
[5] GOULD J L，GOULD C G. Animal architects：building and the evolution of intelligence[M]. New York：Basic Books，2007.

总体来说都是未经修改就被使用的。①

"高等动物",主要是鸟类和灵长类,也使用相当不同的手段生产物品。这些物品通常是微型物品。进一步讲,它们被造的过程,也是被使用的过程,一直到获得某种功能形态为止。例如,一种名字叫作坎齐(Kanzi)的黑猩猩学会了燧石敲击技术(用燧石块互相重击,获得锋利到可以切割猎物的肉的岩石薄片),这证明了它具有使用天然物件(石头)制作片状物品的能力。② 多数情况中,合成物件的使用具有"内源性"(endogenous)。也就是说,动物以某种方式操作物品,从行为中获得更大的回报[相反,若不是积极操作物品,只是将其当作环境的一个部分来对待,那么这种使用就被看作是"外生的"(exogenous)]。在任何情况下,作为结果的物品就是一种简单的工具,通常也是由个体生产的。

大部分物种只制造一种工具,也有一些物种制造"成套工具"。例如,黑猩猩在以下不同的情况中使用不同工具:从隐蔽处取出猎物、保持个人卫生(例如擦去排泄物)、吸引同类尤其是出于交配的目的(例如使用叶子吹出哨声),等等③。类似的还有新喀里多尼亚乌鸦用不同材料制作不同种类的工具去完成不同的任务,如用茎和叶做的挂钩和倒钩可以取出缝隙中的昆虫。④ 乌鸦能够学会使用一个工具,然后用这个工具在围栏中获取第二个工具,再用第二个工具从第二个围栏中获得某种回报——这类似于某种"元"工具的使用。⑤ 同样,非洲中部雨林中野生的黑猩猩,能自发地、习惯性地将两个工具接续使用,以搜寻白蚁:用一根结实的棍子捅巢窝,再用一根细嫩的、末端打磨过的枝子将虫子捞出来。⑥

鸟类、灵长类动物和类人猿都通过一系列复杂的行动来制造工具,这就是一个所

---

① HANSELL M. Animal architecture[M]. Oxford:Oxford University Press,2005.
② TOTH N,SCHICK K D,SAVAGE-RUMBAUGH E S,SEVCIK R A,RUMBAUGH D M. Pan the tool-maker:investigations into the stone tool-making and tool-using capabilities of a bonobo (pan paniscus)[J]. Journal of archaeological science,1993(20):81-91.
③ WATTS D P. Tool use by chimpanzees at Ngogo, Kibale National Park,Uganda[J]. International journal of primatology,2007(29):83-94.
④ HUNT G R. Human-like,population-level specialization in the manufacture of pandanus tools by new caledonian crows corvus moneduloides[J]. Proceedings biological sciences,2000(267):403-413;HUNT G R, GRAY R D. Diversification and cumulative evolution in new caledonian crow tool manufacture[J]. Proceedings biological sciences,2003(270):867-874;KENWARD B,Weir A A S,RUTZ,C KACELNIK A. Tool manufacture by naive juvenile crows[J]. Nature,2005(433):121.
⑤ TAYLOR A H,HUNT G R,HOLZHAIDER J C,GRAY R D. Spontaneous metatool use by new caledonian crows[J]. Current biology,2007(17):1504-1507.
⑥ SANZ C,MORGAN D,GULICK S. New insights into chimpanzees,tools,and termites from the congo basin [J]. American naturalist,2004(164):567-581.

谓的"操作链"①。这些物种的技术都没有累积,所以,复杂的制造过程并非人类技术的特性。

人类技术到底比上述物种的技术复杂在何处? 我们尚未发现有灵长类动物能够制造一个复杂的物件——各个部件之间能够多重互动的物件,或者我们可以将它称作一架"机器",也没有在与早期类人猿相关的考古记录中发现任何复杂的物品(例如南方古猿化石、能人化石和直立猿人化石)。然而,同时期的人类能够用许多不同的部件制造出复合的物件。②

例如,觅食者使用弓和箭射杀远距离的大型猎物。尤其是箭,由好几个部分组成,比如箭头、箭杆和箭翎,分别用不同材料制成(石头、木头和羽毛),每个部分单独制成,再被整合成一个整体。一支箭构成了一架简单的机器,这归功于各个部分合在一起造就的功能:能够有效地将动物射杀。将箭头、箭杆或者箭翎单独抛扔到动物身上,都无法产生这种效果。机器的独特性在于,其各个部件都是独立制造的,放在一起后能够构成一个更复杂的整体,具有一种新的功能。进一步看,当箭和弓一起使用时,与用手投掷相比,猎人能够射杀更远距离之外的动物。所以,弓-箭这一更复杂的机器比单箭本身具有更多的功能。

(一)把制造从使用中分离出来

制作一套弓箭的特殊之处到底何在? 它要求一个人投入生产一个物件,比如箭翎,完成后不能马上使用,因为它本身还不具备某种功能;只有将它与其他部分结合,才能成为一支具有功用性的箭(至少可以作为一种狩猎工具)。因此,此人必须继续第二个任务——制造箭头,然后是第三个任务。唯有箭做完了,它才有益于打猎活动,具备使用价值。

其他物种被限制在两个技术能力之中:生产一个物件来使用,或者使用一个物件去获得另一个。这些能力能够被结合在一起,例如,新喀里多尼亚乌鸦能够使用一个工具去获取另一个工具,然后使用后一个工具。③ 但是,人类以外的物种并不懂得制

---

① LEROI-GOURHAN A. Gesture and speech (first published as Le Geste at la Parole,1964)[M]. Cambridge, MA:MIT Press,1993.
② REYNOLDS P C. The primate constructional system: the theory and description of instrumental tool use in humans and chimpanzees[M]//CRANACH M V Haas,R. The analysis of action. Cambridge:Cambridge University Press,1982:243-385.
③ TAYLOR A H,HUNT G R,HOLZHAIDER J C,GRAY R D. Spontaneous metatool use by new caledonian crows[J]. Current biology,2007(17):1504-1507.

造一个物品后先将其搁置一旁,或者用来帮助制造另一个物品。① 也就是说,其它动物具备了从事制造-使用链或者使用-使用链当中行为的能力,但是不具备从事制造-制造链这种行为的能力。然而,人类的工具常常被用来制造其他工具或在制造第三种物品时扮演辅助的角色。例如,刀被制造出来,然后被用来将木头削成箭。唯有涉及制造-制造链,才能体现人类的工具-制造特性:合成工具(诸如滑轮、风车和发动器这样的机器),工具被用来制造工具。② 这种能力在过去某个时候必定出现在人类当中。

(二)制用分离的心理状态

这种仅仅用来彼此配搭、与其他物品一起使用或者是为了进一步制造其他物件的制造能力所依靠的心理特征是什么?一个个体既能够从事诉诸手段(或工具)的行为,也可以从事诉诸目的的行为,或者这个行为本身就是一个目的。举例来说,有人接受教育既是为了寻求一份好的工作,也是为了学习乐趣本身。外生的使用可以是功能性的(例如挥舞锤子敲击钉子),也可以是工具性的,目标是制造另一个制品,或者是获得知识(例如挥舞锤子去制造一部机器,或者实践制造的各种技能)。动物能够制造某种本身就是目的的工具(即提高使用者操控物质环境或者社会环境的能力),但却无法造出一种仅仅具有工具价值的物品。动物主要衡量物品能帮它们做什么,而不是物品是否对其他目标有贡献。③

人类是如何让自己相信,即便没有即刻的利益在其中,工具制造活动也是具有效用的?复杂的物品制造要求人有这样一种目标能力,即眼前所做的只是一个步骤,这个步骤是达成一个更远大目标的过程(例如,制箭只是完成了通往制造武器道路上的一个临时的目标)。这种生产活动要求从事者有一种心理上的准备:愿意投入到不能马上见效的事情上。也就是说,这些事情只有在未来才能显示出价值,并且需要更进一步地努力才能获得。因为这牵涉到第二序列的制造,笔者将这种心理能力称作"第二序列的工具性";这种能力使人能够使用没有内在固有价值、只能用作另一个目的的手段。

---

① HANSELL M. Animal architecture[M]. Oxford: Oxford University Press, 2005.
② 根据 Mitcham(1994),亚里士多德首先区分了制造类型:耕作和建造。耕作是帮助自然产出更加完美和丰富的东西,但其本身是"自然"产出的(例如农业)。建造就是生产出自然中没有的东西,甚至都没有半成品(例如椅子、计算机)。当然,从农业或者基因工程的意义上来说,耕作也有一个先决条件,就是工具的制造。所以,笔者将耕作当作处理有机物的某种使用制品的特殊种类,这里的论述集中在新的制品种类的创造上。
③ 注意,这里说的并非从事工具性行为的能力本身,而是将我们与其他动物区分开来的能力,因为生产制品是工具性行为。对人类而言,制品使用也可以是工具性的,因为使用可以置于其他制品的生产之中。事实上,有些制品只具有帮助人类制造其他制品的能力和效用(例如机器工具)。

动物能够进行复杂的序列活动来获得即刻可得的好处,例如制造结构物对于社交名誉或者保卫疆土有益。在动物生产中,也有制造和使用暂时分离的现象(例如,鸟可以在下蛋前几天筑巢,使用鸟巢的满足感被延迟了),但是这并不是笔者提到的手段—目的分离行为,因为制造结构物等行为的目的都是被使用(比如,领地是用来吸引伴侣的)。但是,一支箭无法被孤立地使用(至少不能发挥它的最大功能。当然,因为它是锐利的,所以它也能用来切割东西)。重复制造需要分层次的嵌套行为:生产一个产品,它本身是未来生产的一种投入。这种行为的结果是,一个阶段的努力接着下一个阶段的努力。进一步讲,第一个物件的制成,也就是这个即刻的任务的完成,并没有固有的价值。

　　近年来,研究者对人类和非人类心理能力的证据进行了全面的回顾,Penn 和他的同事们(2008)提出了一个名为"关联性再阐释"(relational representation)的假设。大致意思是,唯有人类才能进行抽象的心理作业。也就是说,我们有能力去操纵和再阐释各种精神表征,以形成高序列的关联性结构。例如,我们写一篇有关人类和非人类技术的文章,要求具有一种能力去创造一个黑猩猩思维模型,然后与人类的思维模型进行对照。这种模型可以被称为"元表征"(meta-representation)①。第二序列工具性可以被看作这一类思考的一种形式,它已经被复杂制品生产制造的过程证明。

　　也许这种能力有一种支配一切的目标(例如制造一套弓箭),在一个行动链中完成各种即刻的目标需要具备一种"执行控制"(executive control)能力,允许一个人暂停一个任务(在记忆中),然后执行另一个任务,再恢复其他的任务,并执行那个任务。②只有以这种方式,各种复杂任务才能灵活地接续起来,并克服出现的各种障碍。这种能力与前额脑皮层的最上面的部分相关③,极有可能有最紧密的联系④。它也是大脑发展出的最后几种能力中的一种。⑤正如所预期的,人类技术的特性(如合成工具)显然是人类演化记录中相对晚近才出现的。⑥

---

① AUNGER R,CURTIS V. Kinds of behaviour[J]. Biology and philosophy,2008,23(3):317-345;SPERBER D. Metarepresentations in evolutionary perspective[M]//SPERBER D. Metarepresentations:a multidisciplinary perspective:Oxford:Oxford University Press,2000:117-137.
② JACKSON S R,JACKSON G M,ROBERES M. The selection and suppression of action:ERP correlates of executive control in humans[J]. Neuroreport,1999(10):861-865.
③ KOECHLIN E,ODY C,KOUNEIHER F. The architecture of cognitive control in the human prefrontal cortex[J]. Science,2003(302):1181-1185.
④ STREIDTER G F. The principles of brain evolution[M]. Sunderland,MA:Sinauer Associates,2005.
⑤ LUCIANA M,CONKLIN H M,HOOPER C J,YARGER R S. The development of nonverbal working memory and executive control processes in adolescents[J]. Child development,2005(76):697-712.
⑥ STRINGER C B. Reconstructing recent human evolution[J]. Philosophical transactions of the royal society London,1992(337):217-224.

从物件制造过程中的制用分离出发,笔者认为,在此之后才出现了人类技术的所有其他方面。制用分离带来的第一个结果就是允许复杂物件——只有通过多层次多部分的互动才能获得功能的制品(像是弓箭)的生产。即便人类生产这一类机器已经有 15 万年之久(有柄的长矛可能是第一件合成制品),但是动物始终未曾涉足机器的生产。[1]

(三)制用分离的结果

制造工具的能力还可能产生其他结果。例如,假如一个人生产制品,但这一制品不必马上使用,很有可能它们从此就不再被使用。相反,它们可能具有另外形式的工具价值:作为物件,可能对制作者没有价值,但是对其他人有价值。这一逻辑使得与其他人交换劳动产品具有可能性,劳动产品作为回报又产生了其他的价值。[2] 通过这种方式,技术活动能够被整合到经济活动中,交换货物的市场也由此兴起。

人们通过交换获得一些所需之物,之后技术专门化就开始了。也就是说,产品类型窄化成为它们对经济的贡献,因此生产者也获得了某种"生计"[3]。随着生产专门化,制品变得越来越复杂,因为个人能够发展特殊的技能来制造这些分类更细的制品了。这些个体——事实上就是手艺人变得多样化,每一种手艺人生产的制品都更加专业化,这得益于物品的交易。物品不仅仅是消费品,也是其他生产的基础[4]。

这些介于专门化、交换和多样化之间的积极的反馈回路一直持续到今日,如今,制品的尺度和种类远远超过那些保留了数个世纪之久的制品。越来越多的集团在更专业化的产品生产中开展合作,这些制品在交换市场的规模已经是全球性的了。[5] 通过这种方式,当代人类技术努力的复杂性,可以被看作最初制造和使用分开之后的自然的结果。

---

[1] 黑猩猩用石锤在石砧上压碎坚果,但是既没有制造出锤子,也没有制造出砧板(Boesch & Boesch,1983;McGrew,1992)。AUNGER R. Major transitions in "big" history[J]. Technological forecasting and social change,2007(74):1137-1163;MCBREARTY S, BROOKS A S. The revolution that wasn't:a new interpretation of the origin of modern human behavior[J]. Journal of human evolution,2000(39):453-563.

[2] SMITH A. An inquiry into the nature and causes of the wealth of nations (fifth edn)[M]. London:Methuen,2009.

[3] WHITE L T. Medieval technology and social change[M]. Oxford:Oxford University Press,1966.

[4] HENRICH J. Demography and cultural evolution:why adaptive cultural processes produced maladaptive losses in tasmania[J]. American antiquity. 2004(69):197-214.

[5] CASTELLS M. The information age:economy,society and culture(volume1):the rise of the network society[M]:Oxford:Blackwell,1996.

结　论

在人类学中，相当多的争议依然停留在如何解释人类与他们最为亲近的物种之间生活方式的差异上。我们不断地对其他物种产生新认识，这降低了人类生活方式的独特性。例如，别的灵长类动物有很多行为之前被认为是人类的典型行为，如吃肉、群体狩猎[1]、团体之内和之间的战斗[2]、欺骗[3]，甚至政治操控[4]。灵长类动物也展现出很多人类具有的最为复杂的心理能力，例如互惠主义[5]、道德观念（至少有了公平的观念）[6]、违规后的惩罚[7]以及使用符号的能力，可能还懂得句法[8]。于是乎，宣称人类心理具有独特性显得很愚蠢。

然而，总是有必要调用某些要素来解释这样的事实，即其他物种的技术发展中，没有出现产品的复杂性随着文化累积有所增加的情况。因此，其他任何物种都不会给地球带来毁灭性的危险，比如改变地球的气候，因为没有其他物种具备足够规模的技术"足印"。

人类到底有什么"额外"的能力？在本文中，笔者强调人类的一个特征是：他们生产日益复杂和多样的人工制品。没有其他物种掌握以这种方式累积成的技术。更进一步，本文试图辨识人类技术的这一特性是如何出现的，认为这来自于一种特殊的心理能力（不然的话，其它动物也能创造出机器，它们已有巨大的适应性），即从事那种被笔者称作"第二序列工具行为"的能力。也就是说，制造一个制品，其效用只体现在制造其他制品之上，或者只是其他制品功能的一个部分。这种能力累积到如今，使得不可思议的复杂技术围绕着我们。这并非是某种焕然一新的生产过程，而是修改了其它

---

[1] BOESCH C, BOESCH H. Hunting behavior of wild chimpanzees in the Tai national park[J]. American journal of physical anthropology, 1989(78):547-573.

[2] GOODALL J. The chimpanzees of gombe: patterns of behavior[M]. Cambridge, MA: Harvard University Press, 1986.

[3] HIRATA S. Tactical deception and understanding of others in chimpanzees[M]//MATSUZAWA T, TOMONAGA M, TANAKA M. Cognitive development in chimpanzees. Tokyo: Springer, 2006:265-276.

[4] DE WAAL F B M. Chimpanzee politics: power and sex among apes[M]. Baltimore, MD: Johns Hopkins University Press, 1982.

[5] 同上。

[6] BROSNAN S F. Nonhuman species reactions to inequity and their implications for fairness[J]. Social justice research, 2006(19):153-185.

[7] BEKOFF M. Wild justice, cooperation, and fair play: minding manners, being nice, and feeling good[M]//SUSSMAN R, CHAPMAN A. The origins and nature of sociality. Chicago: Aldine, 2004:53-79.

[8] ARNOLD K, ZUBERBÜhler K. Language evolution: semantic combinations in primate calls[J]. Nature, 2006(441):303.

动物的做事方式。它们的做事方式绝不可能具备足够的复杂性,也就无法获得复杂的制品,这也解释了人类是如何取得这样的能力来掌控环境的。单靠复杂文化本身,无法充分解释人类的演化。人类与他们生产的日益复杂、精致的事物之间的互相演化,使得人类的生活方式与其他物种迥然不同。

第二部分
什么是媒介

作为信息物质的媒介
——《留声机 电影 打字机》中基特勒媒介思想的光与影

◎ 凤 仙

摘要：德国学者弗里德里希·基特勒（Friedrich Kittler）关于媒介的研究近来为英语学术圈所关注。本文试图以基特勒的中文译著《留声机 电影 打字机》为主，结合相关文献，梳理其媒介思想的立足点、主要论述以及带来的一些思考。在香农和维纳的信息理论基础上，基特勒关注的是信息本身得以被选择、储存、传播和处理的方式，以此重新梳理传播媒介史；通过追溯哲学本体论的历史指出一直被忽略的存在于内容和形式之间的媒介的存在，基特勒提出了媒介本体论。这些内容为基特勒媒介思想提供了重要的出发点。也因此，基特勒将其对于媒介的研究称为信息物质主义路径。在《留声机 电影 打字机》中，这三种不同的技术媒介打破了书写系统的垄断，带来了数据的分流。他记录了当时发生的故事或神话，重新思考媒介技术和主体的关系，以及媒介技术自身的历史发展进程将迎来的终结。最终，基特勒试图通过揭示日常生活中存在于文化另一面的，却总是被忽视的来自于物理学、数学和工程学等技术领域的重要作用来讨论技术和文化历史的关系。

关键词：弗里德里希·基特勒；媒介本体论；信息物质主义；文化技术

引 言

"光纤网络遍布天下。人们将会沉溺于为各种媒介服务的信息误导，这种痴迷在人类历史上是空前的，或许也是绝后的。"（基特勒，2017：1）如果我们稍加留意身边每天过往的人们就会发现，手机就像寄生在人身上的奇观。或者说，人成为寄生在手机上的生物。德国学者弗里德里希·基特勒在20世纪末所预言的那些痴迷，如今已空前绝后。

基特勒的思想正逐渐被英语学术圈所了解，了解德国的学术传统和历史是理解其思想的重要基础。不同于英美的文化实践，通过对技术物质的关注，他对于媒介是什么这一问题的重新架构使得德国媒介研究与"文化技术"之间建立了不同领域的联系，媒介成为一个连接不同文化领域的概念(Parikka,2013:5)。

国内最初的对基特勒学术历程和媒介思想的介绍,来自于2010年胡菊兰对基特勒讨论媒介本体论一文的翻译。随后,在2013年的《文化研究》特辑中,学者陈静和林哲元分别介绍了基特勒的学术思想和他的关于传播媒介史的划分一文。新闻传播学科内较早讨论基特勒媒介思想的是学者张昱辰(张昱辰,2014),之后他阐述了基特勒思想的关键概念之一"话语网络"与媒介技术基于媒介物质主义立场对人类文明发展的重新考量(张昱辰,2016)。学者唐士哲在德国技术哲学脉络及其对文化技术研究的影响之基础上,以不同时期基特勒的代表作品为线索对其媒介理论思想进行了初探式的整理与介绍(唐士哲,2017)。在由《传播研究与实践》期刊组织的基特勒专题文章中,学者林思平(2017)从电脑科技媒介与人机关系、学者黄顺星(2017)从基特勒与麦克卢汉的媒介史书写、学者蔡博方(2017)从基特勒与尼克拉斯·鲁曼(Niklas Luhmann)之间的交流等从不同方面展开了对基特勒丰富的思想理论的阐释,呈现了基特勒理论思想内容的复杂多样。此外,学者陈静也在《文化研究》学刊上讨论了基特勒媒介思想中关于媒介本体论(media ontology)的重要问题(陈静,2013)。

基于越来越多的学者对基特勒进行的不同角度的阐述,2017年基特勒的第一本中文译著《留声机 电影 打字机》得以出版。本文试图在能力所及的范围内,围绕基特勒的《留声机 电影 打字机》,结合相关的文献材料来讨论他对于媒介的所思所想。具体来说,本文试图解决的问题是:他从何种层面出发讨论媒介?主要的论点有哪些?这些思考为当前我们理解媒介提供了怎样的视野?

一、基特勒的童年:战争中的文学与无线电

基特勒1943年出生于德国罗赫利茨,二战的阴影不仅笼罩着基特勒的童年,也贯穿于他日后的学术思考和作品之中。基特勒的启蒙来自他的父亲和哥哥,他们分别在文学和技术上熏陶了基特勒,对基特勒的学术生涯有着深远的影响(张昱辰,2014:22)。基特勒虽然是一位人文思想学者,但同时也涉猎物理学、工程学、光学、光纤科学以及计算机编码等领域,享有"数字时代的德里达"之名。

基特勒的早期研究主要集中在德国文学中的歌德和席勒身上,后来受到香农-维纳的信息理论的影响,开始对媒介技术产生兴趣。基特勒认为,现有的批判理论以及文化研究路径或含蓄或详尽,但对于当今时代的技术和历史性媒介的形成的理解过于天真(Parikka、Feigelfeld,2015)。

《留声机 电影 打字机》出版于1986年,基特勒称之为"恐慌审美学"著作。该书

"整理、评述并引用了关于技术媒体创新对传统书籍产生深刻影响的篇章和文本",充满了神话、科幻小说、神迹,这些被作家们用文字记录下的对留声机、电影和打字机的恐慌情绪,成了现代的我们对未来充满恐慌的真实写照,比如信息技术的垄断走向末路(基特勒,2017:2)。

基特勒借用赫拉克利特的表述指出,这一走向末路的有力推动者——战争孕育了最新的技术发明,"战争已经被命名为万物之父"(基特勒,2017:3)。在基特勒书写的媒介历史中,战争是构成变化的引擎,而非"所谓的人"(Partington,2012:67)。例如早期的电影摄影机的设计就是由机械枪发展而来的,这种文明的应用仅仅是军事硬件偶然地被"误用"。与此同时,其作为战争的副产品使人们可以尽享便利,免费在各种娱乐媒体的网页上恣意畅游(基特勒,2017:1)。

从第一次世界大战之后,世界开始变得疯狂,因为信息成为仅有的真实的交换媒介,甚至工业侦查活动也趋向于放弃主体或人,转而稳定在青睐"信息机器"(information machines)的边缘状态(Kittler,1997:103)。备受基特勒喜爱的美国小说家托马斯·品钦(Thomas Pynchon)的小说《万有引力之虹》的风格以及它背后所蕴藏的本体论,无不体现出主体性与技术的对接;高能物理成为日常表现和表面的随意性背后的语言,则源于复杂科学和工程的效果。现实正如瓜塔利(Guattari)所说,"在与人类交谈之前,机器和机器就已经先交流过了"(Parikka,2011)。这种主体(body)在基特勒那里指向蓝图和图表在控制印刷媒体或电脑主机时产生的一种"未知的历史痕迹"(historical traces of the unknown),人们最后所留下的就是媒体储存和交换的信息(Kittler,1986:xl)。

在经历了二战以后,真正的战争已经不是为人类和祖国而战,而是变成了不同媒介、信息技术数据流之间的战斗。

从《留声机 电影 打字机》中可以看出,基特勒从信息理论出发重新解读了技术媒介出现时的历史,媒介成为信息得以储存、传递和处理的物质条件。传播媒介经历了从文字到技术媒介的发展阶段,前者基于书写系统的书稿和印刷,后者则经历了从电信技术、模拟媒介再到数字媒介的发展过程。在这之中,人的身体从"肌肉和感官作为文字系统的投射",发展到技术媒介重新制造中枢神经系统,乃至媒介本身迎来数字化的终结,人从来都不是媒介的主人,基特勒最终指向了关于技术与文化关系的反思。

二、信息物质主义、时间轴与媒介的终结：基特勒的媒介

现有的媒介研究——历史学、社会学、哲学、人类学、文学和文化研究等——在基特勒看来，仅仅是停留在一般的怀疑上，即解释媒介如何以及为何做它们所做之事（Winthrop-Young & Wutz,1999:xiv）。传播、知识和权力的物质性、技术性的基础都成为文化历史中的盲点，仍然停留在从社会用途的视角评价媒介的历史中。换言之，对于信息本身所包含的来自科学层面的活力、内在的技术逻辑，媒介与身体之间的连接变化和数据处理的程序等，我们都有必要重新思考。这意味着将媒介当作一个过程和一种实践，观察它们的影响而非它们的技术形式或意识形态的内容（Horn,2007:9）。

基特勒的媒介研究理论在借鉴香农和维纳（信息理论）、麦克卢汉（媒介分析）、福柯（话语权力）以及拉康（精神分析理论）（Gane,2005:25）的成果的基础上提出应对媒介从技术的物质性维度进行考察，他对存储技术的关注所体现出的对技术的复杂性的理解常被人忽视（Winthrop-Young & Gane,2006:9）。

基特勒对媒介的理解的本质是建立在信息论之上的，他将其作为对信息进行储存、加工和传递的一种技术硬件。信息储存的物质手段带来的人的主体性与经验的塑造与转变，是其对于媒介理论思考作出的重要贡献。

从哲学本体论的层面到信息物质主义路径的提出，基特勒媒介思想中的复杂性由此展开。基特勒从古希腊哲学的起源之处寻找到一直被忽视的存在于事物之间、事物与人之间的时间与空间上的关系，至少亚里士多德预言了存在于自然之中的媒介的存在，比如就听而言，正如耳膜与耳蜗之间那样，事物与耳膜之间也必然有空气。到了海德格尔，当他把哲学转变成"思"之时，有关技术媒介的意识才日益增强（基特勒，2010：249—253）。基于对这一历史的回顾，基特勒强调，指令、地址和数据的发送、传输和存储不仅存在于计算机体系结构之中，而且存在于技术媒介的整个发展历史中，正如图书馆是书本介质的媒介、电报电缆是战争期间军事指令的传输媒介……这就是在硅固体物理学和冯·诺依曼体系结构双重条件之下的媒介本体论[①]，即媒介是由指令、地址和数据构成的三位一体的思想。以计算机为例，比特在存储器里执行逻辑操作和算数运算，总线传输指令、数据和地址，而随机访问存储器为这些指令、数据和地址提供存储空间，这样一个反馈环的三重体系结构，在不同的规模上进行自我迭代，从纳米、

---

① 硅固体物理学指的是对固体硅从性质、结构到运动形态及其相互关系的研究；冯·诺依曼体系结构则是针对计算机的存储程序原理，即把程序本身当作数据来对待，用同样的方式储存程序和该程序处理的数据。

毫米到与终端用户进行交互的界面(基特勒,2010)。基特勒正是以这样一种媒介本体论的思想来理解文化的历史进程。

在《留声机 电影 打字机》中,基特勒专注于这三种技术媒介所处理的不同的物理性质的数据流,串行地记录了从技术硬件诞生时到不同数据流各自的处理、使用方式,以及围绕这些不同数据流所产生的精神分析、心理物理学和工程学等对人的改变以及相关的奇闻逸事。

(一)信息物质主义下的数据分流:从书写到声与光

笔者不得不承认,基特勒在某种程度上,确实是从一种极致的视角来看待媒介的(Peters,2007:9)。这种极致的视角使得基特勒在物理世界中,看到了信息是如何穿过作为物质硬件的媒介而储存、传递和处理的,数据流不再只是穿过"能指的峡谷"。

基特勒也将自己的研究路径称为"信息物质主义"(information materialism),它强调的是信息和传播系统的方式在这里合为一体。信息是被转化成为物质后再成为信息的(Kittler,2010:126)。

在语言出现之前,人们最初的接触是如何触达其观点与概念的?"要从这个无解之惑中解脱出来,只能依靠信息这个技术性的概念——这是香农在《传播的数学原理》中首先提出的,它避免了任何对观点或意义的指涉,因而也就不牵涉人的因素。"(基特勒,2013:235-236)通过将传播的三个要素——信息、人和物品转译成信息理论中的指令、信宿和数据概念,基特勒选择以分析信息系统的方式来研究传播系统,因而信息的传递、储存和处理等物质技术手段成为基特勒关注的焦点。因此,对于媒介的研究不再仅仅关于媒介拥有的受众,它还被拓展到从技术意义上去理解"信息"(information)以及它与媒介的关系。

基特勒基于香农的信息论的五要素(即信源、转换器、信道、接收器、信宿)(基特勒,2013a:236),将传播历史划分为两部分:第一部分是有关文字的历史,具体可分为手稿(scripts)和印刷两个阶段;第二部分有关技术媒介的历史,从模拟媒介(analog media)这种基本的电信发明,最终进入到电脑这样的数字媒介(Bell,1955:35)。在他看来,传播媒介的历史可以依据对于信息的不同处理方式而划分为文字时代(包括手写和印刷)——模拟媒介时代(留声机、电影、打字机)——数字媒介时代(计算机)(基特勒,2013a:237)。

那么,如何来理解信息的物质性?基特勒的《留声机 电影 打字机》一书通过三种技术的出现来讨论不同形式数据流的储存媒介。媒介是信息储存的物质手段,进一步地说,它是一种对时间轴的处理和操纵,而时间与人们的经验感受直接关联,因此它也决定着"所谓的人"的境况(唐士哲,2017)。

1877年,爱迪生向公众展示了留声机的原型;1892年,他又展示了便携式电影放映机;1895年,法国的卢米埃尔兄弟和德国的斯科拉丹诺夫斯基兄弟创造了电影。留声机和电影这两种技术媒介与打字机的不同之处在于,"它们并不依赖于对日常语言的编码,而是比人类感知更为迅速的物理程序,完全按照现代数学编码公式而运作"(基特勒,2013a:243)。

因而,人类拥有了记录并复制声音和光学数据中特有的时间流的技术。它们存储的时间是音频与光学中单个影像连续运动的混合体。耳朵和眼睛的感知变成了自动化的,感官知觉成为由不同规格的声音和影像决定的因变量。超越所有文字形式的声学和光学的数据流,伴随着其对音乐、文学的颠覆,成为工程学和精神分析学的研究对象。

在此之前,基于书写体系的文字和乐谱是欧洲人仅有的记录时间的方式。对于来自日常生活的数据流,如我们在日常生活中看到、听到的不同的数据流,若以文字捕捉,则需要将其转化成由字母组成的符号;若是以乐谱捕捉,则需要囊括了五线谱和从A到G的七个音符的系统,真实层面上的任何其他噪音的序列都被排除在整个网络之外,无法编码。历史以文字记录那些只能被书写的文化,形成档案,既不增多,也不减少,恰如《圣经》。即便是福柯的话语分析理论在声音和电影的档案中也只能分崩离析。此外,书写本身作为一种媒介被知识考古学家所忽视。书写保存那些被授权的事实,代表着一种权威,恰如歌德文学时期女性作者的缺失,以及作者与读者服从于文字的身体,书写在纸张上的一个个字符在进入人们眼帘的瞬间营造出一个灵动的幻想世界。

而与文字不同的是,技术媒介无须借用象征层面的符号进行记录或是操作,留声机可以超越乐谱中的音程,电影可以超越词语对色彩或光影的描述,以物理上的精确复制事物本身,人们迎来了带有新型感官享受的娱乐行业。在此之前,媒介提供的都是"幽灵的表象"。按照拉康的解释,连"尸体"这个词都是对真实的委婉说法(Lacan,转引自基特勒,2017:12)。被海德格尔评价为"介于工具和机器之间的'过渡品'"的打字机,以及标准化的、始自古登堡的活字印刷技术,不再似书写媒介那样可以存储个体的痕迹,取而代之的标准化的文本带来的是纸张与身体、书写与灵魂的完全脱离(基特勒,2017:15)。

1880年前后,光学、声学和书写的技术分流打破了古登堡的书写垄断,人的制造有了可能(基特勒,2017:17)。

(二)所谓的"人":经验的重塑与时间轴的操纵(Time Axis Manipulation)

"Only what is switchable is at all."①

一直以来,占据主导立场的人文主义视角下的媒介研究默认从人出发来讨论其与技术的关系,这便带来了对于技术的认识——人将其自身的意识投射其中并发挥某种作用。然而,基特勒认为这一立场是"人类学中心说的幻想"(anthropocentric illusion)(Kittler,2006a)。

基特勒坚持将人称为"所谓的'人'",因为他对人的主体性持保留态度,因此他的研究并不涉及"人"(the human)或者"经验"(experience)的范畴。他对人远远不如对媒介、技术和机器那般着迷。"事实上,他为我们提供了一个没有人的媒介研究。"(Peters,2010)

电影、留声机和打字机将光学、声学和书写的数据流分割开来,从而实现了各自的自动化。新的媒介技术的出现使人脱离了文字在视觉和声音上带给人们的遐想的幻觉,转而开始建构感官知觉。眼睛、耳朵和大脑的生理结构变成了科学研究的对象。所谓的"人"分裂成生理结构和信息技术(基特勒,2017:11—17)。

书写和阅读培养的读者的幻想被物理上精确的复制带来的感官刺激和分化取代,象征被真实取代(基特勒,2017:4)。文本既不是图片也不是声音。后者通过铭刻界面捕捉从客体反射或者从某一源头散发出来的光和声波,将其处理成"真实"的物理效果(Kittler,2017:2)。但这些从来都不会发生在由文字组成的象征符号的系统中。

基特勒用拉康的理论来阐释这些不同的媒介与身体所产生的各种联系。正如拉康所提到的真实界、想象界和象征界,恰好可以成为这三者"分流的理论版本(或者说仅仅是一种历史效应)"(基特勒,2017:16)。他试图纠正和取代福柯的档案概念。作为历史先验的存在,福柯的档案概念没能超越传统的字母书写体系,他忽视了档案和话语本身也总是由媒介技术建构的,"所有的话语都是信息,但并不是所有的信息都是话语(All discourse is information, but not all information is discourse)"(基特勒,1986:157)。

象征界包括的是物质和技术层面的语言符号,这一符号系统的书写塑造了人的主体性,同时也通过线性的书写刻画了人们对于时间的不可逆的经验感知。对应于象征

---

① 译自英文译者注,这句话是在德文版《留声机 电影 打字机》基础上翻译而来的,原句为"Nur was schaltbar ist, ist überhaupt"。

界的打字机,它有自己的语言,其中最为重要的是系统中元素的间距。书写成为一种在"有限的、排列规则的键盘上进行选择的动作"(基特勒,2017:17),它指向的是机器对于手写时期身体自我书写时留下的痕迹的消灭。

在传统的书写垄断时期,写作是由男性主导的,女性只是接受这种书写的对象,即读者,她们几乎没有书写的权利,女性双手的功能体现在对织物的编织上。文本的含义原来正是纹路,在工业化之前,两性扮演的角色严格对称:女性用双手编织出纹路,而男性则编织出象征智力活动的文本。然而工业化之后,手写和手工劳作同时失去了效用,"男人失去了羽毛笔,女人失去了缝衣针,所有人的手待价而沽"……打字稿最终实现了书写的去性别化,变成了文字处理(基特勒,2017:220)。

以机械化的方式来书写,就意味着当时的社会文化需要重新整理价值或者是建立"全新的事物秩序",但这不是工匠可以完成的。工匠所发明的"书写机器"仍然存在于强调作者的权威与读者的遵从的这一体系中。但自然科学中的生理学根除了被誉为人类"精神"的、不可模拟的中心,促成了这个体系的瓦解。心理学家和心理技术将人的大脑变成实证研究的对象,语言也就沦为机械传递的反馈圈,打字机应运而生。打字机的设计与发明旨在帮助身体有缺陷或残疾的人实现成为"对同胞有用的人"的美好愿望,它在原理上遵从着在解剖学上更为精确地区分话语的子规则。

当打字员的手部肌肉的反应几乎同步于大脑对文字的阅读和写作时,打字机便从枪械生产商的生产线上批量产出。而这些技术都是美国内战的副产品。正如机关枪的弹药传送,打字的基本动作包括敲击和触发,以自动化的、分散式的步骤完成(基特勒,2017:225)。雷明顿公司对打字机进行批量化生产,并很快找到了潜在的销售市场,即那些没有工作的女性。当女性成为文字处理办公室的主力军时,女性、母亲和家庭的紧密关系遭遇了挑战。

"这是一种存在状态——现实如此",海德格尔在 1935 年如此评价(基特勒,2017:230)。之后,他深刻地认识到存在、人类和打字机的关系,并揭示了打字机的本质。

"打字机遮蔽了书写和笔迹的本质。它使人手丧失了本质地位,而人类却没有完全体会到这种剥离,也没有意识到它已经改变了存在于人之本质的关系。……技术在我们的历史中根深蒂固。"(基特勒,2017:233)

被切割的身体在屏幕上的动态光影,则属于让人产生连贯错觉的想象界。电影的剪辑、蒙太奇以及特技,牢牢掌控着人们的视觉神经和时间意识,时间再也不是线性的历史次序,而是跳跃的、并行的、倒序的、插叙的。

作为光学反应而留在负片上的光波,并非如声波那般可以直接留下物理的痕迹,电影之所以产生,源于在这种作用的基础上对媒介的剪辑。"各种影视审美学都从每秒 24 帧的拍摄中发展而来,并在后来形成规范……剪辑可以骗过肉眼,使我们产生幻觉,看到连续与有规律的动作。表音文字与故事片之间,就像真实与虚幻一般相互辉映。"(基特勒,2017:138)

但若要深化这一虚幻的国度,除了胶片这一物质基础,还需要从心理学向心理物理学迈进,即对余像的认知和频闪效果的普及。它们制造了一种停顿以打破人们的感知阈。电影的历史同时与军事的历史保持着一致的步调,这从马雷设计的首部连拍摄影机的名字——计时摄影枪——可以看出。图片的传输与子弹的传输在本质上是一样的。在武器系统中发挥了强大的作用之后,它又不可避免地进入了人们的日常生活。

机械化从马雷的计时摄影枪开始,贯穿现代艺术到军事－工业人类工程学的发展史。话语得以被分解成一个个独立的子规则,快门在几毫秒之内记录下的固定的动作可以被剖析、放大和储存,人们在日常生活中转瞬即逝的动作可变得清晰可见。无论是弗洛伊德的精神分析,还是梅里埃电影中所显现的人的分身特技,都抽离了原本存在于文学之中的感官的幻想,转而形成一种脱胎于视觉画面的语言,这使得文字的魅力消失不见。

第二次工业革命进入人类认知体系之后,心理技术学以心理学和媒介技术为基础,完成了人类工程学的革命。灵魂从哲学沦为心理技术学的研究对象,心灵被比作技术机器,电影特技与梦境的相似、与个体的无意识机制的对应,将个人作为注意力、记忆、想象和情感的组合。

媒体技术的分工又为其后来的重新组合提供了可能。光学、声学和文字的数据分流导致心理上的碎片化,"又在物理上进行重建,中央神经系统借此重获新生,但却构成了一个由不同分身构成的魔像"(基特勒,2017:201)。

然而对于不同数据流的媒介技术的结合,却并非以"人力因素的时间来计量,因此,信号处理可以独立于任何一种媒介"(基特勒,2017:201)。

由此,基特勒展示出了一个时间上的转折(temporal turn)。感觉和感知力开始让位于时间和技术性(technicality),时间存储和时间轴操纵带来的影响开始优先于书写系统中"再现"(representation)和"原初"(original)之间的检索式关系(Kittler,2017:3)。克莱默(Sybille Krämer)对此评价道:"时间成为可以被媒介技术操纵的变量之一。"技术是一种时间管理的模式成为这一解释的重中之重(Krämer,2006:96)。

基特勒将脑海中 *Real Time Analysis*,*Time Axis Manipulation* 这一英文标题最终发展为信息理论的物质主义(information-theoretical materialism),以"Only what is switchable is at all"开篇。这一陈述将口语的发端排除在外,引用黑格尔的那句

话——声音"是在形成过程中消失的存在"(Kittler,2017:5)。因为我们虽然可以通过回忆演讲或歌曲中的句子来调整其顺序,但是对于书写中的文字来说,这种对于时间轴的颠倒非常有限。基特勒以 god 为例:你可以将其反方向写成 dog,但是现实中的神(如果有的话)并不会发生任何变化,更别说是狗了。但是模拟信号中的画面和声音,既可以加速也可以倒回,即便如此,它们在数字化的操纵中也会相形失色。数字化可以将声音转化成数值进行储存,并在任何需要的时候将其还原成声音,甚至可以通过特定的工具创造真实生活中存在或者不存在的声音,然而这些都无法被人的眼睛或者耳朵区分出来,因为它们早已超出人类感官的阈值。

基特勒对于时间轴操纵的讨论揭示了媒介对于时间处理的技术性操纵,他揭示了时间轴的操作成为证明媒介重要性的进一步证据,以及它和人类之间的非关联性(Schaefer,2011:13)。

到了 19 世纪,新的技术媒介绕过"人类对于时间感知的雷达",使得声音、影像或者文字的机械化记录、储存成为可能,它们也以不同的模式成为人感官的代理者(唐士哲,2017:21)。

在麦克卢汉试图从身体的视角出发来理解技术的基础上(Kittler,2010:29),基特勒与麦克卢汉以及其他所有的以人为中心的媒介理论支持者分道扬镳(Gane,2005:28)。麦克卢汉将媒介当作技术与身体之间的交点(intersecting points)或者界面(interfaces),即在视听条件下,人们的眼睛、耳朵和手等已经不再属于与它们相连的身体,而是属于那些与它们建立联系的电视公司,更不用说从哲学意义生发的作为上述身体的主体了。

因而,媒介的概念只能从麦克卢汉那里被带到更深入的地方,即物理学尤其是电子通讯领域。基特勒认为《理解媒介》的书名也存在着矛盾之处:理解二字的使用正说明仍然存在无法理解媒介的可能性。他认为恰恰相反,在任何时期,占据主导地位的媒介技术都控制着人们对其所有的理解并创造出幻想。它们阻止人们理解它们,因为它们自身就生产出了理解它们自身的模式(Kittler,1986:5)。

(三)数字媒介:0 和 1 带来的终结

> 信道和信息的数字一体化抹杀了各种媒介的个体差别。印象和图像、声音和文本都被简化为表面效果,也就是用户所熟知的节点。感觉和各种官能都变为一场视觉盛宴。……一切都与数字息息相关。(基特勒,2017:2)

建立在冯·诺依曼的信息技术架构的基础上,基于计算机符号系统的运行可以整合其他所有的媒介形式,使其数据过程服从于信号处理的数学过程。基特勒认为照此下去,传播媒介的历史便会走到尽头(基特勒,2013:249)。20世纪末出现的硬件与计算、铭刻系统与二进制之间日益紧密的联系所导致的对人类感知的弱化和模仿正是基特勒一再反思的技术媒介的要义。

从漫漫古希腊一直到计算机主导的现代世界,以媒介的物质性为尺度重新透视的媒介历史完全变了个样,人们不知不觉地沉浸在互联网所带来的颠覆时代中,而对于结局如何、人们又将走向何处,仍是一个巨大的问号。

计算机技术带来了媒介的终结。这既表现在其对于文字、视觉和听觉数据进行统一储存、传播和处理,从而终结了不同信息之间的分流上,也表现在技术硬件的内部运作和自我调整终结了基于身体的感知的可能上。至少从目前可见的数字媒介的垄断来看,大众媒介时期的不同数据流的技术媒介将不复存在,但是以不同终端与人们相遇的媒体依然存在,作为副业的娱乐也将依然存在。

人们越来越不记得媒介技术诞生之初的历史——关于战争的历史。媒介技术的发展是一部走向消失的历史。大众娱乐的癫狂和缄口不言的根源交织在媒介技术的发展之中,正如从口中生发出的话语,是倏忽而来的狂欢与忘却。

不过波斯特(Mark Poster)认为,基特勒对于计算机媒介带来的对媒介多样的终结性过于悲观,他为了强调电子文本的物理特征而忽视了它们所具有的关联性,他为了突出文本存在于单一的机器当中而抑制了它的沟通网络。简而言之,基特勒将其对于电子书写的解释限制在存储在他个人电脑中的文本与他之间的关系之中(Poster,2001:17)。

三、理解媒介——基特勒媒介思想中的光与影

与基特勒熟识的 Jussi Parikka 提到,虽然学者为基特勒冠以"数字时代的德里达"和"媒介哲学家"等头衔,但他可能更喜欢被看作"Pink Floyd 乐队任意成员的媒介理论者"。基特勒所钟爱的平克·弗洛伊德歌曲中的月亮是特别的。在歌曲接近尾声时破旧的胶片发出的呲呲声中,人们几乎可以听见基特勒的声音在结尾处悄然响起,唱着"事实上,月亮没有黑暗的一面,它本来就全然是黑暗的"(Parikka,2011)。歌词中的月亮和基特勒援引的达·芬奇所倾慕的太阳一样,都存在光和影的变换。达·芬奇说"太阳不曾看过任何阴影(The sun never sees a shadow)",但光和影的关系却仍然存在。基特勒认为,技术媒介是月亮中可见的那部分,而它的阴暗面则代表着数学和物理学(基特勒,2010:254),事实上,它们一直被人们忽略,而且也很难被人们理解。

在《光学媒介》中,基特勒提及的媒介全都在阴影的一面运作,它们只存在于太阳看不见的地方。艺术和技术代表了两个不同的视觉边界的转换方式:要么是通过对太阳的误解,要么是直接绕行太阳(Kittler,2002:19)。

不同视角下的基特勒,散发着不同的魅力。在他纷繁多样的经验材料和理路脉络背后,交织着话语、媒介和文化技术之间的复杂关联(Winthrop-Young,2015)。他笔下的媒介,有着硬件的计算与质性,然而在不同的视角下却呈现出如月亮般光影交错的变换。

学者唐士哲将基特勒的媒介思想比喻为可以打开传播研究的一扇"任意门",这扇门的意义在于显现事物之间存在于特定或不同时间、空间下的关联性,如何透过媒介技术中介的结果(唐士哲,2017:25),既脱离了现有媒介研究的藩篱,也打开了媒介与时空的不同关系。彼得斯在把基特勒与凯瑞(James Carey)的媒介视角进行对比时提到,凯瑞将美国社会思想中的浪漫因素与作为乌托邦式的社会视野下的共同体的想法相结合,尤其是在空间中无尽头的边界;而基特勒则参与了德国文化与工程之间的浪漫想象,或者说,将自然科学和艺术的传统融合到阿尔布雷希特·丢勒(Albrecht Dürer)与歌德(Goethe)的脉络之中。从伊尼斯到凯瑞,北美媒介理论提供了一个可以再生民主共同体的具有理论性色彩的乌托邦,而德国媒介理论在基特勒中期作品的唤醒之下叙述了一个具有军国主义色彩的本体论上的断裂的历史。基特勒对媒介历史的书写很大程度上受到德国历史传统的影响,这也反映在德国媒介思想在媒介研究中被认为是区别于主导传播学派的另一条路径上。这支被称为德国文化技术路径的媒介研究以基特勒为代表(Gane,Sale,Mark Hansen,John Armitage),专注于文化的技术—媒介性的先验存在。他们都从福柯的话语分析转向对媒介历史的研究,即强调将媒介的技术性和认识论的结构纳入研究当中。当然,这一路径在北美学者与德国技术哲学思想的碰撞中共同形成。杨(Winthrop-Young)说,今天的媒介研究学者如果不了解德国在此领域所取得的成就,是不能算作严格意义上做媒介研究的(Peters,2008)。

在回顾基特勒的学术经历和媒介思想时,他本人恐怕并不支持读者在线性的历史观视角下以文字和话语的筛子将其思考过滤成新的碎片。在基特勒独特的媒介视角之外,贯穿其作品之中的担忧与提醒如幽灵般不时显现。技术的创新来自战争的需求,大众媒介是它的副产品。前者的本质在于控制,后者的现实是麻痹。而信息的技术性思考已经超越了传者和受众的媒介研究内容,转而进入每个人的身体、家庭、城市,甚至全球的信息爆炸。它不再局限于传递关于人和物的消息,而是彻底地以它自身的逻辑和方式决定着人和物的存在。

最后,对于基特勒的理解,应该更多地从其对媒介本体论的坚守出发,以对事物在时间和空间上的关系线索来理解他对媒介的阐释,以及在此基础之上的对技术和文化历史关系的讨论。

参考文献

[1] 王柏伟. 德国媒体艺术理论简介:从《下楼梯的裸女》谈起[EB/OL]. [2017-07-25]. http://www.itpark.com.tw/people/essays_data/667/904.

[2] 王柏伟. 意义批判、意识形态批判与时间批判[EB/OL]. [2017-09-09]. http://www.digiarts.org.tw/chinese/Article_Content.aspx?n=79F2E0580B85E800&t=C9838640EBDEBC9C&s=0E9D316FE3549843.

[3] 基特勒. 走向媒介本体论[J]. 胡菊兰,译. 江西社会科学,2010(4).

[4] 基特勒. 传播媒介史绪论[M]. 黄淑贞,译//陶东风,周宪. 文化研究(第13辑). 北京:社会科学文献出版社,2013.

[5] 基特勒,林哲元. 城市,一种媒介[M]//陶东风,周宪. 文化研究(第13辑). 北京:社会科学文献出版社,2013.

[6] 陈静. 走向媒体本体论——向弗里德里希·A. 基特勒致敬[M]//陶东风,周宪. 文化研究(第13辑). 北京:社会科学文献出版社,2013.

[7] 基特勒. 留声机 电影 打字机[M]. 邢春丽,译. 上海:复旦大学出版社,2017.

[8] WINTHROP-YOUNG G,农郁. 一个新阐释的开端?——论媒介理论的递归革新(recursive innovation)与富饶分解(fertile disinegration)[J]. 文学与文化,2016(1).

[9] 张昱辰. 媒介与文明的辩证法:"话语网络"与基特勒的媒介物质主义理论[J]. 国际新闻界,2016,38(1).

[10] 张昱辰. 走向后人文主义的媒介技术论——弗里德里希·基特勒媒介思想解读[J]. 现代传播,2014,36(9).

[11] 唐士哲. 作为文化技术的媒介:基德勒的媒介理论初探[J]. 传播研究与实践,2017,7(2).

[12] 林思平. 电脑科技媒介与人际关系:基德勒媒介理论中的电脑[J]. 传播研究与实践,2017,7(2).

[13] 黄顺星. 媒介史的末世语言:基德勒与麦克鲁汉论媒介技术[J]. 传播研究与实践,2017,7(2).

[14] 蔡博方. 基德勒与鲁曼的相互参照:从社会理论视角出发的一次交流[J]. 传播研究与实践,2017;7(2).

[15] HORN E. Editor's introduction:"there are no media"[J]. Grey Room,2007;29(29).

[16] GANE N. Radical post-humanism:Friedrich Kittler and the primacy of technology[J]. Theory culture & society,2005;22(3).

[17] GEOGHEGAN B D. After Kittler:on the cultural techniques of recent german media theory[J].

Theory culture & society,2013,30(6).

[18] HEILMANN T A. Innis and Kittler:the case of the greek alphabet[M]//FRIESEN N. Media transatlantic:developments in media and commanication studies between North American and German-speaking Europe. Berlin:Springer International Publishing,2016.

[19] JPETERS J D. Strange sympathies:horizons of German and American media theory[M]//KELLETER F,STEIN D. American studies as media studies. Heidelberg:Winter,2008.

[20] Introduction:Friedrich Kittler's light shows,2010.

[21] The marvelous clouds:toward a philosophy of elemental media[M]. Chicago,IL:The University of Chicago Press,2015.

[22] PARIKKA J. Friedrich Kittler (1943—2011)[EB/OL]. (2011-10-18)[2017-08-30]. https://jussiparikka.net/2011/10/18/friedrich-kittler-1943-2011/.

[23] PARIKKA J. Afterword:cultural techniques and media studies[J]. Theory culture & society,2013,30(6).

[24] PARIKKA J, FEIGELFELD P. Friedrich Kittler:e-special introduction[J]. Theory culture & society,2015(32).

[25] KITTLER F A. Discourse networks 1800/1900[M]. METTEER M,CULLENS C,Trans. Stanford,CA:Stanford University Press,1990.

[26] There is no software. Literature Media Information Systems,1995.

[27] KITTLER F A. Grammophon,film,typewriter[M]. WINTHROP-YOUNG,WUTZ W,Trans. Stanford,CA:Stanford University Press,1999.

[28] KITTLER F A. Thinking colours and/or machines[J]. Theory,culture & society,2006,23(7-8).

[29] KITTLER F A. Number and numeral[J]. Theory culture & society,2006,23(7-8).

[30] KITTLER F A. Lightning and series-event and thunder[J]. Theory culture & society,2006c,23(7-8).

[31] KITTLER F A. Optical media:Berlin Lectures 1999[M]. Oxford:Polity Press,2010.

[32] KITTLER F A, JOHNSTON J. Literature,media,information systems:essays[M]. New York:Routledge, 2012.

[33] KITTLER F A, WINTHROPYOUNG G. Real time analysis,time axis manipulation[J]. Cultural Politics,2017,13.

[34] YOUNG L C. Cultural techniques and logistical media:tuning german and anglo—American media studies[EB/OL]. (2015)[2017-07-28]. http://journal.media-culture.org.au/index.php/mcjournal/article/view/961.

[35] POSTER M. Print and digital authorship(01)[M]. Aarhus:The Centre for Internet Research,2001:4-21.

[36] PARTINGTON G. OBITUARIES. Switch off all apparatuses: Friedrich Adolf Kittler, 1943—2011[J]. Radical Philosophy, 2012.

[37] VIRILIO P, KITTLER F, ARMITAGE J. The information bomb a conversation[J]. Angelaki, 1999, 4(2).

[38] PIAS C. What's German about German media theory? [M]//FRIESEN N. Media transatlantic: developments in media and communication studies between North American and German-speaking Europe. Berlin: Springer International Publishing, 2016.

[39] SIEGERT B., PETERS J D. Doors: on the materiality of the symbolic[J]. Grey Room, 2012 (47).

[40] KRÄMER S. The cultural techniques of time axis manipulation on Friedrich Kittler's conception of media[J]. Theory culture & society, 2006, 23(7-8).

[41] SCHAEFER P. Vilem flusser's philosophy of new media history[J]. New media & society, 2011, 13(8).

[42] WINTHROP-YOUNG G, WUTZ M. Translators' introduction: Friedrich Kittler and media discourse analysis[M]//KITTLE K. Gramophone, film, typewriter. Stanford, CA: Stanford University Press, 1999.

[43] WINTHROP-YOUNG G. Silicon sociology, or, two kings on hegel's throne? Kittler, Luhmann, and the posthuman merger of german media theory[J]. Yale journal of criticism, 2000, 13(2).

[44] WINTHROP-YOUNG G, GANE N. Friedrich Kittler: an introduction[J]. Theory, culture & society, 2006, 23(7-8).

[45] WINTHROP-YOUNG G. Discourse, media, cultural techniques: the complexity of Kittler[J]. MLN, 2015, 130(3).

作为实践制度的媒介:理解媒介化研究

◎黄 显

摘要: 近年来,"媒介化"一词被不少欧洲学者用于阐释媒介与社会的关系、探讨与媒介相关的广泛的社会文化变化过程和结果。本文试图在留意内部分歧的同时把握媒介化研究的共识,以理解媒介化研究中的媒介为切入点,梳理近年来媒介化研究的相关论述。本文认为,媒介化研究将媒介理解为用于符号传播的制度化技术机构,基于大众媒介的延续或变革理解当前的媒介。学者们把媒介纳入具体社会情境下人的日常实践中进行考察,探讨媒介、实践和社会秩序的形成之间开放的动态相互关系。媒介化研究为媒介研究带入社会和实践的视角,强调媒介作为实践制度的一面,提醒学者们观照物质和人共同构造的社会现实。

关键词: 媒介化;制度;媒介实践;社会

十几年来,"媒介化"(mediatization)成为不少传播媒介研究中阐释媒介与社会关系的中心概念。特别是在北欧和德国,各类会议、研究项目、文章和书籍为我们展示了媒介化研究的活跃图景。"媒介化"成为一个常见的对当前社会的诊断(Ekstrom et al. ,2016):传播媒介的数量增加、种类多元且易于接触,带来一系列变化,这些变化涉及政治、文化等社会的不同方面,乃至普通人的日常生活。如 2008 年列文斯通(Livingstone)在就任国际传播学会(ICA)主席时的演讲题目所指出的,"所有事物由媒介中介(the mediation of everything)",媒介在社会变化中扮演着越来越重要的角色。而相比于"媒介中介"(mediation),"媒介化"一词更强调媒介所关涉的长期且多样复杂的社会转型(Livingstone & Lunt,2014)。

从广义上讲,媒介化研究所关注的,是媒介引起的或媒介环境变化带来的所有变化过程(Kaun & Fast,2014:12),是传播媒介对不同社会领域和日常生活所产生的广泛影响(Couldry & Hepp,2013)。尽管从事媒介化研究的学者们都注意到了媒介在社会中极为重要的位置,但他们对于媒介和媒介化的理解并非全然一致。本文试图在留意内部分歧的同时把握媒介化研究的共识,以媒介为切入点,梳理近年来媒介化研究的相关论述，回答以下问题：媒介化研究如何理解媒介？这种理解基于何种预设、从哪一层面展开、解决何种问题？相关学者发展出哪些阐述媒介与社会关系的核心观点？这些观点如何不断推进？媒介化研究与其他媒介研究有何不同，对媒介的相关研究做出了何种贡献？

一、整合技术与制度的传播媒介

媒介化研究所观照的媒介，既包含了传统意义上的报纸、广播、电视等大众媒介，也包含了用于互动交往的其他符号传输和获取平台，如电话、信件、互联网等。作为内容生产和流通的基础设施和机构（Couldry, 2014:2），媒介便于符号内容跨越时间和空间限制往来传送，被用于改善传播交往，也在改变传播行为过程的同时影响社会文化的变化。这一从内容传播出发的理解，将媒介化研究所聚焦的媒介局限于通常所说的传播媒介机构，这些机构自身拥有独特的技术设备和制度模式，区别于广义上的其他"中介"。诸如交通、货币等社会关系中介并不在学者们的考察范围之内，甚至语言也因未包含物质技术，而被部分媒介化学者排除在外。

在这一理解中，媒介的内容及其呈现形式被放在了重要的研究位置。库尔德利（2014:前言3）批驳当前媒介研究的"非表征理论"转向，认为表征社会现象是媒介作为表征技术的重要功能，也是理解媒介制度对社会秩序的建构和影响的必要分析向度。文本和图像的表征构成了媒介的基本意义，人们由此传达信息、接收信息。这一意义也不止于信息的传递，媒介的内容和形式也设置了场景，表征了秩序，形成了人们所感受、所体验的空间。克洛兹（2014:79）指出了媒介的场景或语用维度（situational or pragmatic dimension），即由个人或群体组成的生产者将符号放入相应场景之中，依据一定规则组织成媒介的内容和形式；接收者在特定场景中通过阅读、收听或观看使用这一媒介，经由对符号的阐释建构起自己的经验空间。设置场景以形成经验空间的说法，似乎借用了梅罗维茨（2002）将场景当作"信息系统"的定义，勾连了媒介、社会场景和人的行为，但不同的是，梅罗维茨着重研究不同媒介形态在场所形成的不同场景，而克洛兹则强调，构成接收者所体验的场景、被放入场景中的媒介的符号表达。

与同样关注媒介内容的先前的传播研究不同的是，媒介化学者并非着眼于内容的生产、文本或是效果的分析，而更关注符号表征所塑造的场景和行为。媒介为人们提供经验的场所；人们在这一经验空间中体验现实的生活世界，在这里进行着日常生活实践，因经验和需求而改变信息产出与接收等传播行为，并发展出多种习惯做法和相应秩序。这一视角下的媒介使用，并不限于对媒介文本表征的直接感知，而是转向所有与媒介相关的行为习惯,以及与这些习惯相关的社会过程。

内容的生产流通依托于媒介的技术设备和制度形式。媒介化研究中所说的技术,是指媒介的硬件设备和基础设施。日新月异的数字技术正改变着传播媒介的样态,但媒介的变化并不能简单归因于技术本身。克洛兹(2014:79)认为媒介存在于人的使用之中,没有一种技术能够自然而然地成为媒介,只有当人们将其用于传播、当其嵌入社会文化中、当相关的媒介文化出现时,技术才成为媒介。与之类似,雅瓦德(Hjarvard)从"可供性"(affordance)的角度理解媒介技术,认为媒介具有"制度的、审美的、技术的可供性"(Hjarvard,2012:30),用于"促进、限制和构成传播和行动"(Hjarvard,2008:121)。"可供性"一词来自知觉理论,而后被应用于设计领域,指向环境所能提供(afford)给生命体的属性,暗示了环境与生命体之间的互补。它既非环境客体的属性,也非动物主体的属性,而是跨越主客二分的存在(Gibson,1986:127-129)。落实到人作为使用主体对物理对象的使用,可供性是指物品特性与决定物品预设用途的主体的能力之间的关系(Normann,2015:11-13),这一互动关系因使用主体的使用目的指向物理对象而存在。媒介化学者强调这一概念中的互动关系,关注的并不是媒介的技术本质,而是媒介作为使用对象的可能用途,及其与使用主体之间的互动关系。这些对媒介技术的理解,将技术与媒介的制度、人的使用行为、社会文化的具体情境紧紧联系到了一起。

在技术设备的支持之外,媒介也是拥有一整套制度规则的独立机构实体。它依托于社会文化情境,在具体情境中形成自身的媒介制度和逻辑,也组成了其所在社会的媒介文化。这套制度包括基于技术的媒介生产、流通、使用规则以及其中的文化权利、权力、习俗等,容纳了人们对这一技术基础和社会形式的看法及其行动。特定媒介文化通过这套制度与其他社会制度的互动而形成。媒介的这一关涉社会秩序的方面,被克洛兹(2014:79)称为媒介的结构维度。

媒介自身制度的形成,源于以大众媒介机构为代表的媒介的独立自主,而这也正是媒介化研究的现实起点。20世纪80年代以来,在市场与公共双重导向的平衡中,在技术和内部规范的双重支持下,媒介机构日渐专业化,一方面独立于商业逻辑,坚守关注公共利益的使命;另一方面也独立于其他社会制度,针对自身的特定消费者进行运作。日益独立的媒介拥有内在制度逻辑,对物质资源、符号资源的运用拥有不同于以往其他沟通方式的规则和惯用做法,成为日常社会生活中不容忽视的力量之一。这种力量将媒介自身的制度扩展至其他社会机构的运作或个人的传播行为,构成特定的社会文化。根据对其扩展与构成方式的不同论述,可划分出媒介化研究的两大传统(Couldry & Hepp,2013)。侧重论述"媒介逻辑"为其他社会领域设置沟通框架、渗透到其他社会制度中的,被归纳为"制度化传统";另一个传统——"社会建构传统",侧重于媒介对日常传播行为的转变,行为不断重复、积累形成习惯和秩序,由此建构社会文化。无论是媒介对其他社会领域在机构层面的指导,还是对日常个人传播行为的改变,媒介作为实体机构的制度都与人类所在的社会情境息息相关,也直接关系到媒介化研究所关注的核心问题——传播媒介的变化与社会文化的变化之间的相互关系(Couldry & Hepp,2013)。

媒介化研究将媒介理解为用于内容传播的整合技术与制度的实体机构,让人无法忽视其中大众媒介的醒目存在。媒介化研究者们对于当前媒介的理解,正是将大众媒介作为参照范本,指出数字媒介的延续或变革。如前面提到的,大众媒介机构的独立及其社会后果被认定为媒介化研究的现实起点,雅瓦德(2008)在对媒介独立制度化过程的梳理中,也把互联网、移动互联网等新兴互动媒介不着痕迹地与大众媒介机构相连接,作为由大众媒介延伸出来的新形式的媒介机构。克洛兹(2014:80)在关于媒介的场景维度的阐述中,将生产者和接收者明确划分,并强调媒介符号组织的系统化惯例——"将标准化内容讲述给所有人"。这些源自大众媒介的特征被直接推至其他媒介,克洛兹指出,电话、信件等媒介的互动传播和互联网等互动媒介都拥有自身的保障性结构(guaranteed structure),由个人或者组织化的一群人依据一定规则对内容进行生产、组织和操纵。相比之下,库尔德利和赫普(Hepp)更强调数字互动媒介与大众媒介的不同。库尔德利(Couldry,2014:9—14)指出了数字媒介的复杂性与弹性:"媒介多元体"形成"发送平台的复杂网络",超饱和的图像和文本洪流产生新的生活方式和权利配置,社会正处于不确定性之中。如卡斯特的"网络社会"(2001)所指出的,数字媒介下的社会无法给出既定的社会结构秩序,单一媒介线性的信息生产、流通过程已被取代,社会秩序基于不同媒介安排的复杂传播行动在传播网络中不断被整合、延伸(Hepp,2013a:17,84—85)。在数字媒介盛行的当代社会情境下,作为内容传播技术与机构的媒介,正嵌入日常生活实践之中,促成社会生活的习惯与制度。

二、日常实践中的媒介与社会

媒介在日常生活中的渗透,使得媒介化学者把目光聚焦于与媒介相关的人类行为。他们从具体社会情境下人的日常实践切入,进行研究,以此探讨媒介与社会的相互关系。克洛兹(2009)将传播理解为人类社会的核心活动,从对传播实践的考察出发提出媒介化这一关于媒介及其变化的社会理论。库尔德利(2014)提出"媒介实践",用以涵盖人们使用媒介的做法和习惯。在他看来,媒介已直接进入日常生活的实践领域,媒介的技术、制度与日常语境中的行为习惯结合,这些习惯因交织反复的多重实践而趋于稳固,建构出新的生活方式。

媒介化学者所说的实践,指向人们的行为习惯。一方面,实践区别于媒介符号。如前所述,尽管媒介化学者留心关注媒介作为符号表征的一面,但其着眼点并不局限于文本、图像等抽象符号。他们关心人们使用媒介或其他与媒介相关的行为,关心人们如何借助媒介传播信息、交往和生活。相比于文本符号,这些行为习惯对于现实社会的具体情境有施为性(performative),对物质世界能产生行动性的影响和改变,能将传播媒介的变化与社会文化的变化联系起来。媒介化的社会建构不同于由媒介内容建构世界真实的"媒介建构主义",而是由具有实践性的行为做法建构的社会现实,库尔德利称之为"基于物质建构的现实主义"(2014:146)。另一方面,实践也区别于个体的偶然行为。实践包含了一定的规律秩序和社会语境,这些相对固定的习惯形式来源于行为的反复积累与社会上不同人之间的协调和相互依存,在无意习惯与有意组织的混杂中形成相对程式化的行为,整合形成特定的社会生活方式。这种实践视角打破了固定的社会结构,颠覆了理所当然地将媒介视为日常生活基础结构的观念,从人们关于媒介的行为、做法、习惯出发考察媒介的复杂性与相应的社会秩序和社会生活。

同样是关注实践,克洛兹的传播实践与库尔德利的媒介实践也存在些许差别。克洛兹(2009)基于文化研究而非功能主义的视角,以符号互动理解人类传播实践,人们经由这一人之为人的核心实践建构自身所处的环境、社会关系、日常生活乃至人类自身。在媒介化研究的范畴下,克洛兹关注媒介中介的传播实践,这区别于面对面的交流,建构了媒介化的文化现象与社会意义。而库尔德利谈媒介实践时,将侧重点放在媒介与人类行为实践的关系之上。库尔德利(2014:8)反对延森(2013)将媒介研究拓展到传播研究的做法,将焦点聚集于媒介,将非媒介中介的语言交流等传播行为排除在研究范畴之外。他更关注媒介对于人类实践和社会生活的塑造,而非处于媒介两端的传受双方之间的传播改进或其他变化。

对不同实践的注重并未抹去媒介化学者在研究中体现出的共同点——社会取向(Couldry,2014:6)。有需求、有意识也有无意习惯、遵从秩序也建构秩序的人,被认定为媒介化过程中的重要元素。人与媒介相关的习惯做法,人与媒介的相互关系,在人与媒介的互动中形塑的社会生活、产生的社会影响,而非媒介的技术本质,成为研究的焦点。这与上文提及的媒介化研究的媒介理解不无关系。媒介技术的实现仰赖于人的行为和社会文化,媒介的制度形式嵌入日常生活,塑造着人们的实践习惯。人与人之间的交往,使社会这一人类共同生活于其中的场所形成。媒介处于人类社会之中,以符号表征社会,也在实际上构成社会的秩序和规则。

社会秩序如何构成,成为前文提及的媒介化的两大传统——制度化传统和社会建构传统的最大分歧。前者着重于研究媒介制度在形成过程中加诸其他社会制度的逻辑与规则,并以不同制度规范人类行为;后者侧重于研究媒介在日常生活中的渗透,借用社会现象学和符号互动论,论述人们如何在嵌入媒介的生活实践中共享并共同创造社会世界(social worlds)。尽管有学者将两者明确区分,但后来不少学者已试图整合两者,一方的学者也开始吸纳另一方的观点,缓和两者间的分歧。被贴上"制度化传统"标签的雅瓦德,采用了吉登斯的社会观念,即社会结构(或雅瓦德所说的制度)存在于行动之中并作为规则和资源为行动提供制约性或使动性指导(Giddens,1998:89—90),可见他们所说的制度并非强加于行为之上的既定结构规则,制度的形成也依赖反复的实践建构。赫普(2013a)的观点引入拉图尔的行动者网络理论(ANT),更进一步超越了行动与结构的二元对立,主张媒介与人同为行动者,共同构成社会网络中凝结的物、制度与节点。

媒介化学者所说的社会,并非空泛的人类生活的容器,而是在特定时间和空间维度上的社会情境。从宏观的时间跨度和总体社会来看,媒介化研究所着眼的情境,是以现代性为特征的当代社会。媒介的独立与广泛影响发生于当前的现代社会,与全球化、城市化、个人化等其他现代化进程相互联系。同时,媒介化也构成了当前社会的现代性特征,跨越时空限制、公共性等媒介特征和逻辑,整合了一系列社会制度和人类行为,重构了现代社会的社会关系和生活方式。媒介化被当作人类社会现代化进程中的元过程之一。在当前现代性高度凸显的现代社会晚期,媒介嵌入人们的日常实践,其变化交织于社会文化的变化中(Krotz,2009;Hjarvard,2013;Livingstone & Lunt,2014)。因此,媒介化概念被限定在极具现代性特征的社会背景之中,与实证的社会现实、复杂乃至琐碎的社会现象密不可分。在具体研究中,社会情境包含了不同规模范围、不同时间跨度、不同社会领域、不同地域、不同历史时期的具体社会文化。学者们需要将媒介放置在具体时空场景之下,从特定的社会现象出发,考察不同情境中与媒介相关的日常实践,分析总结不同场景的实证材料,不断充实对不同"媒介化世界"(mediatized worlds)(Hepp,2013a:75—83;Hepp,2013b:621—622;Hepp & Krotz,2014:6—9)的描述,以解决媒介变化与社会变化的关系问题。

三、从媒介逻辑到媒介构型力

基于媒介化世界这一对社会的共同判断,学者们认为媒介化交织于不断变化的社会过程之中,并由此考察具体场景中的日常实践及社会文化实体的传播建构,探讨媒介与不断变化的社会生活之间的关系。在具体研究中,学者们引入不同社会理论,如布尔迪厄的场域理论(Krotz,2009;Hjarvard,2013;Conldry,2014)、埃利亚斯的构型(figuration)理论(Krotz,2009;Hepp,2013b)等,试图将具体世界的实证经验理论化,进而理解总体媒介化的世界中的社会文化、传播媒介和两者互动中的媒介化机制。

媒介化研究最初集中于政治媒介化领域,阿斯普(Asp,1990,转引自 Hjavard,2008)提出政治生活的媒介化(mediatization of political life),"媒介逻辑"被用于阐释媒介与政治的关联。这一概念来源于阿什德(Altheide)和斯诺(Snow)两位学者。他们将齐美尔的社会形式(form)理论引入传播媒介研究,将大众媒介机构建构信息的框架定义为"媒介逻辑",认为这样可以"分析媒介引发的社会制度变革"(Altheide & Snow,1979,转引自 Hjavard,2008)。他们所指的媒介逻辑注重信息的形式,包括节奏、语法和格式,是媒体定义、筛选、组织、展示和认可信息的预设规则(Altheide,2004)。在政治媒介化学者们看来,大众媒介日益独立,其媒介逻辑在与政治逻辑的相互竞争中日渐被政治制度接纳,政治越来越依赖媒介机构并由媒介形塑(Mazzoleni & Schulz,1999)。媒介逻辑带来的是对民主的挑战还是促进,成为政治媒介化学者争论的议题(Stromback,2008;Kriesi et al.,2013;Esser & Stromback,2014)。由政治领域扩展到总体社会,媒介逻辑被当作一种导向性框架(orientation frame),指向公共传播场景下隐藏的合理行动样式。制度化的媒介逻辑成为社会文化中关于现实、合理性等各方面的共享观念,转变社会场景,产生由媒介诱导(media-induced)的社会变化(Schrott,2009)。雅瓦德(2008:129)指出,媒介化社会带来的主要影响,是建构起由媒介逻辑规制的共同经验世界。他所说的媒介逻辑,已从文本格式和叙事技巧拓展到了社会互动形式,包含了技术和制度两方面的惯用做法(modus operandi)。

在关于媒介逻辑的论述中,大众媒介机构是学者们研究媒介的焦点。媒介作为构成社会的多种社会机构之一,与其他机构、制度一起组成社会的整体制度和社会关系。媒介逻辑以制度的形式独立于其他制度,又渗透到其他领域之中,为不同领域的实践提供规则。持这种制度化机制观点的学者尽管声称坚持吉登斯的结构二重性(Hjarvard,2014:124),但在论述中往往更为强调独立规则指导行为的单一方面,以致招来其他学者的质疑。质疑者认为,仅关注媒介逻辑显得过于简单化,其带来的影响似乎是超越时空情境的单向的线性因果关系,忽略了媒介内部、媒介与社会之间的动态互动关系。当媒介化仅指代单一媒介逻辑的社会后果时,它并不能涵盖社会转型的异质性。特别是在数字媒介成为社会普遍现象的当下,媒介流(media flows)呈现出动态、非连续、不对称的状态,媒介逻辑无法再被用于解释复杂的社会(Couldry,2008)。伦德比(Lundby,2009)指出,阿什德和斯诺的媒介逻辑尽管从齐美尔的"社会形式"中引出,却忽视了齐美尔所强调的社会交往,将形式窄化为文本格式(format)。对于当前媒介在日常传播实践中的无所不在,学者们更应从日常社会交往的传播而不仅是媒介机构的角度反思媒介逻辑。罗森布勒(Rothenbuhler,2009)强调,媒介逻辑不是媒介自身拥有的,而是由社会历史情境中特定的制度结构、主流技术和文化体系影响产生的。特定情境中的多种传播行为相互参照,形成自我组织系统和固定形式。不同于雅瓦德(2008)关于媒介化起点的说法,罗森布勒认为媒介化不是新近产物,而是自人类以语言交流起就有的传播行为的基础,只是随着媒介机构独立和技术加速发展,媒介化状态日益复杂,媒介制度及相关技术才成为传播过程中的主导因素。因此,与其说相关逻辑在媒介之中,不如说是在传播之中。与之类似,普莱斯纳(Plesner,2010)也以实证研究论证:媒介逻辑并非天然存在,而是在特定行动者的关系网络中由他们共同建构而成。我们不应用概括性的通用机制解释媒介化,而应当关注到传播行为和媒介实践的多元、复杂。

从更为贴近日常社会生活的视角出发,一些质疑者抛弃"媒介逻辑"的说法,提出新的媒介化机制解释,强调媒介与社会关系的复杂性。赫普(2013a:54—60;2013b:619—621)提出"媒介的构型力"(moulding force),将媒介化的机制放入更为具体的传播过程之中。他认为,媒介向人们的传播方式施加一定"压力"(pressure),激发某些行动的潜在可能。这种压力存在于传播过程中,依赖于不同实践中的媒介应用方式,而不是媒介自身的物理特性。所有媒介都处于特定的情境中,也塑造了特定情境,不存在没有语境的一般化的媒介"效果",总括性的媒介逻辑也无法成立。构型力包括传播行动的制度化和物化(reification)两个过程。制度化来自日常行为的习惯化、秩序化,大众媒介和互动媒介的传播都有一定的规则制度和交往形式,媒介依赖于日常行动的复杂制度化。而在不同情境下,一种媒介也可能涉及多种互动形式和多种制度化。物化的过程指向媒介物质性的技术设备,如手机 APP 及其界面、有线电视网、发射塔等。借用拉图尔的行动者网络理论,赫普将媒介看作人类传播行动的物化,其行为与人类行为相联系,作为行动者参与行动过程,也影响人类行动。根据特定形式的技术物质化,人类行为及其权力关系被固定在媒介的物质设备当中。这两个并存的过程,将媒介的制度和物质技术两个层面区分开来,又同时纳入构型力的机制,塑造出一系列的传播行动。多种媒介的构型力相互交织,在不断积累中建构多个领域的社会文化,形成相互分隔又相互联系的媒介化世界,呈现出不同传播过程相互勾连的网络形式——传播构型(communicative figuration)。

依据构型力的媒介化机制,媒介不再是仅用于传播符号的透明物质,而是塑造传播过程的制度化和物化的客体(object),是凝固于制度和技术设备中的复杂人类实践(Hepp,2013a:57)。这一说法,既关注制度,又将制度的来源归于日常生活实践,试图在媒介化的两大传统之间形成联结,在动态实践与固定制度之间达成平衡。另外,媒介技术与人的关联又一次被强调,技术不是单纯的媒介自身特性,它包含了人类行为及相关权力结构关系,是行为和制度的固化,涉及不同情境下不同目的的挪用。正是在多元的媒介挪用与人们的传播互动中,媒介化世界成为人们生活的现实世界,同时带来区域化和脱域化的跨地域传播方式(Hepp,2013a:112)。在这里,媒介化机制已从单一的媒介逻辑,走向开放与互动。

沿着对媒介与社会互动关系的探讨,近期的媒介化研究基于具体媒介化世界,从实证案例出发,关注多种行动者的媒介实践,将媒介化描述为开放、非线性、循环往复的动态实践过程。以媒介化研究最为深入的政治媒介化领域为例,在当前数字媒介迅速发展的社会情境下,媒介不只关系到政治人士与媒体记者之间的互动,去中心化(de-centralization)趋势下民众与精英之间的互动也日益凸显,原先仅作为大众媒介受众的公众更多地参与到新闻生产和政治过程之中,媒介、政治与民众之间的互动行动和关系更为多元(Brants& Voltmer,2011;Esser & Matthes,2013;Witschge,2014)。学者们指出,政治媒介化是媒介机构、舆论和政府之间持续反馈循环的结果,政治与媒介之间的竞争不是零和博弈(Garland et al.,2017),它们实则已从相互竞争转变为双向互动、持续反馈的互惠关系(Casero-ripolles et al.,2016)。而在政治领域之外,赫普(Hepp,2016)指出世界已进入"媒介技术与日常实践相互纠缠"的深度媒介化(deep mediatization)过程(Hepp,2016;Hasebrink & Hepp,2017)。人类的跨媒介传播实践涉及个人与社会领域动态的传播构型过程,固定的媒介逻辑不复存在。率先使用新媒介的媒介先行者社群(media-related pioneer communities)通过媒介实践建构成集体,成为深度媒介化中的集体行动者,也成为探讨媒介发展及其社会应用之间的中介。在深度媒介化时代,媒介化广泛存在于人类的日常实践之中,无时无刻不与人类社会发生关联。媒介与日常实践开放、多元的互动关系,被整合到媒介化这个宽泛的、包容性的概念之中。

四、作为实践制度的媒介

对于聚焦于生产、流通符号的传播媒介,媒介化研究关注的是媒介传播的变化及其与社会文化变化之间的互动关系。这里的媒介包含了技术与制度不同层面的相辅相成,也嵌入了人们的日常生活实践之中。学者们秉承社会取向,着眼于人们在社会生活中的行为与习惯,观照媒介与人的关系、人与媒介相关的实践,考察嵌入媒介的日常生活实践如何形成社会秩序与文化制度,亦即媒介如何构成人类实践的制度形式。

这种基于制度和实践的切入点及其对人类社会的深切关怀,成为媒介化研究区别于其他媒介研究的最大特点。在论述自身理论主张时,媒介化学者常常将自身与梅罗维茨(1994)所说的单数的媒介理论(medium theory)相对比(Krotz,2009:28;Hepp,2013a:11-17;Hjarvard,2013:12;Hepp & Krotz,2014:4-5)。尽管两者存在不少相似之处,但媒介化学者总是将媒介理论当作"他者"而远离,不断强调自身对于人类实践与社会情境的侧重。

与媒介化相似,媒介理论试图成为"媒介效果主流范式的另一种选择"(Meyrowitz,2009:517)。可以说,在区别于主流范式这一点上,两个路径上的学者颇有共同语言。他们都不局限于考察媒介内容或媒介的政治经济控制,而从整体的媒介特征出发考察媒介在社会中的角色。同时,他们也都较少关注媒介直接的个别效果,而把着眼点放在更为长期的社会文化、人类日常传播实践方面的媒介后果,关注人类生活中无处不在的媒介文化(omnipresence of media culture)(Hepp,2013a:10)。基于这两个相似点,部分学者认为媒介化研究可以整合媒介理论的部分观点,特别是梅罗维茨对媒介重构社会交往空间的研究(Hjarvard,2013:12)。而实际上,两种研究路径在对媒介的基本理解上就存在诸多差异,不同的理解也带来不同的研究重点。

尽管他们都提倡跳出媒介内容之外,将媒介的整体特征,特别是将技术特征纳入考虑范围,但两者理解的媒介并不一致。媒介理论所说的媒介特征侧重于诸如信息的感官类型、信息形式、与现实的接近程度、使用的物理要求、编码/解码的难度、持续时长、传播的人数范围等(Meyrowitz,2009:519)技术方面的特征,特意将媒介内容排除在外。而在媒介化研究中,如前面所提到的,媒介特征既包括技术方面,也包括制度方面。此外,媒介的表征功能也在媒介化研究的考虑范围之内。媒介同时作为意义的对象和载体(objects and bearers of meaning)(Hepp & Krotz,2014:5)而存在,表征社会现实的同时也参与社会建构。细化到对媒介技术的理解上,两者的不同就更加明显。媒介理论将技术作为媒介自身的特征,其存在并不需要相应使用主体的预设目的,甚至区别于其所在的制度和文化情境,从而为该文化带来剧烈变革。而在媒介化学者看来,媒介技术作为"可供性"而存在,媒介的物理属性与人的使用目的共同造就这种技术,技术嵌入社会文化生活之中,在人的使用中、在与社会文化的互动中带来变化。

基于各自对媒介技术的理解,两种研究路径的展开方式也有所不同。媒介理论的研究关注不同媒介之间的差异,经常聚焦于某一单个的主导媒介,探讨相关的社会实践和社会文化状态,以及媒介所带来的历史性变革。媒介化研究则往往着眼于多种媒介及它们之间的相互作用,认为多种媒介在同一场景下相互交织,并在这种相互作用中,与相关社会领域的变革产生关联(Hepp & Krotz,2014:5)。于是在研究中,学者们并不刻意划分媒介，而是在具体的历史和社会场景里对不同的社会进行区分，探讨政治、宗教、教育等不同领域的媒介化。也正是在这种重视混合、延续而非差异、断裂的媒介视角下，媒介化学者将报纸、广播、电视等大众媒介，电话、信件等人际互动媒介，甚至互联网、移动互联网等几乎不加区别地同时归于媒介化研究范畴，认为不同媒介文化之间的延续和互动远多于断裂。不同媒介相互整合于传播网络之中，形成相互竞争的媒介舞台(arena)(Hepp,2013a:85)，人们在多种媒介安排的复杂实践中形塑日常生活。

媒介化学者谴责媒介理论过于强调媒介的技术本质逻辑而忽略了技术和文化的互动，过于强调单一媒介的主导性而把社会变革的多种因素简化为媒介的单向结果，未能关注特定社会历史场景的复杂性，有媒介中心主义和技术决定论之嫌。库尔德利(2014:7)在划分媒介研究的四端时，把基特勒"没有人这个元素"的媒介研究也归入媒介理论的范畴，认为他们都偏重技术而抛弃了对人类的观照，"背向社会学"。这种对于媒介理论的指责未免有些偏颇。梅罗维茨曾辩称媒介理论只是可能性的而非决定性的模型(Meyrowitz,2009:527)，人类社会在媒介的限制或助力下仍拥有自由(Meyrowitz,2002:319-320)；媒介理论关注的单数媒介也非孤立的，麦克卢汉(2011:40)就曾指出"任何一种媒介只有在与其他媒介的相互作用中，才能实现自己的意义和存在价值"。借由批评媒介理论，媒介化学者希望凸显的是自身的特点：从日常实践和行为习惯切入考察媒介，将媒介化理解为"人造的过程"(Krotz,2007:259)，将社会文化及其变化理解为人类创造的发展(Krotz,2009:28)，强调媒介与人的紧密关联，认为媒介与具体社会情境互动并共同变化。

带着对人类实践的持续关注，媒介化研究深入不同的社会领域，并被整合为一个涉及不同社会、容纳多种价值取向的研究领域。不断扩展的研究范畴招来部分学者的批评。迪肯和斯坦尼尔(Deacon & Stanyer,2014,2015)批评媒介化成为无所不包的宽泛概念，把所有研究都不加区别地装进同一个"大筐"里，缺乏区别于非媒介化的明确特征，普遍化了的媒介化概念除贴标签之外别无其他价值。延森(Jensen,2013)在论及媒介化的概念化时也指出了媒介化在宽泛边界之下的内部分歧和冲突。他认为，现有的媒介化研究内部存在极大的差异，学者们只有在宽泛的概念定义上才能达成共识，因而"媒介化最好被理解为一个宽泛的、具有包容性的概念：一种对于当前社会和文化共识性的甚至常识性的特征描述"(Jensen,2013:218)。他批驳了当前关于媒介化的两种界定性概念——作为制度化、作为霸权，同时也为媒介化研究提出了建设意见，即提出作为社会结构化、作为技术动量、作为嵌入式传播的三种敏感性概念。这些敏感性概念一方面将数字媒介的特性更为明显地放入媒介化研究中，另一方面也以更为柔和的参考指导的方式包容取向各异、意见分歧的相关研究。

尽管媒介化研究面临质疑和批评,但不可否认,它为媒介研究提供了独特的视角,直面当前媒介无所不在的社会生活状态。

其一,媒介化研究将媒介理解为整合技术和制度的实体机构,强调媒介与符号传播这一人类核心活动的关联。学者们从大众媒介出发延伸理解当前的媒介,既不忽视媒介作为符号表征技术的原始功能,也更加关注日益凸显其特色的技术和制度层面的功能,从而在新旧媒介研究之间形成联系。但这一理解不局限于主流传播学从媒介内容考察媒介的做法,打破了原先媒介研究中将媒介从内部划分为"生产—文本—受众"的线性架构,也不再把媒介当作在社会有机体结构中发挥功能的子系统,而是将之与人的传播活动融合在一起,将媒介视为凝结了技术、制度和人类实践的物。从这样的角度理解媒介,强调了媒介与人类社会的紧密关联:媒介因人而存在,技术与社会制度不可分离。媒介化研究希望解决的,正是媒介与人类社会之间的关系问题。

其二,媒介化研究带着明显的社会取向,观照人类实践,从人的行为做法切入,探讨媒介与社会的关系。实践包含着被不断建构、不断调整的具体社会秩序和个人习惯,嵌入媒介的日常生活正展现着媒介对人类实践和社会文化的形塑能力。立足于社会文化和日常生活现实,学者们阐释媒介实践、传播实践与社会制度、社会文化的关系,阐释社会的建构与变革。这种研究根植于具体的社会历史情境,根植于经验的日常实践,将自下而上建构的社会观念也运用到了研究方法之中。从贴近社会生活现实的角度出发,学者们关注具体情境中不同媒介的合作及人类实践对不同媒介的统合,从不同社会历史情境入手对媒介整体进行研究。

其三,媒介化研究强调媒介与人类实践、社会之间的动态相互关系,避免将媒介的社会后果描述为线性、单向、决定性的影响。新近的媒介化研究将社会理解为去中心化的延展网络,主张媒介与社会之间具有开放、流动、多元甚至偶然的关系机制,力图对其相关关系做出更为细致、动态、复杂化的阐述。从总体上看,媒介化研究也一直在提倡一种非结构化的、扁平化的多重动态互动的观念。例如,学者们同时观照媒介的符号表征与结构,强调技术与制度的整合与相互影响,认为不同媒介并非彼此取代而是相互合作,并极力阐明媒介一方面依赖人类活动而存在,另一方面形塑着人类实践以建构社会文化。这些互动观念以开放的姿态看待媒介的变化、人类实践的变化,及其与社会文化的关联,也为社会生活的分析提供开放甚至松散的框架。

观照中国当前移动互联网急速发展的现实经验,媒介几乎存在于每个人的日常生活之中。在这一情形下,媒介化研究为我们提供了从日常生活实践出发的媒介研究视角,帮助我们在广袤的现实经验中探讨媒介传播与社会文化之间的动态现象与关系。

这种社会取向,着眼于媒介技术、制度与人类实践的交织,与其他当下时兴的偏向于媒介技术甚至颠覆人类主体位置的媒介研究取向形成对话,也启发后人继续思考媒介与社会、媒介与人的关系,观照物质和人共同构造的社会现实。

参考文献

[1] ALTHEIDE D. Media logic and political communication[J]. Political communication,2014,21(3).

[2] BRANTS K,VOLTMER K. Introduction:mediatization and de-centralization of political communication[M]//BRANTS K,VOLTMER K. Political communication in postmodern democracy:changing the primacy of politics. London:Palgrave Mecmillan,2011.

[3] CASERO-RIPOLLES A,FEENSTRA R,TORMEY S. Old and new media logics in an electoral-campaign:the case of podemos and the two—way street mediatization of politics[J]. The international journal of press/politics,2016,21(3).

[4] COULDRY N. Mediatization or mediation? alternative understandings of the emergent space of digital storytelling[J]. New media and society,2008,10(3).

[5] COULDRY N,HEPP A. Conceptualizing mediatization:contexts,traditions,arguments[J]. Communication theory,2013,23.

[6] DEACON D,STANYER J. Mediatization:key concept or conceptual bandwagon? [J]. Media,culture and society,2014,36(7).

[7] DEACON D,STANYER J. Mediatization or mediatization of?:a response to Hepp et al[J]. Media,culture and society,2015,37(4).

[8] EKSTROM M,FORNAS J,JASSON A,et al. Three tasks for mediatization research:contributions to an open agenda[J]. Media,culture and society,2016,38(7).

[9] ESSER F,MATTHES J. Mediatization effects on political news,political actors,political decisions,and political audiences[M]//KRIESI H,LAVENEX S,ESSER F,et al. Democracy in the age of globalization and mediatization. London:Palgrave Macmillan,2013.

[10] ESSER F,STROMBACK J. Mediatization of politics:understanding the transformation of western democracy[M]. London:Palgrave Macmillan,2014.

[11] GARLAND R,TAMBINI D,COULDRY N. Has government been mediatized:a UK perspective[J]. Media,culture and society,2017(1).

[12] GIBSON J. The ecological approach to visual perception [M]. New York:Psychology Press,1986.

[13] HASEBRINK U,HEPP A. How to research cross-media practices? inverstigating media repertoires and media ensembles[C]. The international journal of research into new media technolo-

gies,2017,23(4).

[14] HEPP A. Cultures of mediatization[M]. Cambridge:Polity Press,2013.

[15] HEPP A. The communicative figurations of mediatized worlds:mediatization research in times of the mediation of everythin[J]. European journal of communication,2013,28(6).

[16] HEPP A,KROTZ F. Mediatized worlds-understanding everyday mediatization[M]//HEPP A, KROTZ F. Mediatized worlds:culture and society in a media age. London: Palgrave Macmillan,2014.

[17] HEPP A. Pioneer communities:collective actors in Deep Mediatisation[J]. Media,culture and society,2016,38(6).

[18] HJARVARD S. The mediatization of society:a theory of the media as agents of social and cultural change[J]. Nordicom review,2008,29(2).

[19] HJARVARD S. Doing the right thing:media and communication studies in a mediatized world [J]. Nordicom review,2012,33(1).

[20] HJARVARD S. The mediatization of culture and society[M]. Oxon:Routledge,2013.

[21] HJARVARD S. Mediatization and new media[M]//HEPP A,KROTZ F. Mediatized worlds:culture and society in a media age. London:Palgrave Macmillan,2014.

[22] JENSEN K. Definitive and sensitizing conceptualizations of mediatization[J]. Communication theory,2013,23.

[23] KAUN A,FAST K. Mediatization of culture and everyday life[M]. Huddinge: Södertörns Högskola,2014.

[24] KRIESI H,LAVENEX S,ESSER F,et al. Democracy in the age of globalization and mediatization[M]. London:Palgrave Macmillan,2013.

[25] KROTZ F. The meta-process of mediatization as a conceptual frame[J]. Global media and communication,2007,3(3).

[26] KROTZ F. Mediatization:a concept with which to grasp media and social change[M]//LUNDBY K. Mediatization:concepts,changes,consequences. New York:Peter Lang,2009.

[27] KROTZ F. Media,mediatization and mediatized worlds:a discussion of the basic concepts[M]// HEPP A,KROTZ F. Mediatized worlds:culture and society in a media age. London:Palgrave Macmillan,2014.

[28] LIVINGSTONE S. On the mediation of everything:ICA presidential address 2008[J]. Journal of communication,2009,59(1).

[29] LIVINGSTONE S,LUNT P. Mediatization:an emerging paradigm for media and communication research[M]//LUNDBY K. Mediatization of communication:handbooks of communication science(21),Berlin:De Gruyter Mouton,2014:703-724.

[30] LUNDBY K. Media logic:looking for social interaction[M]//LUNDBY K. Mediatization:concepts,changes,consequences. New York:Peter Lang,2009.

[31] MAZZOLENI G,SCHULZ W. Mediatization of politics:a challenge for democracy? [J]. Political communication,1999,16.

[32] MEYROWITZ J. Medium theory[M]//CROWLEY D,MITCHELL D. communication theory today. Stanford:Stanford University Press,1994.

[33] MEYROWITZ J. Medium theory:an alternative to the dominant paradigm of media effects[M]//NABI R,OLIVER M. The SAGE handbook of media processes and effects. Los Angeles:SAGE,2009.

[34] PLESNER U. The performativity of media logic in the mass mediation of science[J]. Public understanding of science,2010,21(6).

[35] ROTHENBUHLER E. Continuities:communicative form and institutionalization[M]//LUNDBY K. Mediatization:concepts,changes,consequences. New York:Peter Lang,2009.

[36] SCHROTT A. Dimensions:catch-all label or technical term[M]//LUNDBY K. Mediatization:concepts,changes,consequences. New York:Peter Lang,2009.

[37] STROMBACK J. Four phases of mediatization:an analysis of the mediatization of politics[J]. The international journal of press/politics,2008,13(3).

[38] WITSCHGE T. Passive accomplice or active disruptor:the role of audiences in the mediatization of politics[J]. Journalism practice,2014,8(3).

[39] 吉登斯. 社会的构成[M]. 李康,李猛,译. 北京:生活·读书·新知三联书店,1998.

[40] 戴宇辰. 走向媒介中心的社会本体论?——对欧洲"媒介化学派"的一个批判性考察[J]. 新闻与传播研究,2016(5).

[41] 卡斯特. 网络社会的崛起[M]. 夏铸九,译. 北京:社会科学文献出版社,2001.

[42] 库尔德利. 媒介、社会与世界:社会理论与数字媒介实践[M]. 何道宽,译. 上海:复旦大学出版社,2014.

[43] 麦克卢汉. 理解媒介:论人的延伸[M]. 何道宽,译. 南京:译林出版社,2011.

[44] 梅罗维茨. 消失的地域:电子媒介对社会行为的影响[M]. 肖志军,译. 北京:清华大学出版社,2002.

[45] 诺曼. 设计心理学1:日常的设计[M]. 小柯,译. 北京:中信出版社,2015.

[46] 唐士哲. 重构媒介?"中介"与"媒介化"概念爬梳[J]. 新闻学研究,2014,121.

[47] 延森. 媒介融合:网络传播、大众传播和人际传播的三重维度[M]. 刘君,译. 上海:复旦大学出版社,2013.

作为中介行为的媒介:德布雷的媒介理论初探

◎ 骆世查

摘要:近年来,德布雷的著作翻译和媒介思想研究渐成热点,但是对其媒介学论述中的"媒介"究竟意指为何却始终未曾厘清。德布雷指出,媒介的重点是"中介行为",这揭示出一种全新的思维方式和推理过程,他进而提出信息(message)、中介(médium)、领域(milieu)、调解(médiation)四个媒介学推理阶段。据此,本文认为正是基于这一架构,德布雷以麦克卢汉的思想作为辨析的枢纽,推出了一套在文化与技术互动层面上,旨在探寻多重性质的媒介与讯息,以"媒介圈"作为探查原则,并不断追问人类命运及其媒介学条件的方法和工具。这一套方法在实践和学理的层面均为我们理解自身以及不同时空范畴中的传播活动打开了思路。本文强调,德布雷的媒介理论的核心观点及其独特贡献主要在于以下五点:第一,凸显媒介载体,并同时紧扣中介行为过程;第二,立足于媒介的双重身份,尤其关注作为一种实践的媒介;第三,反思人类处境,指向诸种信仰机制的探寻;第四,现实介入意图明显,思辨人类社会未来;第五,立场上主张结合媒介研究与符号学研究。总体上,打破二元对立的生态学原则、中介行为的考察视角、文化技术互动的逻辑起点、人类文化传承的现实关怀,构成了德布雷路向上的重要启发。

关键词:德布雷;媒介;中介行为;媒介理论

在数字革命高歌猛进的当下,几乎所有论域都无法忽视"媒介"的维度。有学者(Winthrop-Young & Wutz,1999:xiv)曾提纲挈领地指出,"这种对媒介的聚焦令人联想到麦克卢汉的著作,当然其中也包括基特勒(Kittler)、弗卢瑟(Vilém Flusser)、维瑞里奥(Paul Virilio)、克洛克(Arthur Kroker)、德布雷(Régis Debray)的著作中对媒介相关议题越来越多的关注,他们一并复活了麦克卢汉的思想,作为对现代性的批判,值得与阿多诺、福柯以及海德格尔相提并论"。尽管,为人所熟知的单数"媒介理论(Medium Theory)"是由梅罗维茨(Joshua Meyrowitz,1994)基于媒介环境学的研究而提出的术语,但温索洋(Geoffrey Winthrop-Young)的这一概括显然拓展了"媒介理论"

的疆域,即以"麦克卢汉的思想"为枢纽,对现代性展开批判的议题都为媒介理论作出了贡献。由此亦可知,尽管麦克卢汉在媒介理论的地图中处于中心位置,但梅洛维茨、基特勒、德布雷等人的媒介理论对麦氏理论实际上是各取所需,在不同的层面展开辨析,它们所指涉的"媒介"当然也就在不同的维度上。

法国学者德布雷首创的"媒介学(médiologie)"尽管竭力与传播学撇清关系,却得到不少传播学者的关注。但现有研究多是对这个学说的基本观点予以梳理,或是结合德布雷部分著作以诠释某些全新的术语(陈卫星,2015;鲁明军,2016;矫雅楠,2015),而对德布雷学说中的"媒介"究竟意指什么、有何特征,又在什么层面上展开等问题不大关注。德布雷的媒介学号称研究"传承"而不仅仅是传播,这究竟意味着什么?他还说"媒介"这个词的重点是中介行为,那么"中介行为"又意味着什么?这些问题促逼着我们进入德布雷的媒介理论:他的"媒介"究竟指的是什么?他是在哪个层面上探讨媒介问题的,为何从这个层面出发?其核心观点为何,在何种意义上拓展了"媒介理论"?最后,这样的媒介理论又为学术研究提供了什么样的思想资源?

一、媒介是什么:德布雷的视野

德布雷(2013:10)指出,"媒介(médio)这个词,它的重点是中介行为(médiation,法语中的后缀 ion 表示动作行为),这同它是一个操作设备分不开"。这句话至少表明:第一,德布雷的"媒介"不能和"传媒"或"媒体"画上等号,后者的对应词是 médias,强调的是渠道和载体的特点,德布雷的媒介既然落到了"中介行为"上,即存在一个调解的动态过程,而这一过程是在大众传播媒体出现之前出现的,如今被欧洲学者术语化的"媒介化"概念(Krotz,2009;Thompson,1995)所指涉的是德布雷口中作为一种特殊的、后来的和具有侵略性的延伸的媒体,也就是作为客体和对象的"传播工具",而"信息的大量爆发使我们过分迷恋传播工具","为了超越空间,一部大型机器足矣。然而为了超越时间,却需要移动机器和一部发动机,或者是一部具体的机器和一个社会机构"(Debray,2013:7-8)。由此可见,德布雷的"媒介"指向的是问题意识,即不是空间上的扩散,而是时间上的传承,而传承意义上的媒介"总体上意指那些组织我们并使我们长久以来能够言说'我们'的下面的东西"(Cojocariu,2013)。第二,这句话中同时出现了"媒介"和"中介",它们究竟指的是什么?在汉语里,"中"是一种位置的指称,指的是中间、之间、内部、里面。"介"一方面有介于两者之间的意思,另一方面是指铠甲,在甲骨文中"介"字犹如人身上穿着铠甲的样子,中间是人,两边的四点像连在一起的铠甲。在《说文解字》中,"媒"则"谋也",指的是谋合二姓之人,即媒人。所以在翻译时,德布雷著作的诸多中译本对这两个词并没有严格区分。正如陈卫星(2018)所言,"德布雷强调从 Mediateur 出发,我们为便于理解或避免直接(将其)等同于哲学,把这个一般翻译为'中介者'的词翻译为'媒介者',因为事实上要指称的对象也是具体的职业群体,如中世纪修道院的抄写员、近代的新闻从业者等"。所以,无论是中介还是媒介,都不是从欧陆"媒介化学派"或者北美"媒介环境学派"的意义上来说的,Médio 要突出的就是某种"中间项"在调解过程中的角色。第三,这里的媒介与"操作设备"分不开则表示它仍然与渠道和载体的特点相关,但重点不在于阐释这些特点本身,而在于这些载体如何被赋予某种中间项的职能、如何在中介行为中发挥功能。

如果德布雷的媒介是"中介行为"的话,那么中介行为又意味着什么?换言之,在作为中介行为的媒介视野之下,我们又该如何展开研究?这大概是德布雷的媒介理论中最难落实的部分,在某种程度上"怎么用"德布雷的媒介也就包含了其"是什么"的问题。实际上,德布雷(2013:139)曾明确描述过这一过程:"媒介学作为一种推理,可以(被)归纳成这样一条轨迹,即 4 个 M,信息(message)、媒介或中介(médium)、领域(milieu)、调解(médiation)。"这意味着四个不同的阶段,德布雷进一步解释:"信息阶段同实用方法相符合""媒介阶段同技术方法相符合""领域阶段同生态学方法相符合""调解阶段同人类学方法相符合"。根据这样的思路,本研究实际上是将这"4 个 M"作为某种研究架构和研究方法来理解,尽管这些实用方法、技术方法、生态学方法以及人类学方法和通常我们理解的研究方法有所不同,但拎出其中的方法原则和开展研究的基本立场则是可行且具有参考价值的。值得一提的是,前两个 M,即 message 和 médium 的关系正是德布雷以麦克卢汉思想为枢纽展开论述的起点,所以本文也会将它们放到一起讨论。接下来本文将通过三个部分来探讨"中介行为"的意义。

(一)"中介即信息?":物质与实践的多重性质

德布雷的《媒介学引论》第二章的标题就是"中介即信息",在法语原著中这里所指的就是麦克卢汉的那句名言,即通常被翻译为"媒介即讯息"的"The medium is the message"。继前面在同一句话中出现媒介和中介之后,在这里我们又遇到"信息"和"讯息"这两个极其容易混淆的概念。从翻译的角度看,这两个词不至于导致混乱,因为德布雷显然和麦克卢汉一样认为媒介有其特定的意涵,不能止步于"内容"(德布雷更多是使用"语言编码"的概念)。从中文的内涵中,我们能找出麦克卢汉名言中的"讯息"不能替换为"信息"的理由,仅就这句话的意思来讲也不至于混淆它们。然而,正如本文在开篇所援引的温索洋的话,如果将德布雷的媒介放到广阔的媒介理论版图上来看,就需要立即澄清此处的"信息",至少基特勒的"信息物质主义"是针对人文主义而提出来的,这与德布雷的"信息"自然是不同的,后者应该是一个确定(certum)的领域、叙述的领域、真理(verum)的领域,恰恰是需要主观和信仰介入的领域。

麦克卢汉(2011:18)认为"所谓媒介即讯息只不过是说:任何媒介(即人的任何延伸)对个人和社会的任何影响,都是由新的尺度造成的;我们的任何一种延伸(或曰任何一种新的技术),都要在我们的事务中引进一种新的尺度"。这相当于麦克卢汉的研究总纲,其中包含至少三个要点:第一,从人的延伸出发,所谓新的尺度主要指媒介反映到人感官尺度上的变化;第二,观察的视角落在社会层面,任何一种延伸都是对整个心理和社会的复合体的影响;第三,无论是媒介、延伸,还是尺度,都存在若干种,这与梅罗维茨所总结的单数媒介理论的逻辑一致。简言之,理解媒介的关键一环在于理解不同媒介的不同特性。然而,德布雷(2016:12)指出:"麦克卢汉意义上的媒介不过是底楼,我们还得往上爬。"

德布雷对麦克卢汉的观点主要作了三点批判性阐释。第一,他认为"媒介即讯息"这一说法不仅反映了思想上的混乱,而且也是不合理的。所谓"思想上的混乱"指的是概念的误用,德布雷(2016:67)援引艾柯(Umberto Eco)的评价,以指责麦克卢汉混淆了中介、渠道(channel,或说信息的物质载体)、代码(code,或说语言的内部结构)、讯息(message,或说具体的传播行为的内容)等概念。麦氏媒介理论的历史语境与对彼时大众传播学主流研究的批判有关,他强调的是形式与内容之别,媒介的特性具有重要的社会意涵,他所说的媒介包括口语词、书面词、数字、服装、住宅、货币、时钟、印刷术、照片、报纸、汽车、打字机、电话、唱机,等等。麦克卢汉试图阐明的是这些媒介自身改变了人体感官的尺度,而非其承载的内容。艾柯的批评在一个更为抽象的层面:无论什么媒介,都符应于某种语法结构。因此,"语言"和"符号"作为媒介与麦克卢汉意义上的媒介便产生了思想上的混乱。但德布雷显然也不完全赞同艾柯,事实上德布雷对符号学可谓大加挞伐,这在其数本著作中几乎随处可见。德布雷(2016:67)曾调侃地指出:"对麦克卢汉派所说的没有代码也没有讯息的媒介,符号学家用没有媒介也没有环境的代码来反唇相讥。"因此,一方面代码不是中介行为的必要条件,非语言的手势、体态和语调等均能产生意义,另一方面符号能否进入行动取决于符号的存储,或是记录的物质手段,即代码有没有垄断意义的权力(Debray,2016:69—70)。

第二,麦克卢汉名言中的 message 要同科学论述区别开来。所谓的科学论述好比 2+3=5 这个表达式,既没有人称指向,也没有时间性,只要事实同表达相一致即可。而讯息则是"属于规定性的具有时效的东西","它有基本的实用主义价值"(Debray,2013:37)。讯息的领域应是确定的领域,同时也是叙述的领域。这些区分同样拓展了麦克卢汉的思想,"媒介即讯息"的前一半指的是诸种媒介各不相同的特质,这是相对于媒介内容来谈的。而德布雷在后一半做文章,认为讯息或信息不是自然的、科学的、实证的东西,而是人文的、信念的、主观确定的东西。这是德布雷思想中非常重要的一层底色。尽管从方法论的角度看,德布雷的媒介学强调物质优先性,又或者如其他学者一般将其归纳至"中介本体论"(孙玮、谢静,2015),但我们不能忘记他自己所宣称的,媒介的物质性层面和中介行为过程所体现的仍是人本主义的关怀。麦克卢汉毕竟是"底楼",他们都将人在各式各样的媒介的组织行为旋涡中的生存处境作为核心关怀。只不过德布雷从中介行为开始谈,探讨的是人类信念式的东西如何经由媒介化而获得物质力量,麦克卢汉则是从人体感官开始谈,探讨的是不同媒介借由延伸人体的不同尺度如何对心理和社会造成长久的影响。

第三,德布雷直接质疑麦克卢汉对"medium"的辨析,他认为被加上定冠词 the 的中介并不是什么一望即知的确切东西,加上这种貌似唯一的限定词倒是设置了一个陷阱,因为"中介"实际上代表了许多性质不同的事实。"这些事实之间并不互相矛盾,它们往往相互叠加,但却不相互混淆。中介可以指:(1)符号表示的整体过程(清晰连贯的话语、书写符号、类似的图像等);(2)社会交流规范(说话者或者作家使用的语言);(3)记录和储存的物理载体(石块、羊皮纸、磁带、胶卷、光盘);(4)同流通方式相对应的传播设备(手抄本、影印本、数字版)。"(Debray,2013:38)这业已极大地开拓了媒介研究的领域,流行意义上的传播媒介研究遵循的是语言符号或者相关领域(音乐语言、电影语言)的规则。"然而,传承除这些文字语言以外,还包括其他意义载体,如行为、场所、文字、图像、文本、仪式、有形的、建筑物的、精神的、智力的,等等。"(Debray,2013:11)难怪有学者指出,相较于德布雷经常引用的拉图尔和布迪厄的认识论立场而言,德布雷的路径使得在行动者不公平地分布在制度和意识形态管控下的权力结构中考察人与物的关系变得更为容易(Harrasser,2002)。德布雷等于是为行动者网络分析提供了一条可具体执行的操作方案,即建基于诸种中介事实的实用方法和技术方法。

不难看出,在德布雷看来,媒介不等于讯息,他批判了"媒介即讯息"这一等式本身的正当性,因为这一等式除指出原本就难以产生互动的媒介研究和符号研究之间的割裂以外并没有说出新的东西,而且其化约的表述还将引发进一步的混淆。然后德布雷进一步分别辨析了被麦克卢汉混淆了的"媒介"和"讯息"两个词的复杂性。"媒介"指涉的是多重性质的物质材料,与麦克卢汉的媒介相比,它更多地强调过程性。同样一个作为媒介的物质,在麦克卢汉看来它的尺度变化是重点,而在德布雷看来,其如何与中介行为过程中诸多不同性质的物质材料共同构成"中间项"才是重点。与符号学家相比,德布雷更多地强调物质性:同样一个媒介,符号学家会将其打碎捏揉进某种抽象的语法结构或符号逻辑,但德布雷将目光放在这些抽象意涵的载具及其操作过程上。

而"讯息"指涉的是用于实践(praxis)的那些东西,既不是对文本内容的阐释,也不是对媒介意涵的体认。讯息是不固定的,取决于不同媒介的性质,以及对不同媒介的不同操作过程。媒介和讯息作为德布雷媒介理论的起点,意味着辨察物质材料和实践过程的多重性质成为首要任务,而这里的物质材料和实践过程尤其不能脱离"媒介"的视野,"这个中介,或者说使两者发生关系的第三者,如果没有这个作为第三者的中介,这种关系就不会存在"(Debray,2013:122)。所以不同于物质文化研究,德布雷不是针对物本身,而是针对"物"作为媒介的意义,即作为发生关系的存在;不同于行为社会学、行动传播学的研究,德布雷不是针对实践行为,而是针对讯息被用于实践的过程,以及在这一过程中,讯息如何发生变化,这些变化又如何影响实践。一言以蔽之,过程决定了意义。

(二)"领域(milieu)":打破二元对立

与"领域"阶段相对应的是生态学方法,这跟德布雷对"媒介圈(médiasphère)"的诠释是密切相关的。要厘清这一脉络,或可从相对为人所熟悉的媒介环境学入手。波斯曼(2007)指出,亚里士多德使用的 ecology 是指家庭环境(household),指的是"让我们的家庭保持精神上的安稳",其现代意义是 19 世纪由德国动物学家海克尔(Ernst-Haeckel)赋予的,即强调在自然的更大范畴中如何通过互动寻求一种平衡的环境。媒介环境学这一术语将 media 放在 ecology 之前,表明其不仅关注媒介,也关注媒介与人的互动形式所呈现的文化特性,所以才有其著名的定义"把媒介当作环境的研究"(Postman,1970)。"媒介圈"的概念同样也是受到海克尔的启发。德布雷(2014a:266)指出,海克尔"在 1866 年打造了'生态学'这个词来表示对环境以及生命活体与环境之间关系的研究。一百年以后,我们想要帮助他把对自然领域的发现转移到文化领域"。由此可见,媒介圈跟媒介环境学是相关的,但却不能认为它们是比照着"环境"来说的,它们是将环境视为生态系统中人与之发生关系并展开互动的对象,用德布雷(2014a:180)的话说,"生态学推翻了存在于生物和无生命物之间的那堵墙"。在媒介学的研究方法中,这样的"墙"还有很多,譬如文字与思想的对立、内在与外在的对立、理性与工具的对立,等等。所谓的"领域"阶段便是要打破二元对立,并提出一种全新的叙事逻辑,有时德布雷(2014a:171)又将其称为"三元式逻辑(包括媒介在内)"。但这很容易让人误解为是在某种常识层面做加法,所以我们必须要回到"领域"的原始意义上去。

milieu 本就可以被翻译为"环境"或"周围",既然有"围"的意思,就已然不同于学术书写中惯常使用的"社会背景",不是背景与论题的对照,而是论题核心及其周边。

而 méiasphère 有着"媒介圈""媒介域""媒体界""媒介球体"等诸多中文译法。德布雷（2013:50）曾主动解释过术语选择问题，sphère"这个后缀表示包围的意思，而不是面对面的意思，它同场或场域（champ）是相对立的。媒介圈的协同性和侵入性的三维特性同这种二维透视性形成强烈对比"。据《新版罗贝尔大词典》可知，sphère 主要指球体或球面，即从中心到周围各点形成的一个较为明显的球形范围和界限。而 champ 主要指农田或耕地，是一个相对平面透视的界限较虚的范围。这当然与从中心开始进行三维扩散的 sphère 截然不同。除此之外，德布雷（2016:30）还旁敲侧击地论证过"媒介圈"的合法性。例如，不借用布迪厄的"场域"概念，是因为尽管媒介圈中也存在相互斗争的力量场域，但媒介"圈"的一个更根本性的旨趣在于将有形的介质体系引向赋予该体系意义的无形宏观系统。不用"系统（systeme）"和"结构（structure）"则是因为媒介圈并不纯粹，它总是与其前身交织在一起，并没有那种系统和结构所暗示的跨历史性。故总体而言，"领域"作为一种全新的书写逻辑强调的是具有时空厚度的立体的勾连。

所谓的生态学方法与这样一种视角密切相关，人类赖以生存的生态系统无外乎生物圈、大气圈、岩石圈、水文圈，各个三维系统圈彼此交叠且有着明显区别，生物圈最大且在地球上居于中心地位，而"媒介圈不比生物界中的生物圈大，也不比它小。它可以囊括多种文化生态系统和文化小团体"（Debray，2013:47）。不同时代的文化生态系统和文化小团体互相交叠，有的崩溃、解散，有的则转型、重组，没有纯粹的线性的文化嬗变。这里的"相互交叠"从生态学方法上来讲，就是文化符号性东西和物质技术类东西之间的互动关系。

"生态系统嵌在文化中，就像生态系统嵌在自然中一样；每个媒介域本身都是其前面呈鳞状迭盖的那些媒介域的嵌入，其中有些是活跃的，有些是残存的。"（Debray，2014a:287）为了将生态学的方法原则引入文化领域中，德布雷（2014a:261—262）总结出六点作为路标，简言之：（1）无论何时，思想活动与其对应的记录、传递和储存技术都是不可分割的；（2）前述记忆工具因时代不同而不同；（3）前述不同体现在信息和人传递、加工、扩散方式的不同上；（4）不同记忆工具及其方式的不同即媒介圈的不同，新旧媒介圈相互妥协，共塑时代；（5）不同媒介圈还意味着不同的时空组合，即现实世界因主导媒介不同而不同；（6）以上可经由物质传递手段的技术演化得以窥见。由此可以较为清晰地看出，所谓立体的勾连不仅要看到思想与技术的整体性，也要看到这一整体本身的流变，更要注意这样的媒介分析与不同的现实时空之间的关联。

德布雷接着讲到，智人因具有适应环境的能力亦被定义为"文化生物"。人类文化的发展和自然演化是地球上两条重要轨道，但是自然进化具有天然的积累性，通过基因的进化可以使有机生物更好地适应环境,人类文化却缺乏这种天然的积累能力,所以它必须借助于某种储存和记忆的工具,找到相应的继承物。例如书写就是思想外化和物质化的一种手段。没有这些继承物,人类无法组建自己的文化,也就永远不会有今天的人类社会,我们也就无法真正地言说"我们"。所幸,大部分记忆工具和继承物的生命都要比人的一辈子长,物的"死亡记忆"接替和丰富了人类活的记忆。然而,所有档案资料都会受到各种侵蚀破坏、时间摧残乃至天灾人祸,所以媒介圈的问题实际上就是一场"为时间的新斗争"。

交通手段、通讯设备等各类技术为人类节省了时间,但是在文化中却无法节省时间,就像在职业培训领域中的学习、领会、酝酿、成熟等所耗费的时间无法节省。这些无法缩减的天然的东西属于生物时间,而不是工业时间。"每个媒介域日常的性、数、格变化是本能地使用时间,差不多是通过环境的速度系列来进行自动分配。"(Debray,2014a:278)故而,媒介圈的分析要害在于掌握一种"时间动力学"。在不同时代,信息适应环境的时间感是不一样的,读"报"在19世纪是正常的,但在21世纪就显得缓慢和累赘,而"报纸"在19世纪是廉价的,在21世纪又常常陷进入不敷出的窘境。

对于档案资料的破坏和媒介圈的更迭,没什么好感伤的,"媒介学家对比较性的回顾会乐此不疲,但同时应该同那些怀旧思想作斗争,因为我们什么也没有失去,只是所有的一切都改变了面貌,并以另一种方式重新开始"(Debray,2013:51)。人类文化的累积前进也不例外。"积累并不意味着继续。继承并不等于遗产的机械堆积。当然继承是在明显的断裂和抛弃中形成的。"(Debray,2013:21)媒介学打开的是一个充满斗争和断裂的运动历史世界,"纪念物的优先性"成为媒介学者的首要进路,"从考古学到中介学,或者是从新石器时代遗址到现代的记忆术"成为媒介学者的主要考察方式。文字便是"话语圈"抵抗时间的主导媒介技术,就像印刷术之于"图文圈"、音像之于"视频圈"。"通过具有主导作用的记忆技术,集体心理得到平衡和稳定,成为社会决定性能力的焦点和被统治媒体(或人)的重组中心。"(Debray,2013:45)

综上,在"领域"阶段,媒介学揭示了生态学的方法原则从自然向文化的转换,"领域"介于内外之间,旨在打破二元对立,凸显一种立体勾连的叙事逻辑。这样的媒介分析摆脱了对媒介技术及其使用的迷信,深入到传承研究的问题意识,如人如何在与媒介的共存中延续自身、人类文化如何展开新的为时间的斗争。"中介作用也是实现自我的方式。这也是为什么只有通过中介作用我们才能成为现在的自我,因为没有任何事物是即刻出现而存在的,人类更是如此。"(Debray,2013:122)正如德布雷(2013:23)所援引的古兰(Leroi-Gourhan)的观点,"人类主体是通过客体并和客体一起在不断的来回反复中建立起来的"。亦即,人是具有时间性的,与人相关的信息也具有时间性，人类文化更是如此，故而人抵抗时间在身上和文化上的流逝是出于一种本能。而这种本能与人对自己处境的认识是密不可分的。这指向一个重要事实——人身处媒介圈之中，同时后者又独立于个人意志，有着强大的自主性，并且"它迫使我们概括我们的感知"(Debray，2016：30)。正是在这里，德布雷进一步完善了其媒介学的方法论基础。基于麦克卢汉所研究的媒介带来的感知比率的变化，德布雷深入到感知变化背后的宏观网络，注意到单数可见的媒介物的确重要，但德布雷指出具体的网络有更强大而复杂的作用，因为人类文化的真相蕴藏在主导媒介圈之下。正是因为不同的媒介圈接连出现并永远处于互相激活的规则之中，我们的文化史才会既令人惊叹又令人恐慌。

(三)"调解(médiation)"：人类命运与媒介学条件

这里的"调解"与前文中的"中介行为"使用的是同一个法文单词，它作为媒介学推理的最后一个阶段意味着"中介行为"必须放到媒介学的整体视野中才能被适切地理解。调解阶段在某种程度上也是对信息阶段、中介阶段、领域阶段的一个归纳。"中介即信息"着重在辨析中介、信息、中介如何作用于信息等概念环节上，突出了人类世界里丰富多样的中介事实、主观确定的人文性信息存在，以及普遍化的中介关系。"领域"着重阐明一套生态学的思想原则，突出了人类文化存续发展的逻辑和法则。而"调解"则是"为了克服对人类起源和本质的虚幻的设想"(Debray，2013：139)。换言之，就是要调解人类命运中不可逾越的媒介学条件。

克服对人类起源和本质的虚幻的设想，这正是德布雷从古兰和斯蒂格勒那里汲取的灵感。斯蒂格勒(2012：29)也承袭了古兰的研究问题，即"从技术的角度给人类学下一个本质性，因而也是根本性的定义"。人类正是由于能够通过技术弥补缺陷，才获得了人性。在这里德布雷的潜在对话对象或许是符号学家，人类的起源被他们认为是符号的、象征的、神话的，关于媒介圈不厌其烦的讨论似乎也带有回应的任务。在媒介圈的思维中，生态系统里一边是符号部落，一边是由矢量和物质载体构成的网络，如果这能成立，那么人们便不能孤立地看待符号物种，尤其是人类自身，"而是要把它们置于它们与环境和竞争物种之间的关系中来加以考察"(Debray，2016：100)。卡西尔(Cassirer，1953)定义了"人是符号的动物"，德布雷则定义出"人是媒介的物种"。人能不传播吗？这一问题已经被无数学者给出过否定的回答。但是人类传播的前提条件是什么却很少有人论及。在德布雷看来，只有在"人类起源"和"存在"的层面认识到人类不可逾越的媒介学条件时，研究者才能意识到"调解"是人类作为一个生物物种的最终命运。媒介学不是为了研究信息的散发，而是为了研究信息的传承过程，以及找寻信息

的获得者,即人们是如何"相信"的,又是在怎样的媒介条件的限制之下产生影响的。(Debray,2014a:185)

以上只是从目的角度来看"调解"阶段,作为一个富于行为和实践的动态过程,我们需要进一步展开 médiation 和 mediasphère 的关系。有学者(Papoulias,2004)指出,"德布雷如此看重中介行为这一概念,不仅是意指某种文化现实得以建构的技术路径,更重要的是支撑这些建构的社会形式。德布雷明确地将自己的研究与麦克卢汉的技术一元论区别开来"。"技术只是文化的一个独特面向,必然还存在远超于工具传递的文化过程,因为工具本身并不生产忠诚与情感纽带。故而技术只是中介行为过程的一个面向:它构成了文化的物质支撑。但若没有人和社会维度——机构、团体、学派,及其伴随的等级制度、成员规则、做事方式的话,这些支撑也是无效的。"这大致契合德布雷所说的人类命运的媒介学条件。比如他曾以"社会主义"为个案进行研究。社会主义就如同生态系统一样有着生死更迭,他所考察的就是这一历史的生态系统,即由人、传递工具和机构组成的集合。具体而言又包括活跃分子、领导人、理论家、学校、报纸、电话、书籍、图书馆、监狱、拘留所、社团、集团、党派、代表大会、内部大会、座谈会、三级会议、研讨会、聚会,等等。一言以蔽之,"任何集体改造事业都要服从于一个传递技术系统"(Debray,2014a:251)。

不同媒介圈中的中介行为也可以被视为"兼有一种传递技术、一个象征功能和一种统治方式的相互依存的集合"(Debray,2014a:352)。其实集中体现中介行为与媒介圈关系的还是德布雷的博士论文,它考察的是所谓的"西方观图史"。这与图像史、艺术史显然不同,"观看不同于接受,观看在于对可见物进行整理,对体验加以组织"。"对视角习惯和社会性追本溯源,也有助于我们重新考察艺术史。"(Debray,2014b:25—26)这可以说是一种目光的历史,"专注于可见事物的不可见规则,这些规则很粗略地为每个时代勾勒了一种状态,即一种文化"(德布雷,2014b:3)。这里的时代文化亦和媒介圈的变化有关,因此,德布雷还区分出观看的三个时期(Debray & Rauth,1995),在话语圈是偶像的组织方式(regime of idol),其效率原则或与人的关联是"超验的存在";在图文圈是技艺的组织方式(regime of art),观看是"幻觉的表现";在视频圈是视觉的组织方式(regime of visual),观看是"数码的模拟"。通过这一个案,德布雷进一步阐明"调解"作为媒介学研究的一种视角,可以改写从前的人类传播活动史。

所以"调解"并不是指某种具体的行为举措,它意指人类命运的某种基础特征:人是媒介的物种。基于此,立足于"调解"的视角,需要关注的问题域在于"调解"是如何发生的;人类的传播活动多种多样,科学的、艺术的、军事的、政治的、经济的、宗教的,其中哪些东西历经时间的洗礼构成了人类无法逾越的媒介学条件;"调解"在技术的物质的一面和社会的组织的一面是如何呈现出来的;所谓的"调解"在不同的媒介圈中指向了怎样形态各异的"中介"事实与"信息"特质;等等。技术性和社会性的结合远比我们想象中的更加艰难。

二、从技术与文化的互动出发

德布雷意义上的媒介即中介行为。在媒介学路径的四个环节中,中介行为是在技术物质层面、社会文化层面,以及生态思维方式的综合呈现,旨在探寻传承过程中的各种现象,它的出发点就是研究技术和文化之间的关系。但这种关系又并非简单地以物质主义方法来补充文化符号学,"既然我们要研究的是传播的间隙、中间人和中间界面,那我们的(研究)领域就是中间阶层,是夹层。但是'间'这个字指的是一种现实范畴,它永远次要于它所连接的词语,因此,我们更倾向于使用'行动'的'动'这个字,把上述内容叫作技术与文化的互动"。(Debray,2016:12)

"文化和技术的互动"听上去并非高论,但在哲学传统上技术和文化一贯是对立的。就当前的学院知识划分来说,文化和技术也是文理有别,甚至流行观念还会视前者为美学表现,视后者为科学,因此二者就更谈不上互动了。但其实在词源上,"文化"本就指涉一种与"技术"有关的实践面向(Siegert,2007)。德国自 19 世纪末的工业化起,对文化技术就有诸多讨论,有学者(Winthrop-Young,2014)介绍,1876 年,皇家普鲁士农学院最早在一门课程名称上使用"文化技术"这一概念。"文化技术(Kulturtechniken)"在当时成为农业经济与环境工程的专有名词。到了 20 世纪下半叶,文化技术逐渐被用来探讨电视、电影、录像等视听技术,乃至阅读、写作、打字、录音、算数等知识技术,以及标点、字母、键盘、索引卡、数学、音符、电脑语言等符号操作。德国的媒介理论可谓自成一派,其"关切的重点由意义如何借由符号再现,转移至意义再现形式种种外显的物质性条件"(唐士哲,2017)。德布雷(2013:53)意义上的文化技术则"综合了德国思想家的概念和法国思想家的概念。德国的概念强调了它的物质基础,而法国的概念强调了思想的成果"。

为何要综合德法的概念,或者为何要将文化和技术勾连起来? 这背后蕴藏着德布雷深刻的人文关怀。首先,在他看来,技术和文化的区别是根本性的。技术的逻辑就是要简单化、标准化,进而一步一步使程序和空间同质化,并且技术一定是不断地革新前进的,认识到这一点不代表就是进步论者,反对这一点也不意味着反对进化论。关于技术的逻辑,德布雷提出了若干效应加以阐明,如"棘轮效应(effet-cliquets)"表明技术进步的不可逆性;"驿站效应(effet-diligence)"表明新技术总是从模仿旧技术起步;"发现效应

(effet-découverte)"表明新技术的出现会让旧技术的本质得以显露;"臆想效应(effet-délire)"表明人们总是对新技术的社会力量寄予厚望;"慢跑效应(effet-jogging)"表明在新技术面前旧技术会以某种形式转化,等等。这不免让人联想起麦克卢汉(1966)的"后视镜原理",乃至"媒介四定律"——提升、再现、过时、逆转(McLuhan,1988)。然而,文化的历史没有纯粹意义上的进步,不同时代的文化在某种程度上处于平等地位,而非技术那样存在先进与落后之分,更难以说存在某种"定律"。在德布雷看来,人类历史是合二为一的历史:人与人的关系史,以及人与物的关系史。艺术、宗教、神话、政治属于前者,科学和技术属于后者。这一史观拓展了麦克卢汉的视野。技术总是不断更新的,文化却是不断重复的。技术能够生发出兼容的功能,但文化往往具有抵抗性。技术具有时间方向性,指向全球化,而文化旨在划界并宣称独特性,将时间内在化。有了如此多的根本分歧,文化和技术的"互动"才有其价值,因为二者之间的矛盾和张力彼此抵消抑制,只有在互动的视野下才能把握住传承的独特性。

再者,文化的独特性和主观性,又如何与技术的直线性和标准化共存?这又牵涉到文化和技术发展趋势中彼此依存的特性。技术的标准化不是中立的,而是包含了政治经济力量的博弈。"今天最大的政治战争就是争取标准化的战争。"(Debray,2013:58)媒介技术不能被缩减为纯粹的工具。技术物及其操作都是文化的矢量。因此,在媒介研究领域,媒介学作为一种补充方法的框架体系,要将媒介的技术元素置于更大的制度和文化语境中(Turnley,2011)。媒介技术的无远弗届让当前这个时代迎来了"文化多元主义或者跨文化主义大爆炸的时期"(Debray,2013:193),但文化的结局似乎更像是文化特性的衰减。对德布雷来说,为文化特性而斗争是生命冲动的一部分,就像是抵制致命的同质化过程的本能运动一般。不难看出,对传承的研究是希望为我们的后代留下丰富的记忆,当前文明的问题很大程度上应该归咎于过度的传播,以及相应传承的缺乏。这就是德布雷所诊断出来的"文化危机",也是要将文化和技术勾连起来的原因。技术的狂热打破了人类文化最基本的平衡,但这并不意味着德布雷持有一种激进的立场。他清醒地认识到对一些人来说,埃吕尔(Jacques Ellul)的技术批判尤为重要,而另一些人对莱维(Paul Pierre Lévy)充满光明的观点以及人类终将实现和平博爱的命运深感认同。德布雷(2013:200)自认为是"一个喜欢处于中央地带而不是极端地域的人"。

从"方法"的角度来讲,这样的中央地带极难立足,这也是德布雷在多本著作中都反复论及媒介学的学科独特价值的原因。毕竟这不仅是在技术乐观主义和悲观主义之外找了一处中庸的地方,它所牵涉的是学术进路和思维方式的转变。有人评价,根据德布雷的媒介学,一种新(技术)媒介的文化采用不仅从根本上影响了传播过程,如信息的空间传递,而且还影响了知识生产实践以及人们对学术的理解,学术方法也会产生根本性的改变(Schwalbe,2010)。也有学者从理论上将德布雷与社会学传统加以比较,"尽管媒介学很大程度上是从行动者网络理论(ANT),以及德勒兹(Gilles Deleuze)和瓜塔里(Félix Guattari)的概念中借鉴而来的(也包括布迪厄的文化经济),但它们有着非常重要的区别。德布雷坚持站在不同物和人的本体论立场上。物的历史被认为是累积和线性的,其规则是知识(episteme),而人的历史是非积累和循环的,其规则在意见和信念(doxa)中得以阐明。在观察文化的时候,媒介学看到的是行动者与结构之间的形态互动"(Harrasser,2002)。理论和方法的转型显然并不容易,就算"中介行为"在概念理解上不成问题,但事实恰恰是"我们用来研究交叉和混合的工具实在乏善可陈"(Debray,2016:17)。在坚持人文主义出发点的同时克服人类中心主义,这正是中介出场的艰难之处。

作为中间路线的文化和技术互动的视角,既不站在符号文本上,也不站在技术工具上,这导向了一种极具现实关怀的研究路径。"媒介学所担心的,不仅仅是要求传承的强烈责任,它清楚地知道首先要传承什么,而且,它可以帮助人们意识到将来的重要挑战,即如果我们不为自己提供技术政策的话,我们又怎么能设计出传承政策呢?"(Debray,2013:210)传承什么、如何传承,这是德布雷媒介方法的现实介入性之所在。他所提出的公民媒介学的 11 个论题,概括起来就是将"中介行为"作为一种实际手段,使"之间"的领域独立出来,然后描述其中发生了什么(Debray,2014a:348—350)。

三、德布雷媒介理论的核心观点

德布雷对中介行为的强调,以及文化和技术互动的出发点,奠定了其媒介理论的基调。但并非所有关注媒介的理论都叫媒介理论,故而这里需要澄清德布雷的媒介理论在什么意义上为"媒介理论"注入新鲜血液,及其诸要点为何。

"媒介理论(medium theory)"作为一个术语被梅罗维茨提出,或许有三个方面的考量:一是媒介理论与媒介环境学的关系密切(Lum,2006;Strate,2006);二是媒介理论从每一媒介不同于其他媒介的特质出发;三是不同媒介特质指向的是不同人际互动关系的生成(Meyrowitz,2009)。德布雷的媒介理论与媒介环境学共享一种生态学的思维方法;他将媒介圈划分为话语圈、图文圈、视频圈的做法也同样考虑到了媒介特质的主导意义;中介行为的概念当然也包括了人与人的互动关系。在这个意义上,德布雷的媒介理论和梅罗维茨所提出的媒介理论具有对话和比较的学理价值,但重点在于不同之处。

波斯曼(2007)认为媒介是文化能够在其中生长的"技术"。梅罗维茨(2009)所列举的12条媒介特质也多针对"传播媒体"。然而,德布雷(2014a:4)视野中的一张餐桌、一个教育系统、一杯咖啡、一个教堂里的讲道台、一个图书馆的浏览室、一个油墨盒、一台打字机、一套集成电路、一个歌舞剧场等之所以重要,显然并非因为他将它们视为媒介环境,或它们仅仅能激发特定类型的人际互动。"它们不是'媒体',但是它们作为散播的场地和关键因素、作为感觉的介质和社交性的模具而进入媒介学的视野。"首先,德布雷不仅看到了人与人的关系史,也看到了人与物的关系史。其次,无论是哪种关系,都建立在或人或物的中介行为上。最后,对媒介技术做规范性的考察,以求在"媒介旋涡中自救"(Mcluhan,2004:1-2)并非重点,德布雷的旨趣在于对文化在传承中的诸多细节做描述性的工作,他尝试超越不可知论,并记录一些标记和轨迹。

德布雷的媒介理论并不是一套新的"学说",而是一种思维方法。他一再强调,唯一的、纯粹的媒介并不存在,无论把媒介定义得多宽泛或是多精准,都是不得要领的。所以他用中介行为这样一种"考察的视角"来界定媒介,如果非要说的话,那就是方法构成了他的对象。此外,德布雷的媒介理论总是从不起眼的细节出发,但这些东西并非幽暗隐秘的,恰恰相反,人经常看到所以视而不见,就像健康对于身体好的人来说显得自然一样。他还指出,类似的视而不见比比皆是,结果掩盖了过程,已经得到的东西隐藏了获得过程的偶然性。诚然,德布雷从小处着手,但又与"专业化的深入研究"划清了界限,后者将"分散"定为知识的高级面貌,将"尖端"作为风格的指标,将"碎片"作为可靠的格式和印记。虽然德布雷不刻意追求普遍性,但是他认同孔德的观点:最不完美的一般性在理论上都要好过纯洁的特殊性。他的媒介理论大开大阖,动辄观照数百年的宗教运动、全球性的政治运动等,但他又始终紧扣时代的主导媒介,从中观的媒介圈着手观察并描述文化和技术如何互动,并秉承一种真正的公民素养为人类的文化传承负责。

归纳起来,德布雷媒介理论的核心观点和独特贡献主要有以下五点。

第一,凸显媒介载体,并同时紧扣中介行为过程。如果说梅罗维茨的媒介理论的主要贡献在于警示既有研究对媒介内容的极度偏爱,使研究者的目光注意到不同类型或个别的媒介之特质,那么德布雷则是欣然接受这一视角。但无论是媒介理论的第一代还是第二代学者,关注的仍然是具有传播功能的媒介,尽管这些媒介业已超越了德布雷所竭力撇清关系的现代大众传媒。德布雷的理论所凸显的媒介载体首先以一种物质性的面貌出场,这种物质又被纳入广阔的中介行为过程当中,所以它不一定要传播和扩散,往往不在传承之中。一张特定的桌子能够成为一部重要作品的中介,这一作品又可能掀起特定的运动和风潮。一辆自行车也能够成为"地理爱国主义"的中介。

所以同样关注媒介载体,德布雷更看重其所处的行为过程。

第二,立足于媒介的双重身份,尤其关注作为一种实践的媒介。所谓的双重身份即媒介的"组织性的物质层面"和"物质性的组织层面"。这里的物质和组织都要作为动词使用。物质层面的工作属于传承的逻辑特征,一个观念要寻找物质载体、一种宗教需要物质凭借、一个指示需要物质运载,等等。组织层面的工作属于传承的战略特性,例如舆论机构的组建。这样一种视野首先是被诉诸实践的,对此德布雷自身就深有体会。1965年,德布雷前往革命中的南美洲,不仅亲眼见证了民族解放运动浪潮,而且也参与到拉美革命当中。1967年他将革命经验写成《革命中的革命》这一物质载体。在书中,他试图回答的是媒介学的根本性问题,即一个观念如何发展成具有现实影响力的东西、一种精神如何能获得实体。据德布雷(1972:50)自己的说法,该书的内容是一个总括性的纲领,容易传递,可被迅速阅读和消化。或许正是这一物质的组织特性才让后来德布雷的一个狱友声称是这本书让他陷入囚牢,并且也成为判案物证。正是这一点激发了德布雷对法国大革命研究中归因书籍的反思,他随即标记出三个媒介学的开路人。托克维尔(Alexis de Tocqueville)在《旧制度与大革命》中阐述了政治生活在文学圈中的传输途径和手段,以及革命教育的诸种做法。丹纳(Hippolyte Taine)在《现代法国的起源:旧制度》中为启蒙运动找到了一个器官——律师、记者和百姓的话语艺术,还有场所——沙龙、剧院、咖啡馆,以及环境——包房、圈子、学院、协会等。科尚的《大革命与自由思想》和《思想的社会化(1750—1789)》将文本和信息、场所和空间、组织和体制等要素结合起来重建一组具有生动连续性的序列,并且判定了媒介化的决定性时刻,即建立一个机关、一个网络、一个"机器"时。此外,他揭示出一种社会意识形态的本质存在于它统一和整合的功能中,"价值"远没有"价值共享"重要。于是,德布雷(2014a:211—213)得出两个重要结论:一是人们往往是出于一种"替罪羊动力学"的心理,才在事件发生之后习惯于找一个创始人;二是改变世界的并不是观念,而是拥护观念的人,人的信念才是活体,实践才是真正的发动机。

第三,反思人类处境,指向诸种信仰机制的探寻。革命运动的经历刺激了德布雷对人类生存的观照。为何特定的中介行为能够产生如此强大的效应?这类提问方式也是较为独特的。诚然,从长时段的人类文化史来看,不同的媒介特质形塑了特定的传播偏向,但是,为什么特定的媒介在特定的时段成为可能呢?这除了跟前面提及的物质和组织层面的工作有关,也跟媒介圈的思维方式有关。媒介圈的不同阶段总是勾连起媒介技术的不同阶段,从媒介圈的角度来看媒介特质就会更注重某种人类处境的辩证性,即人身处其中,与媒介互动并受其规制,同时媒介背后的无形系统又自主于人类。前半部分通常容易理解,后半部分则暗示媒介技术的某种自主性。所以当德布雷的博士导师达高涅在《影像哲学》(1984)中建议后续研究去"思索影像以及影像的变化"时,德布雷则批判性地转化了这一建议,将这句话中"以及"的内涵赋予本质性的高度,认为影像"生产中任何一个变化都会导致本质和地位的变化"(Debray,2016:128)。换言之,由于生产影像的物质手段和技术工具不同,所以影像也就根本不同。德布雷(2016:122)从可见之物追溯到目光,试图以一种绝对外在的历史方法对影像实践进行研究,对"看"的方式作出差别性分析。而"图像统治(iconocratie)"是受西方宗教影响深远的"信仰机制"。可以说,德布雷对信仰机制的探讨与对作为信念的媒介信息的关注是一以贯之的。德布雷(2014a:36-42)一再强调,媒介学关注和擅长的就是"确信"的领域,而非真理。正是信息、相信、确信、信念、信仰等才将人类文化组织起来。德布雷旁征博引,突出"想象的现实重要性",指明"统治就是使之相信",强调"使之相信,就是使之做"。通过将信仰的形态同其扩散手段连接,媒介学才能有效进行对历史的分析。

第四,现实介入意图明显,思辨人类社会未来。事实上,德布雷从早年参与政治革命,到近来关注媒介革命,所秉承的思路并没有本质的不同。到了21世纪,德布雷(2014c:23)更明白,关注了这么多年的政治革命,都是时起时伏循环往复的,"唯一跳出星球运转的循环意义外的革命不是政治革命而是技术革命",以至于今天对政治的批判必然成为媒介批判。"如果要我说当今世界上哪些是最大的权力,恐怕就是金融资本和大众媒体,一种最大的硬权力和一种最大的软权力。"(Debray,2014c:102)尽管德布雷口口声声说自己的媒介学与大众媒介毫不相关,但在所有作为感觉介质和社交模具的东西中,大众媒介具有不可替代的典型性。媒介技术的革新意味着传递方式的变化,传递方式的变化则往往会激发出政治热情。技术革命往往也是政治革命,但反之不一定成立。不难想见,强调实用和效能的德布雷知识分子立场必然会介入大众媒介及其批判中。德布雷在2000年之后出版的《圣火:宗教的功能》和《现代神话:各种文明的对话》等著作中,也指出现代媒体既是当代文化创造与传播的载体,又是整合当代社会强大的物质性和精神性双重力量的中介性手段。

第五,立场上主张结合媒介研究与符号学研究。最后一点在研究操作的层面或许不算独特,因为事实上"媒介理论"也不可能完全丢掉"媒介内容"。但在学术立场上,德布雷却明确地站到中间的钢丝上。在一处脚注中,德布雷(2016:90)用最浅白的话调侃到,文人中多有文本上的大家,但是他们不重视文本的中介行为过程,而其对立面的传媒人则深谙中介之道,却过于关注传播以至于忽视了讯息。将两者结合起来是最为困难的。这完全可以留作开放式的讨论和反思:麦克卢汉们是否对内容偏见矫枉过正?索绪尔们是否对媒介视而不见?后续研究者们是否切实完成了媒介与内容的互构、技术与文化的互动、观念与物质的互相作用?

结论：作为方法的"媒介"与"中介行为"

德布雷的"媒介"在某种意义上不是一套新的学说，它之所以在媒介理论的版图上占得一席之地，是因为作为中介行为的媒介提供了一种全新的思维方式。在媒介学完整的推理框架中，中介行为（抑或"调解"）作为人类起源和存在的基础特征，指引观察者关注多重性质的中介事实和信息方式。所谓"多重"有赖于中介行为的过程性，过程决定意义，不同的中介和信息在传承中等待发掘。同时，中介行为作为一种视角还提供了一套全新的逻辑，汲取生态学方法的营养。中介行为需要结合作为领域的"媒介圈"来考察，这一打破二元对立的核心概念指引观察者在思维过程中注重立体的勾连，将技术性和社会性结合起来，从文化和技术的互动出发，探查人类生存的缘由。德布雷的媒介理论以人类文化作为旨归，为我们理解自身以及不同时空范畴中的传播活动打开了思路。但是他屡次谦虚地指出媒介学"只是一种工具"，"方法"构成了他的对象。所以本文最后试图进一步阐明作为"方法"和"工具"的德氏媒介理论到底所指为何。

这一方法首先是从"实践"的层面上来说的。对于德布雷自己而言，媒介学就是实践和经验之间的来回往复。在他早期的政治经历中，他首先将媒介思想应用在革命理论和实践中，这些实践也成为调整媒介理论的标尺。在攻读博士期间，他又将媒介思想应用到信念和图像效能的考察中，试图对西方的观看模式作出媒介学阐释，这本身就是一种知识生产实践。作为公共知识分子，他自己从未在介入社会现实层面时懈怠，一方面他的身份在不同领域不断切换，另一方面他也在全世界的各个地方传递着知识分子的信念。所以这不是一般的实践经验总结，而是融贯到思维方式中的行事状态。另外，这一方法也有其学理性和思想性的层面。如果中介行为是人类无法逾越的媒介学条件，那么我们的理论探索也无不在"媒介"的影响之下，"从'我研究媒介学'到'存在媒介学'的过程无疑是认识论上的一股力量，但是它是通过研究的多样性和丰富性获得合法地位的"（Debray,2014a:178）。也就是说，关注到"中介行为"只是第一步，如何最终促成认识论上的扭转才是这里的方法所希望做到的。是否由此出现作为学科的"媒介学"也许并不是重点，关键是这种方法如何化为一项项研究的基石。

此外，今天中国学者关注的德布雷的媒介理论也不完全是"数字媒介革命"的遗产，作为中介行为的媒介在中国的文脉中有其独特的价值。事实上，德布雷、斯蒂格勒等同一路径上的法国思想家在21世纪以来都加强了与中国的互动，这与其对中国文化的性质判断有关。中国历来有"和谐""中庸"等思想，中文也是音形意紧密结合的，这都与强调人物分离,且将精神、物质加以区隔的西方思想极为不同,中国从没有发展出西方意义上的形而上学。文脉上如此,现实政治亦是如此。中国的皇帝不是社会意识和行为的起点,而是上天与民众的中介。例如"清朝的皇帝没有直接体现等级,而是把自己塑造成实现等级的最重要的推动者。皇帝在主持祭礼的时候'调和'(mediate)周遭的礼仪,使自己成为礼仪的中心(即'中')。他为其他神灵、人和物安排位置,把它们包括在一个旨在体现皇帝权力的整体之内,突出它们对皇权的重要意义"(司徒安,2014:32-33)。

值得一提的是,中国的地理观念中也常常出现类似的意涵,如丝绸之路乃至"一带一路",以及河西走廊、辽西走廊、台湾海峡走廊等,它们不仅属于自然地理范畴,更属于人文地理范畴。"走廊"作为一种思想首先突出的便是中介和连接的意涵。这本就是德布雷(2014a:276)考察文化的重点,"作为交易、商业、市场的文化跃进一直以来都依赖有形的地理,这个地理将商品、消息、发明会集的场所指定在具有天然优越性的交叉口,如港口、海湾、走廊、三角洲等。这些地点确定了文化积累网络的顶端,是创造力的灯塔,如传播大陆的路口和出口"。此外,他也认为如果一定要给媒介学找一门学科参考,那就是地理学。理由之一便是前面提到的,地理是考察文化传承的基础。此外,德布雷也欣赏地理学家的工作——一种以基于不同变量的系列描述超越地区性的观察,并且能达到有用的普遍性(Debray,2014a:11)。

纵使中国的历史、文化、政治、地理等蕴藏丰富的媒介意涵,但这是否已经成为我们思考的起点了呢?德布雷在和赵汀阳(2014c:175)的通信中提到,西方学者都希望从中国的历史文化中汲取新鲜的原创思想,但是中国学者却竭力模仿西方,这无疑是危险的征兆。"要摧毁一个国家,先要羞辱它的历史。但还有另一种摧毁对方的方式,那就是自己来替别人讲别人的历史。这就是好莱坞的讲故事(story-telling),用令人钦佩的电影影像来讲别人的历史。"(Debray,2014c:136)对这一问题的回答见仁见智,但显然我们对从中国出发的媒介理论的关切是严重不足的。在某种程度上,中国历史传承中"中介行为"在丰富性和厚重度上要远远超过西方和其他东方国家。作为一种文化脉络,立足于汉语言的文明是迄今为止唯一未曾发生断裂的,如果要探寻人类文化的起源、人类存在的意义、人类命运的未来,舍此又往何处寻呢?

参考文献

[1] CASSIRES E. An essay on man:an introduction to a philosophy of human culture[M]. City of New Haven:Yale University Press,1953.

[2] COJOCARIU G. Media(o)logy. the missing link[J]. Contemporary readings in law & social justice,2013:5(2).

[3] DEBRAY R,RAUTH E. The three ages of looking[J]. Critical inquiry,1995,21(3).

[4] KARIN HARRASSER. Transforming discourse into practice:computerhystories and digital cultures around 1984[J]. Cultural studies,2002,16(6).

[5] KROTZ F. Mediatization:a concept with which to grasp media and societal change[M]//LUNDBY U K. Mediatization:concept,changes,consequences. New York:Peter Lang Publishing,2009.

[6] LUM,KONG C M. Perspectives on culture,technology and communication:the media ecology tradition[M]. Cresskill,NJ:Hampton Press,2006.

[7] MCLUHAN M. The crack in the rear-view mirror[J]. McGill journal of education,1966,1(1).

[8] MCLUHAN M,MCLUHAN E. Laws of media:the new science[M]. Toronto,Canada:University of Toronto Press,1988.

[9] MEYROWITZ J. Medium theory[M]//CROWLEY D,MITCHELL. Communication theory today. Cambridge:Polity Press,1994.

[10] MEYROWITZ J. Medium theory:an alternative to the dominant paradigm of media effects[M]//NABI R L,OLIVER M B. The SAGE handbook of media processes and effects. Thousand Oaks,CA:Sage,2009.

[11] PAPOULIAS C. Of tools and angels:régis debray's mediology[J]. Theory, culture & society,2004,21(3).

[12] POSTMAN N. The reformed English curriculum[M]//EURICH A C. High school 1980:the shape of the future in American secondary education. New York:Pitman,1970.

[13] SCHWALBE C. Change of media,change of scholarship,change of university:transition from the graphosphere to a digital mediosphere[J]. Mashup cultures,2010.

[14] SIEGERT B. Cacography or communication? cultural techniques in German media studies[J]. WINTHROP—YOUNG G,Trans. Grey Room,2007,29.

[15] STRATE L. Echoes and reflections:on media ecology as a field of study[M]. Cresskill,NJ:Hampton Press,2006.

[16] THOMPSON J B. The media and modernity:a social theory of the media[M]. Cambridge:Polity Press,1995.

[17] TURNLEY M. Towards a mediological method:a framework for critically engaging dimensions

of a medium[J]. Computers & composition,2011,28(2).

[18] WINTHROP-YOUNG G. The Kultur of cultural techniques:conceptual inertia and the parasitic materialities of ontologization[J]. Cultural Politics,2014,10.

[19] WINTHROP-YOUNG G,WUTZ M. Translators' introduction[M]//KITTLER F A. Gramophone,film,typewriter. WINTHROP—YOUNG C,WUTZ M,Trans. Stanford,CA:Stanford University Press,1999.

[20] 斯蒂格勒. 技术与时间 1:爱比米修斯的过失[M]. 裴程,译. 南京:译林出版社,2012.

[21] 陈卫星. 传播与媒介域:另一种历史阐释[J]. 全球传媒学刊,2015,2(1).

[22] 陈卫星. 媒介域的方法论意义[J]. 国际新闻界,2018,(2).

[23] 矫雅楠. 跨越媒介,回归人文——雷吉斯·德布雷媒介研究思想及其学科价值[J]. 国际新闻界,2015(5).

[24] 德布雷. 德布雷文选[M]. 上海:复旦大学出版社,1972.

[25] 德布雷. 阿连德和德布雷的谈话[M]. 复旦大学历史系,译. 上海:人民出版社,1973.

[26] 德布雷. 100 名画:旧约[M]. 张延风,译. 桂林:广西师范大学出版社,2007.

[27] 德布雷. 100 名画:新约[M]. 张延风,译. 桂林:广西师范大学出版社,2007.

[28] 德布雷. 知识分子与权力[N]. 南方周末,2010-06-10(23).

[29] 德布雷. 媒介学引论[M]. 刘文玲,译. 北京:中国传媒大学出版社,2013.

[30] 德布雷. 普通媒介学教程[M]. 陈卫星,王杨,译. 北京:清华大学出版社,2014.

[31] 德布雷. 图像的生与死[M]. 黄迅余,黄建华,译. 上海:华东师范大学出版社,2014.

[32] 德布雷. 媒介学宣言[M]. 黄春柳,译. 南京:南京大学出版社,2016.

[33] 德布雷,赵汀阳. 两面之词:关于革命问题的通信[M]. 张万申,译. 北京:中信出版社,2014.

[34] 鲁明军. 目光的诗学及其历史——论德布雷的图像媒介学与艺术史[J]. 美术观察,2015(5).

[35] 麦克卢汉. 机器新娘——工业人的民俗[M]. 何道宽,译. 北京:中国人民出版社,2004.

[36] 麦克卢汉. 理解媒介:论人的延伸[M]. 何道宽,译. 南京:译林出版社,2011.

[37] 波斯曼. 媒介环境学的人文关怀[M]//林文刚. 媒介环境学:思想沿革与多维视野. 北京:北京大学出版社,2007.

[38] 司徒安. 身体与笔:18 世纪中国作为文本/表演的大祀[M]. 李晋,译. 北京:北京大学出版社,2014.

[39] 孙玮,谢静. 城市传播:传播研究的范式创新[N]. 中国社会科学报,2015-09-10(3).

[40] 唐士哲. 作为文化技术的媒介:基特勒的媒介理论初探[J]. 传播研究与实践,2017,7(2).

作为界面的媒介:交互性视角

◎ 徐亦舒

摘要:作为互联网时代的典型技术类型,界面不仅是连接与区隔人与机器的技术工具,可以达成人类的特定目的和提升工作效率,而且还具有技术能动性。但是,在界面设计对"透明性"与"用户体验"的追求过程中,界面的能动性被遮蔽。事实上,这种技术的能动性是理解界面的重要基础,它作用于信息生产、阅读、复制、编辑等生产环节,同时承担着连接用户、沟通情感、维系社交环境等作用,并且对人类设计、使用以及抉择等具体行动的开展造成影响。交互性是界面最本质的特性,也是其能动性的具体展现,它使得人与机器、机器与机器之间的交流成为可能,不同的界面提供了完全不同的交互性体验。本文以交互性为考察视角,研究发现:首先,界面是一个自足的行动空间,容纳了特定的社会关系、制度与结构,成为社会多重网络汇聚、互嵌、再生的场所,新的社会实践不断在此涌现;其次,界面是一个文化的"过滤器",使人们得以筛选、控制和管理他们与周围空间以及人之间的关系;再次,在普适计算的语境下,移动界面在日常生活中广泛存在,它将身体与空间紧密联系在一起,展示了具身感知与社会空间之间的相互建构,沟通了作为感知的身体与作为符号的身体,同时描绘了人类社会全新的生存图景;最后,研究认为,从交互性视角出发,界面穿梭于不同客体和系统的边界之间,使网络得以运转,并生产出全新的空间。移动界面所展现的对身体、空间的网络化,否定了所谓"地理终结"的论断,创造了一种全新的身体与空间的融合方式,产生了新的时间与空间结构。

关键词:界面;交互性;移动界面

显示器、鼠标、键盘、CPU、存储硬盘等这些我们日常生活中越来越常见的机械设备相互配合,构成了一套完整的计算机硬件系统,接入互联网,成为电脑/网络系统的一部分。电脑/网络成为数字时代人类最为重要的生命体验,同时也促成了当代最典型的文化形态——网络文化。随着电脑/网络的不断普及与日益完善,它逐步成为"终结统御一切媒介的媒介"(林思平,2017),成为整个科技媒介发展进程当中极为关键的节点。便携式电脑、智能手机、iPad以及可穿戴设备的出现进一步加速了网络对现实生活的全面渗透,人类与机器被捆绑在一起,技术正在改变着人类。人与机器之间的关系变得日趋紧张,对它的讨论成为人类无法回避的问题。

近年来,伴随着社会学者和媒介学者对人类和机器之间、硬件(包括身体)和软件之间、物质世界和虚拟世界之间复杂而变化迅速的关系的探查,"界面"(interface)概念的重要性不断凸显。谈及界面,我们在脑海中勾勒出的往往是电脑的"图形用户界面"(graphical user interface,GUI)(尼葛洛庞帝,1997:83-84)。1945年布什(Vannervar Bush)提出图形用户界面的初步构想,1984年苹果公司创始人乔布斯(Steve Jobs)推出了苹果电脑的初代产品麦金托什机(Macintosh),用户图形界面首次作为真正的产品出现在消费者的视野之中,也成为界面开发历史中的一个重要标志。在整个工程、计算机科学研究的历史中,用户图形界面的开发与设计经历了漫长的发展史。

相较于界面对于科技、人类以及社会的重要性,深入的学术研究在国内尚显滞后与不足,对于界面问题的基础性理论研究尚属空白。本文从界面的技术特性出发,以交互性作为考察视角逐步深入到界面中的空间、身体以及移动界面等问题,通过对界面研究进行批判性考察,厘清界面研究的基本取向、理论预设以及脉络,由此重新思考媒介,尤其是为新媒体提供一条可能的研究通路。

一、处于人与技术之间的界面

> 简而言之,(界面)这个词是指形塑用户和计算机之间交流的软件。界面就如同翻译一般处于两者之间,使得双方可以彼此理解。
>
> ——Johnson

人文、社会科学领域对界面概念的关注仅仅是最近数十年的事,而这个术语在工程学以及计算机设计研发过程中一直被使用。无论是飞行模拟器、大脑传感器、脚踏开关还是其他一些设备当中涉及人类身体规训的探索性工作,都遵循了界面机制——以屏幕为基础、以设备功能为导向(Drucker,2011)。

界面在现代社会当中往往被简单地与屏幕相联系,而用户图形界面可以被视为界面形态的典范。工程师们不断探索计算机交互技术的更新,尤其注重对人机交互(human-computer interaction,HCI)以及用户图形界面的开发。

(一)"无界面的界面":对透明性(transparency)的追求

在人类与计算机相处的过程中,人类几乎将全部的精力用于改善人与机器接触时机器对人的感应,以及对界面形态作出更好的物理设计。界面设计(interface design)是其中的关键环节,界面设计理念也基本展现了工程设计传统下人类对人机关系的基本认知。

界面的真正问题在于它只是界面,其本身就是一种阻碍——我并不愿把精力集中于某种界面,我只想专注于工作。界面是横亘于人及其所使用的系统之间的障碍物。如果我们想要有自己的方式,就需要忽视计算机界面。事实上,我们也不会看到计算机——界面和计算机都将是无形的,都服从于人们试图完成的任务(Norman,1990)。

诺曼(Dan Norman)在1990年的论文《界面为什么不工作》中描绘了典型的界面设计的理念:创造、编制出功能强大同时又无形的界面材质,提升人机交互的效率与"用户体验"。基于这样的理念,界面被理解为应当是透明的或者最好不可见的,以便生产出一种模拟任务的模型(Laurel,1986)。界面不应该成为"妨碍"或其他明显的干扰。界面设计的最终目的在于创造出一种"无界面的界面",以将对人机互动的干扰降到最低,始终将任务导向与效率驱动聚焦于一种反馈循环,并不断优化和提升循环的运作效率与舒适度。界面设计通过编制一套方案将大块的任务和举措分离为更为细致的层级决策结构,最终目的是将混沌之中的线索提炼成具体的使用,"分析""原型""用户反馈"和"设计"都被锁定在无休无止、循环往复的"任务说明"与"成果交付"当中(Drucker,2011)。20世纪80年代中期至90年代中期,随着虚拟现实(virtual reality,VR)技术的不断发展与成熟,研究者们提出要创造一种三维立体、用户在其中感同身受、能逼真再现的界面。这种隐形系统被视为技术透明性的典范,也理所当然地成为新一代界面的范例。

界面设计追求透明性,并将界面视为"阻碍",从本质上来看,界面在这里是以一个"具体物"的身份出现的,既连接又分隔人与机器,成为提升任务效率的工具。界面设计的最终目的在于更方便地被人们使用,以完成个人、集体以及社会的特定任务。这样的界面在现实生活之中随处可见,例如电脑键盘就是基于人体工程学、使用习惯,甚至地区文化习惯(文字输入法)等要素设计出来的作为连接人与计算机系统的输入界面。而从最初的机械键盘到后来的塑料薄膜键盘以及异形的人体工程学键盘,它们正是为了不断改善人的机械输入效率、输入体验以及便携性等问题而被设计出来的。在对透明性的不懈追求以及"用户体验""人性化操作"等设计理念的背后,工程师们绞尽脑汁地消除界面在人机交互中所造成的阻碍。界面作为一种技术,其自身的特性问题却被忽视与遮蔽了。也就是说,技术本身的自主性以及人们会以怎样的方式来应对这些不同特征的技术,在界面设计中并未得到重视。

透明性问题实质上是如何对作为人与技术之间的界面进行编码(Manovich,

2001)的问题。人(行动者)使用界面作为工具或资源以达成自身的目的成为界面设计优先考量的要素,界面作为一种技术类型的能动性在这里被遮蔽和抽离,成为提升特定任务效率的工具。此外,高透明性以及无干扰的行动成为定义计算机屏幕的最重要的基础,人们使用"窗户"(window)的比喻来形容屏幕界面的运作,认为屏幕就是"一个世界与另一个世界的界面"(Manovich,1995)。然而,他们忽视了"窗户"本身的大小、形状、材质会对人的观看与认知造成影响。"无界面的界面"在本质上否认了界面在创造视觉信息以及生产及时性幻觉方面所具有的过程性特质,以及它对文化的过滤特质,界面单纯成了对知识、信息以及网络空间的呈现或者表征。

在沿着这样的思考方式所形成的界面理论中,界面是作为人类使用的技术手段或者工具的面貌出现的,衡量界面的标准取决于其达成人类目的的有效性。我们因此陷入拉图尔所批判的"双击的思维模式"(the double click mode)(Latour,2013:93)。在所谓"双击的思维模式"中,界面只是直观呈现信息,并不能够作出真假、善恶的判断。在由此而建构起来的关于界面的理论中,界面是静态的、僵硬的、"幕布式的",甚至沦为"死物",失去了界面本身的能动性与自主性特征。更进一步来看,界面在设计以及具体的使用当中成为一种任务完成效率最大化的环境,个人的行为从本质上来看也是在这样一个被严格限制的、高度结构性的、与外界隔绝的环境中完成的(Drucker,2011)。个人在使用界面的过程中实际上是被想象为自动生成的任务代理人,其行为被压缩进一种机械反馈循环中,人作为行动者本身的能动性或者主体性状况无疑也是堪忧的。

(二)界面的技术特性问题

重新思考人与技术之间的关系问题会发现,其中一个关键点就在于如何准确把握技术的性质。正确理解技术,对于本文来说就是要准确把握界面自身的特性。

技术的"可供性"(affordance)概念提出技术能力与行动者意图是相关联的,并且这种能力为特定的行动提供了可能性(Majchrzak, Faraj, Kane & Azad, 2013)。可供性概念最早由美国心理学家詹姆斯·吉布森提出,指人在特定场所行动的可能性。他认为可供性是一种关系,存在于人与环境之间经由人的感知所形成的特定关系中(Gibson,1979)。现如今,可供性概念多被应用于探讨信息技术对具有特定感知和技能的行动者而言所具备的行动之可能(Juris,2012;Hutchby,2014;Schrock,2015;Wellman et al.,2003)。

沿着可供性的概念框架出发,我们若重新思考界面是如何来设计与使用的,就会发现界面作为一种信息技术、一种技术类型,其本身具有独特的可供力(affordability)。这种可供力在信息生产、阅读、复制、编辑等生产环节,连接用户、沟通情感等社交环境等多个维度得到展现,它决定了用户如何看待计算机本身,同时也决定了用户如何看待通过计算机所访问的媒介对象,对人类设计、使用以及抉择等具体行动的开展造成的影响。界面的可供性是进行界面设计的基础,超越其可供性的设计将无法达成。由技术可供性出发,界面被视为行动者之一,恢复了自身的能动性,成为形塑社会行动的要素。

交互性是新媒介理论中经常使用的概念,也常常被用作区分"新""旧"媒介形式的标准。交互性可以成为一种用于分析人与人之间、人与机器之间以及机器与机器之间交互的广义概念(Gane & Beer,2008:101—102)。交互性可以被视为在不同的范围内运作,系统位于一个开放或封闭的轴上,开放或封闭的程度取决于其基础结构对于用户设计和改变的开放程度(Gane & Beer,2008:93)。

随着对交互性概念本身进行深入探查,我们不难发现一些问题:为什么"新"媒介具有交互性?交互性如何产生作用?交互性是新媒介独有的吗?对于这些问题,研究者们并未给出详细的解答,经常在研究当中"一带而过"。塔尼娅·舒尔茨(Tanjev Schultz)认为,"(交互性)这个术语已经被炒作过度,以至于人们开始怀疑这个词的含金量并不如吹嘘者们宣传的那么高"(Schultz,2000)。曼诺维奇(Manovich,2001:55-62)提出,"数字时代的交互性是一种幻象,新媒介并不比模拟类媒介形式具备更多或更少的交互性,只是两者的交互方式有所不同"。也就是说,在曼诺维奇看来,"旧"媒介形式同样具有交互性,交互性并不是新媒介所独有的,比如他认为,电影尽管相对于互联网等是一种"传统"媒体,但是它本身是一种高交互性的媒介,因为它需要我们创造某种精神的交互。因此,在媒介交互性问题上,曼诺维奇站在了麦克卢汉的对立面。在麦克卢汉看来,电子媒介比模拟媒介更"冷",需要媒介受众更高的参与度。但是在曼诺维奇看来,诸如电影、书籍这样的传统媒介形态剥离了我们感官中的某些数据,从本质上来说它们是具有交互性的,并且由于它们要求受众投入更多(精神上的共鸣),因此也就比数字媒介具有更高的交互性(盖恩、比尔,2015:87)。

交互性对于界面的意义是什么?这一概念本身预设了一个界面的理念,使得人与机器之间,或者机器与机器之间的交流成为可能。不同的界面提供了不同的交互性体验。同时,交互性的视角为我们揭示了界面最为关键的特质:它们能在不同客体和系统的边界之间游走,而这个过程不仅使网络得以运行,还拓展了新的空间,并推动其发展(Gane & Beer,2008:51)。因此,沿着交互性的视角来考察界面,为我们打开了技术之外更广阔的视野。

二、作为行动场所的界面

> 界面是人类与机器之间进行协商的敏感边界区域,也是一个新兴的人/机新关系的枢纽。
>
> ——马克·波斯特

在波斯特看来,界面是人与机器之间的"膜",既连接又区隔了人与机器。这里的"膜"带有强烈的技术隐喻意味,是作为特定具体物理实体被拿来讨论的。但是,他提出的"敏感边界区域"却不乏启发意义,界面已成为某种"进行协商"的空间。

美国学者德鲁克(Drucker,2011)提出应该将人文的研究方法引入界面研究之中,把图像学的形式分析与建构主义论者的主体模型结合起来,提出一种界面理论(interface theory)。她认为,工程传统下的界面研究带有明显的机械论倾向,这消解了人文科学中的一个最重要的因素——"主体"。她主张界面的人文理论应该是以"主体"存在为前提的,将结构主义和后结构主义结合在一起,创造了一种关于表达/被表达主体(说话者/说话对象)的丰富洞见。她认为,数字平台上被建构的主体与其自我解释的合法性相互依赖,并在这种依赖关系中得以呈现。当界面被认为是"关系的动态空间"而非"东西"的时候,界面的主体性就出现了。

"界面理论"对界面的基本界定完全有别于工程技术路径下对界面的认知——界面被当成一个物件、实体,被视为一个固定的、给定的、支持特定行为的结构,由此才有界面设计对结构的不断优化,以提升功能的可用性,这无疑是对界面认知的僵化理解。在德鲁克提出并试图建构的界面理论中,界面并非一个固定的物件,而是一个动态的空间,是一套代码的结构系统(a structured set of codes)。这套系统支持或者刺激自我行为的解释(Drucker,2009)。基于此,界面理论必须关注用户/观看者,将其视为被情境化具身(embodiment)的主体,而视觉环境的功能正在于协调知识和认知行为之间的关系(Drucker,2011)。

德鲁克将界面与特定的实体区别开来,界面不再局限于特定数码硬件或软件系统,成为我们的阅读、观看、触摸等动作得以发生的行动场所,一个认知与体验的场所。德鲁克对界面的理论性建构无疑是革命性的,她突破了界面技术性的限制,从后结构主义理论出发探索了界面的人文研究方法。在她的理论视野之内,书是界面,报纸是界面,手机是界面,同样,城市大屏幕、二维码等也都是界面。界面不仅是"具体物"或者边界点(boundary points),同时还是自主的行动领域(autonomous zones of activity)(Galloway,2012)。界面不再被认为是一个存在着的、固定的领域,而被认为是一个流动的、自足性的领域。

德鲁克对"界面理论"的建构延伸了界面,从单纯的技术界面拓展到由技术所支撑的行动者的行动场所。值得注意的是,在德鲁克的界定当中,界面是"关系的动态空间",界面成为某种互动、社会关系的"凝结点"。行动场所的界面之中的关系存在于两个或多个不同的实体、条件或者状态之间(Hookway,2014:13—14)。这里的条件不单单是技术性质,同时也囊括了特定的社会规则。也就是说,界面作为行动场所不仅仅局限在一个物理的或是地理的空间中,同时也应该且必须是在一个社会制度与结构的空间中,成为集物理空间与社会关系空间于一体的行动场所。

作为行动场所的界面,突破了工程界面设计视野下的"僵化"与"静态化",承继了界面可供性理念并进行了进一步阐发。更为重要的是,界面作为行动场所,本身是一个自足的行动领域,容纳了特定的社会关系、制度与结构,并且我们日常生活中的地理空间以及发生各种关系的社会结构(social structures)与制度,一直处于不断形塑(form)与再形塑(reform)、生产(produce)与再生产(reproduce)的变动当中(潘忠党、刘于思,2017)。因此,界面是技术与社会结构的复合场所。

法国媒介学家德布雷(Régis Debray)在媒介学的讨论中解释了哲学意义上的"中介"(mediation):"处于中间的、介入两者之间的、使两者发生关系的第三者,如果没有这个中介,这种关系就不会存在。"他推进了麦克卢汉"媒介即信息"的观点,提出了"中介即讯息"。他在这里表达了两层意思:"没有中介的信息是不存在的;它们其实就是一个整体,是一回事儿。"(Debray,2014:122,36)他认为,"中介不仅包括工具,还包括个人和集体的行为,或者说既包括有组织性的物质层面(MO),又包括有物质性的组织层面(OM)"(Debray,2014:129)。作为行动场所的界面是典型的德布雷意义上的"中介"。因此,界面不仅作为某种产生交互的形式存在,而且还将内容(包括讯息、感知等)与形式(包括技术系统、制度等)统一于一体,既是形式界面也是内容界面,取消了内容与形式的二元对立。

同时,从主体论角度来看,界面是反二元论的,超越了主体/客体的对立,界面是要建立事物间的关系。界面是作为"拟客体"(quasi object)(拉图尔,2010:60)而存在的,规则是为它而设的,是相对于它来定义的,我们必须服从这些规则。作为拟客体,界面在意义的产生过程中成为"中介",并不像窗户或是镜子的隐喻所暗示的那样,仅仅呈现或表征视觉和空间信息。界面会记录某些空间中的动作,从而促成用户、环境或事物之间的互动。同样,界面也会邀请用户做出某些身体动作,然后将其铭刻在其中,并通过它进行中介传导。然而,界面邀请用户做什么?在多大程度上赋予用户控制网络的能力,并重新协商它们的形态? 在多大程度上,界面允许我们重构它们的形态? 这些问题的解决定义了我们与界面的关系,告诉我们应遵守(或否认)的规则。

三、移动界面:具身与空间

移动界面(mobile interface)与界面(interface)的区别在于"移动"(mobile),那么之所以单独讨论移动界面的问题,其中一个关键要素就是"移动性"(mobility)的范式意义。移动性理论是由约翰·厄里(John Urry)提出的社会概念,在他看来传统的社会学研究的基础——社会已经过时,我们应该更加关注物质的(physical)、想象的(imaginative)、虚拟的(virtual)以及移动(movements)的研究。

需要说明的是,尽管有研究者将移动性翻译成流动性,但是移动性与鲍曼(Bauman)在《流动的现代性》中讨论的 liquid 问题并非一回事。鲍曼提出"流动的现代性"旨在对当今西方社会的本质特征作出诊断性判断。而厄里的移动性理论呼吁"超越社会的社会学"(Urry,2000),并不是提出新的"宏大叙事",而是提出一套问题、理论和方法论,并非对当代世界的全面或简化描述(Sheller & Urry,2006)。此外,鲍曼在《流动的现代性》当中这样描述移动电话(手机):"对空间依附的象征性'最后一击'""时间战胜空间"(鲍曼,2002:14—16)。他的这一描述成为现有的有关移动媒体研究的重要理论支点,比如莱文森(2004)就沿着这一思路,将手机的特性理解为"移动","它使我们能随时、随地、随意使用新媒介和新新媒体"。在流动性的状况下,时间和空间是二分的,空间被时间控制、征服。"时间战胜空间"的论断成为移动媒体研究的重要范式,如果我们沿着这样的范式往下走可能会陷入某种误区:任何一种新媒体出现后,我们对它的研究都仅仅是考察它在跨越空间方面增强了哪些功能,以及这些功能对于人类生活的影响与意义。空间在这一范式下成为传播的"阻碍",成为我们想方设法消除、战胜以及征服的对象。也就是说,空间的意义在这里被遮蔽了。

在厄里的研究中,他把"移动"视为在社会网络中起到连接作用与重构社会生活和文化身份的关键性要素(Urry,2000:49—76)。同时,移动性理论强调人与非人(nonhuman)、移动与固定(immobile)要素之间的动态、复杂的互动关系(Sheller,2014)。也就是说,这种移动性包括了移动设备,以及更为重要的人的活动、物体以及信息。移动性范式提出,所有的地方都被连接到至少一个狭小的连接网络(networks of connections)之中,并且这些连接延伸到每一个地方,这也就意味着任何地方都不可能成为"孤岛"(Sheller,2014)。总的来说,移动性研究(mobilities research)已经将现有的理论传统、方法论、认识论,甚至是由关系而非实体构成的世界本体进行了创造性的重组,这就是它时常被称为"新移动性范式"的原因(Sheller & Urry,2006)。移动已经成为理解和分析当下社会的、空间的、经济的以及政治的实践的一个非常重要的研究框架(e Silva & Sheller,2014),并且在厄里等人提出移动性的新范式时就包括了媒介研究(media study)。

移动界面的关键就在于移动,而移动又与地方、场景、空间等密不可分,驳斥了"地理已经无关紧要"的观点。移动界面并不是简单地将我们与周围的环境隔绝开来,也不是将我们与他人隔绝开来,而是将我们与社会关系网络和物理(地理)环境联系起来。以智能手机为代表,移动媒体设备的大规模使用在城市空间当中成为一个越来越重要的问题,它关涉身体、感知、隐私等议题。

正如前文所描述的,界面在现代语境下往往被简单地与屏幕联系起来,貌似它存在的意义就是让我们与屏幕进行交互。但是我们必须明确"移动设备本身并不构成一个界面",只有当它"与更为广大的社会关系联系起来才能成为界面"(Farman,2012:62)。移动界面最为重要的方面就是"使人们得以筛选、控制和管理他们与周围空间以及人之间的关系"(e Silva & Frith,2012:5)。

我们不仅要关注界面本身,而且要关注事物(包括人、社会等)是如何被"界面"的,关注这样的过程与行动(Gane & Beer,2008:53—70)。具体到移动界面来看,移动界面是实践的,而不仅仅是一系列摆在那里的固定的设备。对移动界面的讨论,主要涉及微观层面上人与人之间通过移动设备如何形塑社会关系以及"在世存有"(孙玮,2015)的问题。

法曼(Farman)对移动界面的研究为我们提供了一个考察移动界面的非常重要的理论视角。他综合考察了梅葛洛庞蒂的"具身"(embodiment)的感觉概念,以及列斐伏尔的"空间生产"的理论,用以支撑他的观点。法曼认为,在一个普适计算(ubiquitous computing)的时代,具身是空间生产的关键。所谓普适(ubiquitous),指的是有意识地与我们身处的环境互动以及提供一个可转换的空间体验。移动手机与平板电脑的普及表明这种便捷的手提式的技术部分满足了普适计算的预测。具身化指的是"我们如何在数字媒体上创造我们身体化的空间"(Farman,2012:22)。也就是说,我们能够通过移动设备的实践来生产与调整空间,并将它们融入我们的日常生活当中。空间在这里"并不是一个特定的东西(a thing),而是一种社会关系(social relations)","它非主体亦非客体"(Farman,2012:34)。对于法曼来说,所谓具身始终是一种空间实践(spatial practice),反过来说也同样成立,即空间始终是一种具身的实践(Farman,2012:35;37)。具身与空间是相互创造的。也就是说,只有当我们通过媒介界面参与实践过程时,我们才能够理解具身实践与身体空间创造(spaces bodies create)之间的内在联系。

法曼（2012:49）在《移动界面理论》(mobile interface theory)一书中提出了另一个重要的概念——"感觉铭刻的身体"(sensory-inscribed body)。这个概念用以描述一种对一个人身处何处以及一个人的身体在世界上所处位置无意识的理解，以及身体是如何被赋予意义的。通过移动设备进行传播的特定情境是一种本体感受与社会文化铭文之间协商的结果。也就是说，身体不仅是通过物质和数字景观的感觉参与形成的，而且还在这些新兴的空间中融入了社会－文化的身体铭文。空间是相互关系的产物，是由相互作用不断建构的。感觉铭刻的身体混合了两种模式的具身：对所处世界的感知和我们对世界的解读以及我们作为世界上一个被镌刻身体的地方，在作为感知的身体与作为符号的身体之间搭建了一座桥梁。

位置媒介(locative media)是移动界面研究中非常重要的一部分，位置(location)是用于移动设备访问数据的一组地理坐标。一般学者们认为，位置从属于地方(place)和空间(space)，但是研究移动界面的学者们正好持相反的观点。他们认为，移动设备以更强大、更加个性化的方式将人们联系在一起，不只是在社交上，也在地方层面上。移动设备不会否定公共空间(public space)或者将其私有化，而是"关于公共和私人间关系如何不断协商地理解的物理实例"(e Silva & Frith, 2012:52)。位置媒介允许新视角的出现，移动界面被扩展为"文化关系的集合，作为社会空间的具体产物（存在）"(Farman, 2012:64)。移动界面提供了一个进入数字化公共空间的覆盖层(digitized layer)。移动界面将"场景"与移动联系在一起，创造出一种全新的移动场景。移动场景表明了这样一种状态：一个人可以同时置身于多个场景当中，场景是随着人而移动、交织、拼贴、融合的，而且在这个场景中充满了即刻的互动（孙玮，2015）。移动界面重新定义了人类生存的基本状况。

四、从界面出发重新理解媒介

随着数字时代的到来，新媒介技术快速渗透进各个领域，在新媒介的界面上，资源、权力、权威、角色扮演、社会关系，以及知识来源的合法性，都将经受新的审视、变动、重组和再整合(Marvin, 1990:5)。在这样的一个新旧交替的时代，界面以及移动界面的理论对于新媒体研究以及媒介技术研究都极为关键。从界面研究的角度来理解新媒体，尤其是新媒体的性质问题，能为我们提供新的视角。

新媒介技术研究自20世纪90年代成为一个全新的研究领域，在最初的研究过程中逐渐形成一个较为明显的研究趋势：研究者震慑于新媒介技术所展现的巨大威力与魅力，纷纷陷入某种理想主义或是恐惧当中——以乌托邦或是反乌托邦的视角来看待新媒介以及由它形成的技术文化。然而这些研究往往来自学者们的想象，与新媒介技术在日常生活中如何渗透与扎根可能并无关联。

新媒体研究需要反思自己的理论预设问题，具体来说就是新媒体到底为什么"新"以及怎么"新"？长期以来，我们的新媒体研究一直沿用大众媒介的理论范式，如工具论、目的论、"时间战胜空间"等。在这样的理论预设之下，新媒体的现象、问题通通被遮蔽与"降维"成传统的问题。本文从对界面研究的批判性考察出发，试图做的正是重新理解媒介，尤其是新媒体。笔者猜想也许可以从以下几个不同的角度给我们的新媒体研究提供一些新的思考。

首先，从新媒体自身的技术特性出发。传统的目的论、工具论的思考范式的一个很大的弊端就在于漠视了媒体本身的自足性。工程传统下对界面设计透明性的追求，试图创造出"无界面的界面"以提升人机互动效率与用户体验，完全忽视了界面作为一种技术类型的特性问题。新媒体研究必须立足媒介自身的技术特性，研究"活的"新媒体。对界面可供性的讨论为我们从媒介的技术特性出发重新理解媒介提供了思路。潘忠党(2017)将可供性概念引入新媒体研究当中，认为当下新媒体的可供性可以分为三个部分，分别是信息生产的可供性(production affordances)、社交可供性(social affordances)和移动可供性(mobile affordances，即在时空点上的自由度)。那么，如果我们从这些不同层面的可供性来思考新媒体的可供性问题，对新媒体的数字化、网络化的基本特征的考虑会为我们打开更宽阔的新媒体研究视野。

其次，对新媒体的研究不能仅仅局限在技术层面，应该由技术不断向外拓展，看到由技术所支撑的动态的关系过程。也就是说，新媒体研究不能仅仅关注作为实在物的技术媒体，同时还要考察由它所构成的一系列的社会行动、社会关系以及结构。行动场所的界面很好地向我们展现了界面并不仅仅是技术的存在，同时也是社会关系的"凝聚点"。这种关系的"凝聚点"本身就是对前一个层面技术特性维度的延伸，关系的结成既受到技术逻辑的规约，又容纳了特定的社会制度与结构。新媒体研究必须深入到特定的社会行动、关系以及结构当中，剖析"凝聚点"的凝结过程。

最后，移动性范式转向成为新媒体研究的基本范式，移动界面理论重新审视了移动媒体具身与空间的问题。原本新媒体研究中长期被忽视与遮蔽的空间问题在此得到明确。移动界面为我们展示了在新媒体的语境下应该如何重新审视场景、空间、身体这些问题。移动界面通过移动设备融入日常生活的重复性实践当中，持续地创造着具身化的空间，为我们提供了全球化时代的地方感，也为我们打开了进入数字时代公共空间的图层。

对界面的考察本身就是对新媒体研究的批判性反思,界面作为新媒体的基本形态与最为显要的文化形态,理应成为我们不断审视的问题。

参考文献

[1] 莱文森. 手机:挡不住的呼唤[M]. 北京:中国人民大学出版社,2004.

[2] 拉图尔. 我们从未现代过:对称性人类学论集[M]. 苏州:苏州大学出版社,2010.

[3] 德布雷. 媒介学引论[M]. 北京:中国传媒大学出版社,2014.

[4] 林思平. 电脑科技媒介与人机关系:基德勒媒介理论中的电脑[J]. 传播研究与实践,2017,7(2).

[5] 尼葛洛庞帝. 数字化生存[M]. 海口:海南出版社,1997.

[6] 盖恩,比尔. 新媒介:关键概念[M]. 上海:复旦大学出版社,2015.

[7] 潘忠党,刘于思. 以何为"新"?"新媒体"话语中的权力陷阱与研究者的理论自省——潘忠党教授访谈录[J]. 新闻与传播评论,2017(1).

[8] 鲍曼. 流动的现代性[M]. 上海:三联书店,2002.

[9] 孙玮. 微信中国人的"在世存有"[J]. 学术月刊,2015,12.

[10] DRUCKER J. Entity to event:from literal,mechanistic materiality to probabilistic materiality [J]. Parallax,2009,15(4).

[11] DRUCKER J. Humanities approaches to interface theory[J]. Culture machine,2011(12).

[12] ESILVA A S,FRITH J. Mobile interfaces in public spaces:locational privacy,control,and urban sociability[M]. London:Routledge,2012.

[13] ESILVA A S,SHELLER M. Mobility and locative media:mobile communication in hybrid spaces [M]. London:Routledge,2014.

[14] FARMAN J. Mobile interface theory:embodied space and locative media[M]. London:Routledge,2012.

[15] GALLOWAY A R. The interface effects[J]. Polity,2012.

[16] GANE N,BEER D. New media:the key concepts[M]. Oxford:Berg Publishers,2008.

[17] GRIECO M,URRY J. Mobilities:new perspectives on transport and society[M]. London:Ashgate Publishing,Ltd,2011.

[18] HOFFMAN D D,SINGH M,PRAKASH C. The interface theory of perception[J]. Psychonomic bulletin & review,2015,22(6).

[19] HOOKWAY B. Interface[M]. Cambridge:MIT Press,2014.

[20] HUTCHBY I. Communicative affordances and participation frameworks in mediated interaction [J]. Journal of pragmatics,2014(10).

[21] JOHNSON S. Interface culture:how new technology transforms the way we create and communicate[M]. New York:Basic Books,Inc. ,1999.

[22] JURIS J S. Reflections on occupy everywhere: social media, public space, and emerging logics of aggregation[J]. American ethnologist, 2012(2).

[23] KAMPPURI M, TEDRE M, TUKIAINEN M. Towards the sixth level in interface design: understanding culture[C]. Proceedings of the CHI-SA, 2006.

[24] LATOUR B. An inquiry into modes of existence[M]. Cambridge: Harvard University Press, 2013.

[25] LAUREL B. Interface as mimesis[M]//NORMAN D A, DRAPER S W. User centred system design: new perspectives on human-computer interaction. Hillsdale, NJ: Erlbaum Associates, 1986.

[26] MAJCHRZAK A, FARAJ S, KANE G C, et al. The contradictory influence of social media affordances on online communal knowledge sharing[J]. Journal of computer-mediated communication, 2013, 19(1).

[27] MANOVICH L. An archeology of a computer screen[J]. Kunstforum International, 1995, 132.

[28] MANOVICH L. The language of new media[M]. Cambridge: MIT press, 2001.

[29] MARVIN C. When old technologies were new: thinking about electric communication in the late nineteenth century[M]. Oxford: Oxford University Press, 1990.

[30] NORMAN D A. Why interfaces don't work[M]//LAUREL B. the art of human-computer interface design. Reading, MA: Addison-Wesley, 1990.

[31] POLD S. Interface realisms: the interface as aesthetic form[J]. Postmodern culture, 2005, 15(2).

[32] SCHROCK A R. Communicative affordances of mobile media: portability, availability, locatability, and multimediality[J]. International journal of communication, 2015(9).

[33] SCHROCK T. Mass media and the concept of interactivity: an exploratory study of online forums and reader email[J]. Media culture & society, 2000, 22(2).

[34] SHELLER M. The new mobilities paradigm for a live sociology[J]. Current sociology, 2014, 62(6).

[35] SHELLER M, URRY J. The new mobilities paradigm[J]. Environment & planning A, 2006, 38(2).

[36] URRY J. Sociology beyond societies: mobilities for the twenty first century[M]. London: Routledge, 2000.

[37] WELLMAN B, QUAN-HAASE A, BOASE J, et al. The social affordances of the internet for networked individualism[J]. Journal of computer-mediated communication, 2003(3).

媒介理论:作为文化环境的媒介

◎ 许同文

摘要:梅罗维茨在承袭麦克卢汉的媒介观的基础上,提出了"媒介理论"(Medium Theory)的概念。本文探究了这一概念的内涵及意义。媒介理论在梅罗维茨看来是媒介研究的第三种叙事,其核心是媒介特征。媒介理论从单个媒介或某一类媒介的特征出发,强调其可供性对社会、个人发展的影响。媒介理论具有宏观和微观两个层面,但更侧重宏观层面。从媒介理论出发,媒介可以被视为一种社会环境,其与媒介环境学都具有系统论和生态学的理论关怀,但并不完全重合,前者基本上仍属于后者的范畴。第一代媒介理论家以伊尼斯和麦克卢汉等人为代表,认为媒介是文明变革的重要动因。第二代媒介理论家以梅罗维茨等人为代表,重点关注媒介与社会互动、日常行为之间的关系。媒介理论在当下的超媒体时代具有重要的现实意义。

关键词:媒介理论;梅罗维茨;媒介特征;可供性;环境

20世纪80年代,梅罗维茨在承袭麦克卢汉"媒介即讯息"观点的基础上,提出了"媒介理论"的概念。媒介理论是对一种研究范式的概括。20世纪中期,在人类学、政治经济学、哲学等领域有一批学者认为不同媒介的不同特征会促生不同形式的社会、文化与交往。梅罗维茨试图用媒介理论这一概念,给这些学者一个总体的标签。在梅罗维茨看来,媒介理论是不同于经验研究和文化/批判研究的第三种叙事。媒介理论从单个媒介或某一类媒介的特征出发,强调其对社会、个人的影响。本文试图讨论以下问题:什么是媒介理论?从媒介理论出发,梅罗维茨如何理解媒介?媒介理论经历了哪几个发展阶段,各自的特点是什么?媒介理论对当下传播学研究有何启示?

一、媒介理论:以媒介特征为核心的第三种媒介叙事

"媒介即讯息",麦克卢汉(2011:19)认为"任何媒介(即人的延伸)对个人和社会的

任何影响都是由新的尺度产生的；我们的任何一种延伸（或曰任何一种新的技术），都要在我们的事务中引进一种新的尺度"。梅罗维茨（1994，2001，2002b，2008c，2009b）将这种从媒介技术出发，而非从内容出发的研究路径定义为"媒介理论"。其目的在于"跟随麦克卢汉提出的作为信息的单数的媒介，而不是通常所说的媒介生态或者媒介理论（Media Theory），因为媒介理论'关注某一媒介（medium）或者某一类媒介（media）的不寻常的特征'"（梅罗维茨，2001）。"总体来说，媒介理论家探究每一种媒介的特征是什么，这些特征如何使媒介的物理、心理、社会影响不同于其他媒体及面对面的交往。"（梅罗维茨，1994）

以上论述较为清晰地表述了媒介理论的内涵：第一，媒介理论继承了麦克卢汉对媒介的理解，从媒介技术而非媒介内容出发；第二，媒介理论中的"媒介"，是"medium"而非"media"，其指向某一种具体的媒介，如书籍、广播、电视等，也指向某一类别的媒介，如印刷媒介、电子媒介等，而不是包含了不同"medium"的"media"；第三，媒介理论关注的重点是媒介特征，这种媒介特征具有"不寻常性"；第四，从媒介技术到媒介技术所具有的特性，再到社会影响，媒介理论展示出了一条因果关系链。结合梅罗维茨的论述，我们可以从以下四个层面理解媒介理论。

（一）单数的媒介（medium）

媒介理论里的媒介既包括具体的某一种媒介（如报纸、电视等），也包括某一类型的媒介（如印刷媒介、电子媒介等）（梅罗维茨，2002b：321）。梅罗维茨试图用"medium"强调的并非仅仅是具体的某一种媒介或者某一类别的媒介的问题，而是一种传播研究的范式创新。

梅罗维茨提出的媒介理论是"Medium Theory"，而非"Media Theory"。其强调从媒介特征出发的媒介研究的范式。梅罗维茨（2002b：13）说："我使用了单数的'媒介理论'来描述该研究，因为它与其他'媒介理论'的不同之处正是它注重研究每种媒介的独特性质。"梅罗维茨（2008c：3055）认为"'Medium Theory'区别于一般意义上的'Media Theory'，其关注的是传播技术的影响，而非它们所承载的内容"。因此，以梅罗维茨的视角来看，复数的媒介理论（Media Theory）主要还是指以媒介内容为核心的传播研究。梅罗维茨试图从单数的媒介理论出发，即从媒介技术本身出发弥补"Media Theory"所忽视的东西。梅罗维茨（2008a）将关于媒介影响的研究分为三种：文化/批判的叙事、使用与满足的叙事、媒介理论的叙事。在梅罗维茨看来，文化/批判的叙事对应欧洲的批判研究，其将媒体视为社会、经济、政治权力相互斗争的场域；使用与满足的叙事对应美国的经验研究，其把媒介视为满足个人或社会的需要、欲望的手段。梅罗维茨认为媒介理论是第三种叙事。在这种叙事中,"每一种传播技术像气候和地理特征一样,都具有一定的物质实在性。这种物质实在性与人的身体和机构相互作用,从而孕育了某种社会互动的可能性,同时也排除了其他可能性"。

梅罗维茨并不否定其他两种研究范式,反而认为三种媒介叙事各有长处,而且是互补的。"每一种叙事都提供了一种回答'媒介能为我们做什么'这一问题的答案,更重要的是每一种路径都是正确的,但同时也都是不完整的。"三者共同构成了媒介影响人类的完整故事。媒介理论并不认为媒介能够离开内容而发挥作用,其强调同样的内容在不同的媒介中可能会产生不同的社会影响,强调传播模式的变化所带来的社会交往方式的变化(梅罗维茨,2009b:32—48)。

(二)媒介特征是媒介效果产生的原因

梅罗维茨(2009b)认为媒介理论的一个核心问题是"一种媒介的特征如何不同于其他媒介"。"信息的传播是单向的还是双向的,信息传输的速度,编码和解码的难易程度,在同一时间传播同一信息的人的数量"这些变量"会对社会、政治、心理产生影响"(梅罗维茨,1994)。从中可以看出,媒介理论中明显包含着一种从媒介特征到媒介效果的因果关系。

梅罗维茨(2009b)认为媒介理论家要辨认每一种媒介的特征,以及这种特征对于社会交往、制度、社会结构的影响。他详述了我们在媒介研究过程中应该关注及考虑的特征:媒介传递的感官信息的类型(如听觉的、视觉的、触觉的等),以及是单一感官的还是多重感官的;信息的形式(如莫尔斯码的敲击和言说是两种截然不同的声音,表意文字、照片和手写文字是三种不同的视觉信息);媒介形式和现实的相似度;媒介是单向、双向还是多向传播;通过媒介的传播是连续的还是共时性的;用户对信息接收和传输的控制程度及其类型;使用媒介的物理需求,媒介化的和非媒介化的活动能否同时进行;在生产信息的过程中,必要或可能的干预(或控制程度)及其类型;媒介信息编码和解码的难易程度;媒体传播的性质和范围,如不同地点的人在同一时间接收相同信息的问题;媒介的耐久性及便携性问题;媒介编码、解码的难易程度的问题;媒介间物理互动的方式,如传真机可以通过电话线发送一封信,但是一盘录影带必须被物理地从一个地方传递到另一个地方,除非其内容被数字化后用于电子传输。虽然梅罗维茨在此列出了媒介特征的诸种表现形式,但是媒介特征应该说是种类繁杂、多种多样的。

"在媒介理论当中,媒介平台或应用的技术特征具有极其重要的地位。"(潘忠党,2017)这些媒介特征蕴含着某种能动性,这种能动性表现在媒介作为一种技术,有其自身的"意向结构""技术逻辑"(吴国盛,2016:8—9)。媒介技术的这些基本特征,导致了一种"可供性(affordance)差异"(潘忠党,2017)。

媒介特征可以被理解为一种"偏向",对于伊尼斯来说是"时空偏向",对于麦克卢汉来说是"感官偏向",对于波兹曼来说是"综合偏向"。除时空偏向和感知偏向以外,尼斯特洛姆(2000:2)还总结了其他的媒介偏向,如思想情感偏向、政治偏向、社会偏向、形而上偏向和内容偏向:由于不同的符号形态会编译出不同媒介的不同信息,因此它们具有不同的理性(intellectual)和感性(emotional)的偏向;由于不同的媒介具有不同的可获得性(accessibility),因此它们具有不同的政治偏向;由于不同的媒介具有不同的参与条件,因此它们具有不同的社会偏向;由于不同的媒介具有不同的时空组织方式,因此它们具有不同哲学思辨上的偏向;由于不同的媒介具有不同的物质和符号形态,因此它们具有不同的内容偏向;由于不同的媒介在物质和符号形态,以及随之而来的理性、感性、时间、空间政治、社会、哲学思辨和内容偏向上的种种不同,因此不同的媒介具有不同的认识论(epistemology)的偏向。这些"偏向",即媒介特征,在媒介理论看来,是媒介对社会产生影响的重要源头。

(三)媒介理论的宏观与微观层面

媒介理论包括微观和宏观两个层面。微观层面聚焦于个体的日常实践,宏观层面则侧重于研究社会文化结构。"在微观层面,媒介问题研究媒介如何影响场景和交往(如通过电话的交往如何不同于手写书信)。在宏观层面,媒介问题强调媒介对社会交往和社会结构的影响。"(梅罗维茨,1994)媒介不仅在微观方面形塑了个体的日常生活,还在宏观方面成为形塑社会交往、经济、文化等宏观结构的重要力量。当然,媒介理论的宏观层面和微观层面并不是截然分开的,而是互相关联的。例如,"在微观层面我们可能会研究照相机或者麦克风对特定场景下的某具体行为的影响,但在宏观层面上我们会研究视觉、听觉设备对我们关于隐私、公共的观念以及行为观念的影响"(梅罗维茨,2009b)。在媒介理论中,"最具有争议性和趣味性的层面是宏观层面"(梅罗维茨,1994)。在宏观层面上,媒介理论研究"不同的媒体对于思维方式的影响(如印刷媒介倾向于抽象的、线性的思维,电视媒介倾向于具体的、非线性的思维),不同的感官平衡,物理地点和经历之间的不同关系,不同的房屋、商店、办公室和城市的不同布局,个体和集体记忆的不同形式,对战争的不同感知,对自我和他人的不同概念(地方主义、民族主义、全球主义、身份的多重感),社会地位的变化,不同的价值体系"(梅罗维茨,2008c)。在梅罗维茨的论述中我们可以看出,媒介对宏观的社会变化的影响是全方位的,媒介成为社会变化的基础性因素。

(四)侧重于长期效果

从媒介技术效果产生的时间长短的角度来看,媒介理论更侧重于关注一种长期效果,而非短期效果。这一点在媒介理论"最具争议性、最有趣味"的宏观层面显得尤为突出。梅罗维茨(1994)认为:"当我们关注长时间内社会结构性的变迁时,媒介研究是有帮助的。"这是因为媒介技术之于社会整体的变迁,并不是一种刺激反应式的过程,而是一种不同媒介特性相互作用的长期过程。但这并不等于说,媒介理论对分析短期内的媒介技术效果是无用的。其同样有用武之地。梅罗维茨认为"媒介理论在分析短期内如何使用传播技术以及是否、如何规训这种传播技术的过程中并不是毫无用处的"。媒介理论对这种短期媒介效果的研究,主要还是集中在媒介理论的微观层面。但这并不是说,媒介理论的微观层面就是属于一种短期的效果,其中依然蕴含着长期的效果。这种长期的效果是在日常生活的重复实践过程中产生的,在某种程度上连接着媒介技术的宏观效果。但总体来说,媒介理论对于媒介技术的效果的关注,还是停留在长期的层面,而非短期的刺激反应。

二、媒介即环境:从媒介理论出发"理解媒介"

什么是媒介?从媒介理论出发,梅罗维茨认为媒介就是一种文化环境。媒介理论从媒介技术的特征出发,聚焦于其带来的社会政治、经济、文化、社会结构、交往等各个方面的变化。媒介技术本身成为形塑人类社会的重要因素。从这一视角出发,媒介成为一种环境,而不仅仅是一种作为客体、手段的工具、载体、渠道,其是社会发展的形塑者、动因。这一观点与媒介环境学有着相似的理论追求,但也存在着一定的差异。

(一)媒介即环境

梅罗维茨(1993)认为我们可以从多个面向去理解媒介。媒介既可以作为渠道,也可以作为语言,还可以作为环境。作为渠道,其关注点在于外部力量如何影响内容的生产和获取、不同的受众如何解读媒介内容、媒介内容如何反映现实等问题;作为语言的媒介,关注每一种媒介的独特语法,如每一种媒介可以操控的变量是什么,这种操控如何影响感知、理解、情绪、行为反应等。而梅罗维茨较为关注的是作为环境的媒介本身,因此梅罗维茨所说的媒介在本质上可以被看作一种环境。不同的媒介所构成或形塑的环境是不同的,这种环境与自然环境相对应,是一种人造环境。在某种程度上,不是媒介嵌入了人的生活,而是人嵌入了媒介所形成的环境,受到这个环境的制约。

梅罗维茨(2002,2009b)认为:"媒介并不单纯是两个或多个环境之间传递信息的渠道,它也是一种环境。""作为一种环境的类型,每一种媒介都鼓励某种形式的交往,而排除其他形式的交往。"媒介理论把媒介当作环境。媒介作为一种环境的隐喻,所关注的问题包括:媒介的什么特征让媒介的物理、心理、社会等不同于其他媒体;媒介的何种特征影响媒介内容和语法选择;和媒介的其他功能相比,哪些社会、政治、经济的变量促使具有某种特征的媒介发展与使用;在现有的媒体矩阵中添加新媒体是如何改变旧媒体的功能和使用的;新媒介的出现是如何改变依赖既有媒介特征的社会角色和机构的;每个媒体的特点如何与文化习俗相互作用(梅罗维茨,1993)。

从作为环境的媒介这一点来看,媒介理论与媒介环境学有颇多的相似之处。媒介环境学这一术语产生于20世纪60年代末,由尼尔·波兹曼提出。波兹曼(2007:44,转引自林文刚,2007)认为媒介环境学的一个基本原理是"媒介是文化能够在其中生长的技术。换句话说,媒介使文化里的政治、社会组织和思维方式具有一定的形态"。"在媒介环境学这个术语里我们把媒介放在生态前面,意思是说,我们感兴趣的不仅是媒介,我们还想说,媒介与人的互动方式给文化赋予特性。"在波兹曼看来,人类不仅生活在自然环境中,还生活在媒介环境中,这种媒介环境的"构造成分是语言、数字、形象、全息图,还包括一切符号技术和机器。这些构造成分是人之所以成为今天这个样子的原因"。从波兹曼对环境的分类来看,媒介环境与自然环境相对应,基本上等同于一种人造物所构成的环境。在主流的传播学研究中,传播媒介主要是指报纸、广播、电视、互联网等信息传输设备,这一主流范式中的重点是传受双方与内容,传播媒介本身作为一种中性的存在,在这一过程中被隐去。但媒介环境学着重强调媒介本身的作用,"同时又审视环境(比如社会环境)的符号结构如何界定人的互动与文化生产。在这个层面上,我们可以在理论上把媒介当作环境"(林文刚,2007:28)。

(二)媒介理论与媒介环境学的相似之处

从媒介与环境的关系来看,媒介理论基本上属于媒介环境学的范畴。梅罗维茨(2009)也承认自己所提出的媒介理论较为接近媒介环境学。媒介环境学协会创始人兰斯·斯特拉特(2016:7)也认为梅罗维茨的媒介理论与古迪(Goody)的多伦多学派、凯瑞(Carey)的美国文化研究以及德布雷(Debray)的"媒介科学",同媒介环境学一样,指称相同的研究视域和知识传统。

与媒介环境学类似,媒介理论也包含着一种环境的理论关怀。媒介理论是"对不同传播媒介创造的不同文化环境进行历史性的、跨文化的研究"(梅罗维茨,2002:13)。梅罗维茨(2009b:13)认为媒介是一种文化环境,其并非多个环境之间的信息传递的渠道,其本身就是一种环境。梅罗维茨提到的"文化环境"是和自然环境相对应的一种环境类型。其意在强调媒介影响人类生活的基础性作用。梅罗维茨(2002:321)在论述媒介的概念时说道:"我对媒介的主要兴趣是将它看成以某种特定的方式——包括和排除、联合或区分人的某种类型的社会环境。"前后对照可以看出,梅罗维茨所说的"文化环境"与"社会环境"表达的内容基本相同,其意在强调,媒介作为一种人造环境,具有"包括""排除""联合""区分"等可供性。在这里梅罗维茨和媒介环境学者一样,其对媒介的论述包含着一种系统论和生态学的意蕴,"当一个新的因素加入某个旧环境时,我们所得到的并不是一种旧环境和新因素的简单相加,而是一个全新的环境"(梅罗维茨,2002:16)。在媒介环境学里,这种生态学的视角是不言而喻的。

林文刚(2007:30—31)认为媒介环境学的"媒介即环境"(或"环境即媒介")的概念里,包含着三个互相联系的理论命题:传播媒介不是中性的、透明的和无价值标准的渠道,媒介的固有结构和符号形式发挥着规定性的作用;每一种媒介独特的物质特性和符号特征都带有一种偏向;传播技术促成的各种心理的或感觉的、社会的、经济的、政治的、文化的结果,往往和传播技术的固有偏向有关。从这三个相互关联的命题来看,媒介环境学的关注焦点依然在于媒介对文化的影响。而这种影响产生的原因则是媒介技术具有"偏向"。这与梅罗维茨的媒介理论具有相似的价值取向。这里的"偏向"基本上类似于梅罗维茨所说的媒介特性,而这种偏向所可能促成的社会、经济、政治、文化的结果则对应媒介理论中媒介的可供性。

此外,从媒介环境学及媒介理论的代表性人物中,我们也能发现二者有极大的相似性。何道宽(2015)在概述媒介环境学派的历史时,认为媒介环境学派的先驱人物有罗伯特·帕克(Roert Park)、帕特里克·格迪斯(Patrick Geddes)、刘易斯·芒福德(Lewis Mumford)、本杰明·李·沃夫(Benjamin L. Whorf)、苏珊·朗格(Susannek Langer)等人,在这些先驱之后有三代学人:第一代以伊尼斯、马歇尔·麦克卢汉为代表;第二代以尼尔·波兹曼、沃尔特·翁、詹姆斯·凯瑞、罗伯特·洛根(Robert Logan)和特伦斯·戈登(Terrence Gordan)为代表;第三代以保罗·莱文森、梅罗维茨、林文刚、德里克·德克霍夫、兰斯·斯特雷特、埃里克·麦克卢汉为代表。对比下文将要论述的梅罗维茨对于媒介理论的史前史和一代、二代的划分,我们可以发现,这二者有较大的重合度。这并非偶然,其中包括了二者对于媒介理解的共同趋向。因此媒介理论和媒介环境学具有一定的重合度,但这并不意味着二者完全等同。

(三)媒介理论与媒介环境学的差异

回到梅罗维茨对于媒介理论的论述,我们发现其媒介理论着重强调单个的媒介所具有的特征及可供性。我们在第一部分已经指出,梅罗维茨的媒介理论指的是单数的媒介而非复数的媒介,其关注的是 Medium 而非 Media,这里的 Medium 指某一种媒介或者某一类型的媒介。但这只是媒介环境学所关注的一个方面,而非全部。"在一个层面上,我们可以只考察单个传播媒介的感知-符号环境固有的特征(比如,Meyrowitz,1994)。但另一个真实的层面是,我们生活在多媒介的社会中……""在这个层面上,我们的理论关怀的不仅是许多媒体人日常使用的每一种媒介固有的感知-符号结构或特征,相反,我们的任务是检查多种共存媒介的动态,考察它们的互动如何产生或构造一个感知-符号环境。这个环境的性质不同于其构造成分的综合。"(林文刚,2007:31)也就是说,媒介环境学不仅关注单个媒介,同时还关注多种媒介间的互动所产生的多重的媒介环境。林文刚在论述媒介环境学的第一个层面时,专门提及了梅罗维茨在1994年发表的 *Medium Theory* 一文。显而易见,林文刚将媒介理论归入了第一个层面,即"单个传播媒介的感知-符号环境固有的特征"。这是符合媒介理论自身定位的,因为媒介理论关注的是单数的媒介,即某一具体的媒介或者某一类型的媒介。因此,如果从林文刚对媒介环境学的界定来看,梅罗维茨的媒介理论只停留在媒介环境学的第一个层面上,缺少第二个层面。但从另一个角度来看,第一个层面其实是第二个层面的基础,因为只有在弄清楚单个传播媒介的感知-符号环境固有的特征的基础上,才能进行第二个层面,即多种共存媒体所构成的感知-符号环境的分析。

此外,媒介理论与媒介环境学对媒介的界定也不尽相同。波兹曼将媒介界定为一种能够促进政治、经济、社会组织、思维方式发展的技术,其并不局限于文字、印刷、电子等传播媒介。波兹曼对媒介的界定与麦克卢汉有一定的相似性。从媒介理论和媒介环境学的定义来看,二者都关注媒介本身所带来的社会影响,都是从媒介出发来研究社会变化的,都认为媒介本身并不只是一种工具或渠道,而是有形塑社会形态的能力。但从对媒介的定义来看,媒介理论中的媒介主要指信息传播的技术手段,如口语、文字、印刷、电视等。但正如上文所论述的,波兹曼所说的媒介的范围显然更为宽泛,梅罗维茨所说的媒介只是波兹曼所说的媒介的一部分。

三、媒介与人类文明的变革:第一代媒介理论

梅罗维茨(1994)在20世纪90年代中期,将自伊尼斯、麦克卢汉开始的媒介理论分为两代:第一代以伊尼斯和麦克卢汉为代表,除此之外还有沃尔特·翁、H. L. 蔡特和爱森斯坦、托尼·施瓦茨、丹尼尔·布尔斯廷等人;第二代的媒介理论研究者以梅罗维茨为代表,另外还有一些学者扩展了媒介理论研究的一视角,如苏珊·桑塔格(Suan

Sontag)、爱德华·瓦赫特勒(Edward Wachtel)、雪莉·特克尔(Sherry Turkle)、苏珊·德鲁克(Susan Drucker)、肖莎娜·朱伯夫(Shoshana Zuboff)、伊桑·凯什(Ethan Katsh)、罗德里克·哈特(Roderick Hart)等。这些学者虽然具有不同的学科背景,研究的问题也各不相同,但都从媒介技术的角度论述了不同媒介对社会产生的不同影响。梅罗维茨(1994,2010b)为了显示出这种观点的实质、凸显这些理论家对这一研究范式的贡献,将这一研究范式称为"媒介理论"。

媒介理论并非第一代媒介理论家的独创。媒介自身的作用在此之前已经被分散地提及,这些可以被看作媒介理论的史前史。梅罗维茨(2009b)认为媒介理论的发展有悠久的历史传统,最早可以追溯到"摩西十诫"。苏格拉底认为书写会让人不再依赖记忆,让人变得健忘。在20世纪中期之前,媒介理论已经零星地出现:15世纪中期古登堡认为自己的活字印刷术削减了教堂抄书人的权力;16世纪早期,马丁·路德及其门徒在第一次大众媒介宣传运动中有意识地利用印刷媒介的特征推动新教改革的发展;19世纪,在社会学领域出现了与媒介理论较为相似的成果,其认为工业化的发展改变了组织结构、社会关系、城乡状态,但是这些社会学的创立者却忽略了传播媒介在这一转型过程中的作用;20世纪早期,帕特里克·格迪斯通过研究自然环境和人造环境之间的相互关系,推进了媒介理论的发展,其弟子芒福德分析了印刷术等技术的发展对于社会的影响;20世纪30年代,鲁道夫·阿恩海姆(Rudolf Arnheim)提出的"物质化理论",论述了媒介对于科学和艺术的影响,发展了一种媒介理论,将其作为对那些认为电影不是艺术而是一种现实的机械生产的观念的回应;对于媒介理论的全面论述开始于20世纪中期,以伊尼斯、麦克卢汉等人为代表(梅罗维茨,2009b)。

(一)第一代媒介理论的发展与传承

第一代媒介理论的领军人物是伊尼斯和麦克卢汉。"他们代表了一种思考主体的两翼,这种思考揭示出传媒的重要特征:它们是隐藏在历史进程、社会组织和人们感觉意识变化中的主要动力。"(切特罗姆,1991:158)

伊尼斯将媒介看作文明发展的动因,从媒介偏向的角度重新看待人类文明的发展。伊尼斯(2014:1)认为:"西方文明受到传播的深刻影响,传播媒介的显著变化具有重大的意涵。"从传播媒介对人类文明的影响出发,伊尼斯(2014:1—2)将世界史进行了分期,试图在每一个时期追踪传播媒介对于知识性质的意义。伊尼斯认为任何媒介都有时空的偏向,如:石头和象形文字有利于知识的垄断,但这种垄断受到了莎草纸的挑战,削弱了僧侣阶级的地位;羊皮纸使基督教逐渐建立起了对知识的垄断;纸张加强了民族主义的空间概念;印刷业的发展与宗教改革有一定的关系;字母表的灵活性和印刷术的发展为欧洲分裂的民族主义提供了基础。时间偏向与历史、传统、宗教、等级制度的发展密切相关。空间与帝国的兴起、发展、扩张及现实的世俗政治权力密切相关。伊尼斯（2015：40—42）从传播媒介的角度探究了帝国兴衰的原因，试图"把帝国的概念作为传播效率的指征"，"说明不同媒介在各种文明中扮演的角色，并对不同的文明进行对比"。

麦克卢汉从感官延伸的层面探究了媒介对于社会发展的影响。切特罗姆（1991：159）认为："伊尼斯在传播媒介研究领域的涉猎只是尝试性的、不完全的，但充满对未来研究和分析的启示。"但麦克卢汉却"提出了一种比一般人所理解的更严密更稳固的媒介理论"。按照麦克卢汉的理解，"媒介是人体和心灵的延伸，一切技术都是媒介"（特伦斯·戈登，2011：1—2）。伊尼斯的媒介理论的焦点在于媒介与社会组织之间的关系，但麦克卢汉的主要关注点则是媒介对人类感觉中枢的影响，他"更加强调不同的媒介对人类感知平衡和感知模式、思维模式的影响"（梅罗维茨，2010a：52—63）。麦克卢汉的媒介理论被人们概括为"老三论""七原理""四定律"（何道宽，2016：5—6）。"老三论"指：媒介是人体的延伸，媒介即讯息，冷媒介和热媒介；"七原理"指：媒介即讯息，冷媒介和热媒介，媒介的逆转，媒介的麻木性影响，媒介的杂交，媒介是转换器，分割化和专门化是对西方文明的挑战；"四定律"指：提升、过时、再现、逆转。在这中间，麦克卢汉最为核心的观点还是"媒介即讯息"。麦克卢汉认为每一种新的技术都会在我们的生活中引进一种新的尺度，这一点强调了媒介的特征，凸显了梅罗维茨所提及的媒介理论的核心内涵。

在媒介理论的理论脉络中，麦克卢汉是一个核心人物（梅罗维茨，2008）。除麦克卢汉之外，其他的一些学者也从传播技术而非内容的视角去研究媒介对社会的影响，但人们经常将这种视角与麦克卢汉相关联，因此其也被叫作"麦克卢汉学说的视角"（梅罗维茨，2008）。梅罗维茨（1994，2009b：522）认为伊尼斯和麦克卢汉的主张及他们的研究框架内的历史文化的跨度是独一无二的，其他的一些学者只是针对这中间的某一主题进行了深入的探讨，从而推进了媒介理论的发展。

沃尔特·翁受麦克卢汉的影响，研究了口语社会到文字社会的转变，认为文字的出现影响了社会结构、知识的社会定义、个体的观念和思维意识等。在翁看来，文字是一种技术，这种技术"改变人类意识的力量胜过其他一切发明"，"塑造了现代人的智能活动"（沃尔特·翁，2008：59—64）。"文字把语词诉诸可见表达之后，语言的表达力倍增，潜力无限，文字重构了思维。"（翁，2008：82）除翁之外，其他的一些学者（如 J. C. Carothers、Eric Havelock、Jack Goody、Ian Watt、A. R. Luria 等）也对人类社会从口语时代转向书写文字时代做了相关的论述。这些学者基本上都认为，不同的传播模式塑造了不同的人类意识形态，书写文字的出现影响了社会的组织形式、知识的社会定义、个体概念、精神疾病的类型等(梅罗维茨,1994)。

蔡特、爱森斯坦等学者对于印刷技术给予了重点关注。蔡特认为印刷术引起了文学风格概念的变化,推动了新的著作权和知识产权观念的形成,促进了民族主义感情的生长,并改变了词语和思想的精神交流。爱森斯坦将印刷术视作欧洲社会从中世纪迈向新时代的一种变革动力。印刷机所带来的重大变革对15世纪欧洲的人文主义、文艺复兴、宗教改革、近代科学和工业革命产生了重大的影响(爱森斯坦,2010:318)。

沃尔特·翁、埃德蒙·卡朋特、托尼·施瓦茨、丹尼尔·布尔斯廷等人对电子媒介的社会影响进行了论述,如翁描述了电子媒介被引入文字社会以后产生的"第二个口述期"与前文字社会"基本口述期"的共同点和区别。布尔斯廷描述了新媒介如何批量生产某个场景,使经历具有可重复性,并利用其他许多已有的技术发明使"时间空间处于同一等级"。

(二)作为文明变革动因的媒介

上述第一代媒介理论家,虽然分属不同的研究领域,研究的路径方法、得出的结论也各不相同,但是他们都将社会文化的某种变化与媒介联系在一起。综合上述第一代媒介理论家的论述可知,人类文明发展的不同阶段与不同的传播形式相关联。具体来说,梅罗维茨(1994)认为从第一代媒介理论家的视角来看,人类社会经历了从传统口语社会到现代印刷社会(这期间又存在一个抄写的过渡阶段),再到全球化的电子社会的发展。因此,从第一代媒介理论的视角来看,口语与传统社会、印刷与现代社会、电子传播与全球化之间存在着密切的关系,存在着一种保罗·莱文森(2011:4)所谓的"软决定论"。

从口语到文字书写、印刷传播,再到电子传播,梅罗维茨(1994)认为在第一代媒介理论中,不同的传播形式塑造了不同的文明:在传统的口语社会,文化和传统的延续是通过记忆和背诵实现的。人们之间的交往和互动是以身体的在场为前提的,个人主义在某种程度上也受到了限制。因为文化传承较为依赖记忆,口语社会变化缓慢,于是创新和新事物被看成一种破坏性的力量。书写使文化的传承不再依赖记忆,其不仅改变了传播的模式,同时也改变了传播的内容,为文学、科学、哲学的出现提供了条件。其让相距较远的人们能够阅读同样的东西,使处于同一物理空间的人们体验不同的事物,促进了一种象征性社区(symbolic community)的形成。现代印刷文化的兴起削弱了地方社区(local community)的重要性。传统的口语社会中,同一地区的人群具有相似的经验和知识,但是印刷物将人们区隔成了不同的信息世界。不同的读者具有不同的观点和视角。印刷技术为更小的团体和更大的政治、精神、知识团体的出现创造了可能性。民族主义也在这一时期形成,因为同一种印刷语言的出现改变了"他们"和

"我们"的概念。印刷术造成了感官的不平衡,视觉而非听觉的作用被凸显,这让人们变得更加内向,促进了个人主义的发展,同时也更加强调理性和因果思维。精神和物理世界也从一种环状结构变为线性结构。复印技术同时也创造了文学风格、版权、著作权等新的概念。印刷出版培育了一种科学精神,同时削减了传统的权威。19世纪晚期,电子媒介开始出现,先是电报、电话、收音机、电视等也紧随其后。电子媒介对于20世纪的社会结构影响明显,将人们带回了一种类口语社会。但电子媒介也明显地不同于口语,因为其不受物理空间的限制。"他们"和"我们"的边界再次被改写,在全球范围内直接交往成为可能。跨国的共享经验也削弱了民族国家的权力。书写和印刷文字更加强调概念,电子媒介则更加强调感觉、情绪。

总之,在第一代媒介理论家的视野中,媒介是社会文明产生、发展、变革的主要动因。在这一层面上,媒介技术与社会的政治、经济、文化结构产生了关联。第一代媒介理论家的论述较为宏观,其主要关注的还是媒介技术与文明变革之间的关系:不同的媒介技术带来不同的社会文明。但在另一方面,这也成为用媒介理论来分析人们的行动、交往等日常生活中的具体问题的一种障碍。第二代媒介理论家在这方面做了一系列的尝试,试图将媒介理论放置在经验层面、日常社会交往层面,将其从宏观层面拉回到微观层面。

四、媒介与日常社会交往:第二代媒介理论

梅罗维茨(1994)认为第一代媒介理论家忽视了媒介与日常社会交往之间的关系。这二者之间的关系也成为第二代媒介理论家的理论研究重点。基于第一代媒介理论家的理论成果,第二代媒介理论家更为注重媒介与日常社会互动间的关系,这在某种程度上弥补了第一代媒介理论家没有涉及的面向。

(一)梅罗维茨与信息系统理论(Information-system)

梅罗维茨(1994)自认为是第二代媒介理论的代表性人物。梅罗维茨(2002)认为,第一代媒介理论研究者探讨了"媒介的偏向""感官平衡""意识的新模式",但却"非常抽象",并没有将这种影响是如何产生的说清楚,"他们并没有真正把对媒介特征的分析同日常社会交流的结构和动态性分析联系在一起。大多数人会声明,新的媒介造就了人际和地域之间的新联系以及存取社会信息的新方式。但是有一个问题仍然没有答案:在人际和地域之间创造出新联系的技术为什么和怎样造成了社会结构或社会行为的根本转变?用消除联系—塑造社会现实的方法可以得到这个问题的潜在答案"。梅罗维茨通过

将麦克卢汉的媒介理论和戈夫曼的场景理论进行嫁接,回答了这一问题。

梅罗维茨(2002:21)认为戈夫曼的互动理论主要研究的是面对面的交往场景。但是随着媒介技术的发展,人类的交往场景发生了巨大的变化。梅罗维茨认为电子媒介改变了人们对场景的定义,改变了人们日常生活中的信息系统,从而改变了人们的行为。从媒介理论的视角来看,不同的媒介在梅罗维茨的眼里是不同的信息系统,进而对应不同的行为。电子媒介对于信息场景的信息系统的改写,使社会产生了一种"无地域"的文化(梅罗维茨,2002:8)。在分析电视的可供性时,梅罗维茨认为电视普及之后,儿童和成人的角色和形象发生了较大的变化,出现了"成人化的儿童"和"儿童化的成人"(梅罗维茨,1984);电视改变了群体与群体间的界限,让儿童观看成人、男人和女人互相观看、公众观看政治领导,削弱了物理地点和社会经历的联系(梅罗维茨,2009a:32-48)。电子媒介的出现挑战了美国的清教徒传统,改变了公共和隐私的界限,阶级、年龄、性别的界限变得模糊,传统的秘密将难以保守,一个"后隐私的美国"形成了;媒介扩展了我们经验的边界,对他者的感知不再局限于面对面的交往,电子媒介在很大程度上拓展了"普遍的他域"(generalized elsewhere)。他提出,"各种媒介的出现拓展了我们的感知领域(perceptual field),即便所有的物理经验都是来自本地的,我们也不通过本地经验形成判断。恰恰相反,我们从各种媒介共同形成的外部观点(external perspectives)出发作决定"(梅罗维茨,2004);媒介构成了我们社会交往的环境,口语、印刷、电子等传播方式促成了陌生人和熟人的不同的平衡,我们成了一种"技术共同体","他们"与"我们"之间的边界也因此而改变(梅罗维茨,1997)。在电子媒体的时代,媒体改变了人们的地方感和身份认同,促成了一种"全球地方性"(Glocality)(梅罗维茨,2005)。

梅罗维茨继承了麦克卢汉的理论,并且借助社会学的理论,发展、补充了麦克卢汉关于媒介延伸感官进而产生社会影响的解释。梅罗维茨认为麦克卢汉是伟大的,媒介理论家需要在继承麦克卢汉的遗产的同时,将其向前推进。推进的重要方式就是与其他学科的理论进行"杂交",生产出"麦克卢汉的变种"(梅罗维茨,2001)。显然,梅罗维茨的媒介情景理论就属于这种变种。

(二)其他第二代媒介理论家

梅罗维茨的信息系统理论主要关注媒介和社会行为之间的关系,其将空间、场景等因素纳入了研究的视野,媒介影响场景,进而影响行为。梅罗维茨(1994)认为其信息系统理论是二代媒介理论的典型代表,同时其他一些学者也从不同视角对媒介与社会行为之间的关系进行了探讨,如苏珊·桑塔格、尼尔·波兹曼、雪莉·特克尔等人。

苏珊·桑塔格对摄影进行了研究。苏珊·桑塔格(1999:13)认为:"摄影改变并扩展了我们对于什么东西值得一看以及我们有权注意什么的观念。它们是一种基本原理,尤为重要的是,它们是一种观看的标准。"在苏珊·桑塔格(1999:18—22)看来,摄影是一种社会礼仪,能够抵抗焦虑,是一种确证或否定过往经历的方式,成为经历某事的主要装置。除此之外,摄影还为世界设立了一种长期的看客关系,拉平了所有事件的意义。

尼尔·波兹曼(2010:15)认为,"我们的语言即媒介,我们的媒介即隐喻,我们的隐喻创造了我们的文化的内容"。尼尔·波兹曼重点对电视进行了研究:一方面,他认为20世纪后半叶印刷时代的没落、电视时代的蒸蒸日上,"从根本上不可逆转地改变了公共话语的内容和意义"。政治、宗教、教育等构成公共事务的领域都改变了自身的内容,曾经的理性、秩序、逻辑性,逐渐变得脱离语境、肤浅、碎片化,一切公共话语都以娱乐的方式出现。另一方面,他认为童年是一种社会产物,是存在于一定的传播条件之中的。从印刷社会到电子社会的转变使童年作为一个社会结构已经难以为继(波兹曼,2010:162—163)。在口语时代,儿童与成人分享基本相同的文化世界,所以人类并没有"童年";印刷术普及之后,文字成为主导,成人掌握着文字和知识的世界,儿童与成人之间出现了一道文化鸿沟,"童年"诞生了。但是,电视使一切信息都能够被成人和儿童共享,成人和儿童之间的界限逐渐模糊,儿童几乎都被迫提早进入充满冲突、战争、性爱、暴力的成人世界,于是,"童年"逐渐消逝。波兹曼用"技术垄断"(technopoly)一词来指称技术对社会及生活的影响,认为"技术垄断是文化的一种存在方式,同时也是思想的一种存在方式"(波兹曼,1993:47)。

雪莉·特克尔在《第二个自我》《虚拟化身》《群体性孤独中》等著作中提出,电脑对于我们知道什么、相信什么、如何看待自己都产生了一定的影响。雪莉·特克尔对信息技术给人们的社会心理带来的负面影响表现出了巨大的忧虑。其认为,我们似乎在一起,但实际上活在信息技术所构成的"气泡"中。我们期待他人少,期待技术多。我们随时保持联系,但却依旧孤独。"当我们与机器人谈情说爱、与智能手机难舍难分时,我们通过机器重新定义了自己,也重新定义了我们与他人的关系。出于对亲密关系的渴望,我们与机器的关系正在升温;我们在网络上与他人的联系越来越紧密,却变得越来越孤独。"(特克尔,2014:1)

除上述三位学者之外,梅罗维茨(1994)也将爱德华·瓦赫特勒、苏珊·德鲁克、肖莎娜·朱伯夫等人归入第二代媒介理论家的范畴。爱德华·瓦赫特勒研究了技术对艺术和感知的影响;苏珊·德鲁克分析了电视影响我们体验文化的方式;肖莎娜·朱伯夫研究了智能机器是如何重新定义我们的工作和权力的;伊桑·凯什认为,电子媒介改变了法律系统;罗德里克·哈特分析了电视改变我们操作和感知政治的方式。

(三)关于第二代媒介理论的思考

以梅罗维茨为代表的第二代媒介理论家试图通过"媒介理论"来解释社会行动。与第一代媒介理论家不同,媒介环境不是梅罗维茨讨论的重点,他关注的是媒介环境下人的行为、角色发生的变化。他不讨论不同媒介构成不同的环境,而是讨论不同的媒介环境下人的行为的变化,试图找出某种普遍的规律。从梅罗维茨的信息系统理论来看,梅罗维茨在我们对媒介的理解中,开辟了一条新的路径。其对媒介与社会影响之间关系的建构,不是从伊尼斯的时空偏向或者麦克卢汉的感知偏向的视角进行的,而是将空间、场景等因素引入媒介理论。空间被看作一种信息系统、一种场景,从而对人们的社会行为产生影响。

以梅罗维茨的研究为代表的第二代媒介理论的关注重点在于媒介对人类行为的影响,其论述相比伊尼斯和麦克卢汉的宏大叙事略显微观。但这并不是说梅罗维茨从微观层面进行媒介理论的研究,其对于社会关系、社会化的论述依然是宏观的。但相较于第一代媒介理论,梅罗维茨的媒介理论更容易从宏观落到微观,更容易帮助我们分析具体的问题,更容易走向梅罗维茨所谓的微观的媒介理论。

第二代媒介理论家关注的对象主要是电子媒介,如电视、电影、网络等,第一代媒介理论家虽然也关注电子媒介,但主要还是关注口语、文字、印刷媒介。梅罗维茨专门阐述媒介理论的文章大概有四篇,但是只在1994年的那篇文章中提出了两代人的划分,其他文章在论述媒介理论的历史的时候,并没有提及这种代际的划分。这种代际的划分也非绝对,如尼尔·波兹曼等梅罗维茨所谓的第二代媒介理论家也有相对宏观的论述,只能说梅罗维茨关于第一、二代媒介理论家的划分,还是想把落脚点放在媒介和社会交往、社会互动的相对微观的层面上。

梅罗维茨对媒介理论进行代际划分是在1994年,其后又有一大批媒介理论相关著作问世,2009年梅罗维茨(2009b)再次阐述其媒介理论时也将这些理论纳入媒介理论的范畴,如卡斯特认为电子媒介促成了一种"网络社会",创造了一种"流动的空间"和"无时间的时间";波斯特的信息方式理论;Rich Ling认为移动传播重塑了社会连接。对于这些学者的理论是属于第二代媒介理论还是开创了三代媒介理论,需要做进一步的论述。

结 论

一直以来,媒介理论受到的最多的批评就是"媒介决定论"。梅罗维茨对"媒介决定论"的质疑亦有所回应,其认为如果人们认真阅读媒介理论的相关著作会发现,"媒介理论讨论的是一种可能性,而非决定论"。其主张媒介特征在媒介效果研究中有重要作用,但同时他也认为这种研究与经验研究和批判研究并不冲突,"是一种重要的补充,而非一种替代"(梅罗维茨,2009b:529)。这与麦克卢汉的观点相似,麦克卢汉(1967:25)也认为"这里没有绝对的必然性,而是对可能性的思考"。麦克卢汉的同事Edmund Carpenter(2001:239)认为"每一个媒介都是一片特殊的土地,这块土地并不能确保这里会长出哪种植物,但是它影响这里的植物的开花和凋谢"。因此可以看出,媒介理论并不是一种机械的决定论,媒介理论家也不是决定论者,只是说媒介理论家更加倾向于强调媒介的特性所造成的社会影响,但这并不等于说媒介是社会发展的唯一影响因素,而置其他因素于不顾。

除遭受"媒介决定论"的质疑之外,媒介理论确实存在着一些局限:不同于媒介内容的研究,媒介理论家所指出的媒介技术的效果比较多地涉及社会结构、文化环境、认知等抽象的层面,这并不能用社会科学的方法展示出来。媒介理论更多地关注宏观层面,比较依赖于思辨的、历史的分析方法;媒介理论的分析忽视了政治、经济等因素在社会文化发展过程中的作用(梅罗维茨,1994)。

尽管第一、二代的媒介理论学者并不必然地认为他们属于一个知识阵营,但是他们都有着类似的前提预设。在媒介理论家看来,传播媒介虽然不是社会发展的唯一决定性因素,但却是一种重要的、不可忽视的影响因素。在媒介理论看来,先出现的口语文化与传统社会相对应,印刷文化与现代社会相对应,全球电子文化与后现代社会相对应(梅罗维茨,1994,2010)。传播媒介在媒介理论家眼中始终是环境的、文化的,是人类社会发展演变的重要动因之一。"媒介必须被看作一种社会环境,这种环境影响了社会生活的结构,不能仅仅被看作传递的信息内容。媒介理论能够帮助我们理解我们创造的技术如何创造了我们。"(梅罗维茨,2009b:523)媒介作为一种环境为我们理解媒介效果提供了一种不同于内容研究与控制研究的范式。媒介作为一种文化环境形塑了个体与社会,但媒介的这种功能却在主流的传播学研究中被隐去。"媒介环境的影响是无处不在的,但媒介环境本身却被大多数人忽略"(梅罗维茨,2010b:106)。这大概是因为媒介作为一种环境,其效果是长期的,在短时间内较难显现出来。这种效果只有在媒介环境的变化中、在不同媒介环境的对比中才能够变得清晰。"只有当某种媒介开始被大部分的人使用的时候,媒介环境才能够变得更加清晰可见。"(梅罗维茨,2010b:106)当前,我们就处在一个变动的时代。

地球村的预言早已成为现实。新媒体技术在当前"内爆"的社会中层出不穷、日新月异。新媒体技术早已深深地嵌入我们的日常生活,对社会政治、经济、文化、交往产生了诸多影响。人工智能、虚拟现实、增强现实也成为我们对未来的重要设想。这些新媒体技术的广泛应用为媒介理论预留了充分的发展空间。"超媒体的时代创造了一个媒介理论发挥作用以及深化理论研究的良好契机。"（梅罗维茨，2015）因此，在这样的时代，重新回顾媒介理论，对于社会的发展、对于媒介理论的发展都是必要且有意义的。梅罗维茨的媒介理论，对媒介环境学第二个层面上的多重媒介环境的研究和其他媒介理论都有重要的意义。

参考文献

[1] MEYROWITZ J. The adultlike child and the childlike adult: socialization in an electronic age[J]. Daedalus, 1984, 113(3).

[2] MEYROWITZ J. Images of media: hidden ferment—and harmony—in the field[J]. Journal of communication, 1993, 43(3).

[3] MEYROWITZ J. Medium theory[M]//CROWLEY D, MITCHELL. Communication theory today. Cambridge, UK: Polity Press, 1994.

[4] MEYROWITZ J. Shifting worlds of strangers: medium theory and changes in "them" versus "us" [J]. Sociological inquiry, 1997, 67(1).

[5] MEYROWITZ J. Morphing Mcluhan: medium theory for a new millennium[R]. The Second Annual Convention of the Media Ecology Association, 2001.

[6] MEYROWITZ J. Post-privacy America[J]. Privatheit im öffentlichen Raum. VS Verlag für Sozialwissenschaften. 2002a: 153-204.

[7] MEYROWITZ J. The rise of glocality: new sense of place and identity in the global village[M]// NYIRI K. A sense of place: the global and the local in mobile communication. Vienna: Passagen Verlag, 2004.

[8] MEYROWITZ J. Taking mcluhan and "medium theory" seriously: technological change and the evolution bf education[M]//KERRS T. Technology and the future of schooling, 95th yearbook, national society for the study of education. Chicago: University of Chicago Press, 2005.

[9] MEYROWITZ J. Power, pleasure, patterns: intersecting narratives of media influence[J]. Journal of communication, 2008, 58(4).

[10] MEYROWITZ J. McLuhan, Marshall[M]//DONSBACH W. The international encyclopedia of communication, Vol. VI. Malden, MA: Blackwell, 2008.

[11] MEYROWITZ J. Medium Theory[M]//DONSBACH W. The international encyclopedia of communication, Vol. VII. Malden, MA: Blackwell, 2008.

[12] MEYROWITZ J. We liked to watch: television as progenitor of the surveillance society[J]. An-

nals of the American academy of political & social science,2009,625(1).

[13] MEYROWITZ J. Medium theory:an alternative to the dominant paradigm of media effects[M]//NABI R L,OLIVER M B. The Sage handbook of media processes and effects. Thousand Oak, CA:Sage Publications,2009.

[14] MEYROWITZ J. Media evolution and cultural change[M]//HALL J,GRINDSTAFF L,LO M C. Handbook of cultural sociology. Abingdon,UK:Routledge,2010.

[15] MEYROWITZ J. Multiple media literacies[J]. Journal of communication,2010,48(1).

[16] MEYROWITZ J. Medium Theory[M]//DONSBACH W. The concise encyclopedia of communication. Hoboken:John Wiley & Son,2015.

[17] CASEY MAN KONG LUM. Introduction:the intellectual roots of media ecology[J]. New Jersey journal of communication,2000,8(1).

[18] 梅罗维茨.消失的地域:电子媒介对社会行为的影响[M].肖志军,译.北京:清华大学出版社,2002.

[19] 切特罗姆.传播媒介与美国人的思想——从莫尔斯到麦克卢汉[M].曹静生,黄艾禾,译.北京:中国广播电视出版社,1991.

[20] 伊尼斯.传播的偏向[M].何道宽,译.北京:中国人民大学出版社,2014.

[21] 伊尼斯.帝国与传播[M].何道宽,译.北京:中国传媒大学出版社,2015.

[22] 芒福德.技术与文明[M].陈允明,王克仁,李华山,译.北京:中国建筑工业出版社,2009.

[23] 罗根.理解新媒介——延伸麦克卢汉[M].何道宽,译.上海:复旦大学出版社,2016.

[24] 麦克卢汉.理解媒介:论人的延伸[M].何道宽,译.南京:译林出版社,2011.

[25] 林文刚.媒介环境学:思想沿革与多维视野[M].何道宽,译.北京:北京大学出版社,2007.

[26] 斯特拉特.麦克卢汉与媒介生态学[M].胡菊兰,译.郑州:河南大学出版社,2016.

[27] 潘忠党,刘于思.以何为"新"?"新媒体"话语中的权力陷阱与研究者的理论自省——潘忠党教授访谈录[M].新闻与传播评论(春夏卷),2017.

[28] 翁.基于口传的思维和表述特点[J].张海洋,译.民族文学研究,2000(S1).

[29] 桑塔格.论摄影[M].艾红华,毛建雄,译.长沙:湖南美术出版社,1999.

[30] 特克尔.群体性孤独[M].周迓,刘菁荆,译.杭州:浙江人民出版社,2014.

[31] 波兹曼.娱乐至死[M].章艳,吴燕莛,译.桂林:广西师范大学出版社,2010.

[32] 吴国盛.技术哲学讲演录[M].北京:中国人民大学出版社,2009.

[33] 何道宽.媒介环境学:从边缘到庙堂[J].新闻与传播研究,2015(3).

[34] 莱文森.软利器[M].何道宽,译.上海:复旦大学出版社,2011.

第三部分
新新闻业时代

从东方电台到阿基米德
——上海广播的前沿探索

沙龙简介

2018年5月15日下午,在复旦大学信息与传播研究中心主办的"切问近思半月谈·新时代媒体实践"学术沙龙上,阿基米德创始人、CEO王海滨从阿基米德的创建经验及发展理念出发,畅谈广播新媒体实践的机遇和挑战;对谈嘉宾、复旦大学新闻学院尹明华教授立足于上海广播业的改革探索经历,分析广播事业与时代变迁的紧密关联。在场师生就未来广播业的发展方向、技术与媒体转型的关系等议题展开了深入讨论。

陆　晔(复旦大学信息与传播研究中心副主任):今天这场学术沙龙,是"切问近思半月谈·新时代媒体实践"系列关于改革开放40年主题的第三场。今天的题目是"从东方电台到阿基米德"。我先介绍一下今天的两位嘉宾,一位是阿基米德创始人,也是我们上海著名的广播节目主持人王海滨;另一位重量级神秘嘉宾是我们学院的尹明华老师,他的另外一个身份是上海广播行业的老从业者、老领导,东方广播电台的缔造者。

我们这期的题目是"从东方电台到阿基米德",副标题是"上海广播的前沿探索"。我想稍微多说两句。第一,我们大家都知道,广播在所有的大众媒介里是比较特别的,它可以同时具有国际传播和社区传播的特征。所以,在我自己从事广播电视教学和研究的这些年里,我在课堂上经常讲,广播是冷战时期唯一能够穿越封锁线的大众媒介,同时它又是极度社区化的媒介。它是两极的,完全不同的两极。第二,我们也知道,广播是一个伴随式的媒介,你可以在做任何事情的同时听广播。这是我高中时经常干的事情,就是把一个收音机藏在我的小抽屉里,在爸妈不注意的时候偷偷听《刘三姐》,同时假装在复习。

对于今天的主题——上海广播,不知道在座的同学是不是了解,我想几位老师应该很熟悉。上海的广播,不能说是中国广播事业的第一章,但也确实是中国广播事业的开端,是一个重镇。其实从20世纪20年代开始,广播就是上海城市生活当中非常重要的一种媒介,各种各样的人都能通过广播使自己和城市生活建立一种特殊的关系,上至达官贵人,下至工厂的包身女工,都从广播里获得过他们自己与周围城市生活的一种关联。所以,上海广播的历史是非常长的。

我们讲中国改革开放40年,而说到上海广播,要从东方电台开始讲起,这是因为东方电台是中国广播改革的先行者,也是中国媒介改革的先行者。从某种意义上讲,它和改革开放有着重要的相互推动的关系。当年的《风从东方来》,我个人认为,它的最大意义是真正使大众媒介和城市生活高度融合、互嵌和相互构成,比如通过热线电话推动的消费者权益运动。那时候南京路上的商家最担心的一件事情就是在早晨开门的时候,听到电台的主持人打进电话,说麻烦让你们经理出来接电话,因为有老百姓买了东西后说不好。此外还有各种各样的新闻现场、大量的直播、个人生活、张扬的个性、音乐、情感……它是和整个城市的现代化文明发展密切联系在一起的。

我们今天也看到互联网给音频媒介带来了一些新的活力,音频媒介跟我们个人生活的关系也更密切了。现在,阿基米德在国内是相当有影响力的一个音频收听App,促成了基于移动互联网的新的社区。1998年我在美国访问的时候,看到美国广播的收听率时受到了"惊吓":他们的广播收听率那么高!当时学院里教广播历史和节目课程的一个同事半开玩笑地说,你们中国人不爱听广播是因为你们不爱跑步,美国人特别喜欢跑步,就特别喜欢把收音机挂在身上,以后你们喜欢跑步了,听广播的人数就会上升。虽然是个玩笑,但他确实看到了广播与个人生活、与城市生活之间的特别密切的关系。

今天的主题,先从东方电台讲起,所以我想先请尹明华老师就上海广播改革探索和改革开放40年的主题,给我们讲一讲东方电台当时的一些具体做法,讲一讲它如何推动媒体与城市建设和发展的关系。尹明华老师之前给我们提供了非常丰富的材料,我们有选择地做了一本小册子,可以让大家在他讲的时候看到具体内容。除图片以外,小册子里还有当时东方电台的串联单、当时做的一些大型活动等,我觉得这些材料对于我们今天理解广播与社会和城市的关系有非常重要的意义。好,我们先请尹明华老师。

尹明华(复旦大学新闻学院教授、博士生导师):今天这个活动的主角是阿基米德,我主要是介绍背景。作为广播改革的一名亲历者,我对历史情况比较了解。没有昨天的改革,恐怕今天我们也不会站得这么高、走得这么远。东方电台于1992年10月创立。当时为什么要建两个广播电台?有这样几个原因。

一是广播电视处于相对静默期。20世纪80年代以来,新闻界在探索一种新的规则，探索怎么做才能处于一种相对稳定的工作状态。二是社会重新萌生了新的与外界的传播交流需求。上海的新闻该怎么做，尤其是上海广播和电视该怎么做，不仅仅是一线的广播人在考虑，上海广播电视局的高层领导也在思考，因为广播电视的状况若持续下去不会尽如人意。三是互联网愿景萌发，新的传播革命已经从美国开始。20世纪90年代初，美国和欧洲都兴起了互联网，而中国还处在非互联网时代。广播不仅面临自己怎么发展的问题，还面临外部竞争的问题。报纸的状况比我们好。四是旧有的格式化体制面临需要改变的处境，这种状况使我们内部集聚了大量的思想，这些思想不断交流和碰撞。五是集聚社会优秀人才的上海广播行业，蕴藏着巨大的改革能量。上海广播电视从20世纪80年代初开始在人事制度上进行重大改革，从社会上数千人里招聘了四五十名优秀人才，他们有着与传统的广播采编人员不一样的思路，他们渴望改变、渴望改革。上海广播电视局领导认为竞争首先要从内部开始：设立一个新的电台，给两个频率，不按照体制内的要求运营。这在当时是非常大的改革举措。

东方电台的新闻节目，实现了全新的内容之"变"。

一是率先将半小时的早间新闻节目改为一小时，突出内容的丰富性，每次播出约70条新闻。二是变录播的播报方式为现场直播，突出新闻的贴近性，新推出的《东方传呼》直播节目在上海迅速走红。三是推出贴近式新闻评论，突出新闻的思想性，每天有一篇以当天新闻为依据的评论。四是新闻传播变被动为主动，突出新闻传播者的意图。新闻是客观的，但是单单靠传播客观的东西，能不能和我们的同行竞争？这在当时就作为一个问题被提了出来。我们先后推出了《长江万里行》《沿海万里行》等重大的有影响的策划节目。五是新闻编排变线性为混编，突出新闻的重要性，例如克林顿当选美国总统、海地大海难等新闻就是突破常规、放到头条播出的。六是新闻作业变专业为行业，突出存在的合理性，也就是被认可性。我们在上海新闻界聘请了14名特约记者为东方电台撰稿，稿费丰厚。七是变新闻播音为新闻主持，突出节目的主动性。八是考虑到上海国际性大都市的特点，为顾及部分在沪不懂中文的外籍人士，使用中英文对照播报新闻提要和气象消息，等等。

东方电台于1992年10月28日早上开播。三个月以后，东方电台新闻的收听率大幅上升，广告收入直线上升。另外，东方电台的综合类节目和音乐节目也创新迭出，高潮不断，在上海乃至全国迅速兴起"东广旋风""东广效应"。

仅开播了三个月，东方电台就产生了很大的反响，我称它为"意外的结果"。也就是说，在当时的环境中，我们摸着石头过河，结果并非是最初设计的，完全在意料之外。它的成功，意义主要在三个方面。

第一是广播业再度雄起，广播效应似乎超过了电视。东方电视台成立前，穆端正台长专门带人来学习取经。上海一些报纸的总编,写了很多文章赞扬东方电台,广播的地位一下子提高了。他们还通过不同渠道和方法,希望东方电台早新闻报纸摘要里多播报他们报纸的消息。第二是国内外同行的广泛认可。不仅国内的广播、电视同行和报纸同行到东方电台学习,还有许多国外媒体前来采访。当时,在北京东路2号,东方广播电台简陋的长长的走廊里,坐着一批批来自新加坡、日本、美国、法国、英国的记者,也许他们觉得在中国出现了一个具有"民间"色彩的东方电台,这对于中国人来说意味着一种全新的开放。他们有自己"成名的想象",但我们有自己一以贯之的意图和目标。国外报纸对我们刮目相看,也为我们带来了很多合作机会。当初刚刚兴起的因特网,就和我们签订了合作协议,让我们把多余的广播资源给他们,开辟一个线上栏目。第三就是确立了面向世界的广播模式,我们觉得广播不能再按照传统的方式运作,要和国外传媒业加强合作。东方电台从1992年就开始和国外的同行进行广泛的合作,特别是和欧洲与美国的一些广播电台合作。通过和国外广播同行合作,我们看到了差距,找到了进一步努力的目标。

东方电台的探索更为重要的实际意义,是为走进互联网时代的广播做了理论铺垫和实践准备,成功探索了非互联网时代广播与社会、创新与需求等之间的关联。这种关联主要表现在以下几个方面。

内容和形式的关联。过去我们认为内容和形式是没关系的,现在我们发现在内容不变的情况下,形式的改变可以推动内容的提升乃至内容的质变。

新闻和评论的关联。过去只注重客观报道,现在意识到新闻人的主观行为,包括选取角度、编辑方式等,可以让新闻的影响力和传播力发生改变。

内在和外在的关联。过去广播人只在自己的圈子里面"折腾",现在内部的行为和外界的参与发生了联系,广播与整个社会的联系有了更为密切的铺展。

需求和提供的关联。对广播的需求来自民众、来自社会,在为社会提供更多更好的广播产品之前,广播人必须先知道这些需求发生在何时、为何发生和在怎样发生。

专业和社交的关联。除聘请专业的报纸记者担任特约记者之外,我们还聘请了一些特约记者,他们的主要任务就是为东广新闻提供信息。那时我们已经有了渠道和服务的观念。我们提供了渠道,但是要更好地为供给我们信息的这些通讯员和特约记者提供服务,让他们24小时都能够为我们服务,实际上东广新闻中很多重大独家消息都来源于他们。

关于当代广播的未来发展方向,我有两个不成熟的看法。

第一是非机构非建制传播要素的融合,声音、想法、看法、情绪等都能够成为传播要素的资源,为广播机器人合成作业时代的到来做好准备。每个时代除了有可以被文字记录的思想以外,还有许多作为文明载体的声音记录,这些声音资源实际上是非常宝贵的。现在所有的广播声音合成都是由专业的团队机构完成的,随着智能技术的发展,将来能不能通过社会化非机构合作,尽可能调动更多的声音元素来进行合成,并把相关的广播作品送到频率平台上予以呈现?

第二是反需求和反提供的深度关联,就是原先的内容提供方以需求方的身份,向社会上的传播要素拥有者提供渠道、平台和方法,用以容纳和融合庞大繁杂而又可能变得有序的需求提供者,使忧伤、喜悦等情绪成为广播作品的构成内容,使语言、思想成为可成品化传播的基础性元素。现在包括阿基米德在内的广播,不过是产品的提供方,但是今后可以成为需求的提供方,而把提供产品的权利交给社会和受众。互联网时代一切皆有可能,实际上线上的非建制的广播作品已经诞生了。现在对我们来讲,阿基米德或者喜马拉雅主要是作品的展示平台,今后也可以成为智能技术的应用者和推动者。

陆　晔:非常感谢尹明华老师。尹老师所谈的不仅仅是内容的创新,其中还包含了一种新的业态、一种新的内容生产机制和一种新的媒介理念,尤其是新闻的理念。我还想补充一点。当年东方电台和东方电视台都是在上海浦东注册成立的,它们与上海和浦东的开发开放是密切联系的,这也体现出上海作为中国改革开放排头兵的特质。我觉得从那个时候到今天,我们都能够看到媒体与中国社会改革最重要的节点之间的密切关联,也就是尹老师所说的,上海这个城市是会跟着东方电台的旋律走的。今天,技术条件改变了,媒介和公众的关系相应地会变成什么样?阿基米德的声音改变生活的理念和态度,为我们的社会、时代和城市带来了什么?下面有请王海滨老师。

王海滨(阿基米德创始人):我讲的更多的是自己的想法,不是理论,就是在实践当中遇到的困惑以及解决方法。我觉得阿基米德深刻体现出传媒在变革当中的另一方面:步子迈得太快,快到像熊瞎子掰棒子,一路掰过去,实践了很多,但是没有理论的积淀,可复制的经验也非常少。所以今天我简单地梳理一下,也请各位老师给我们把把关。

第一,阿基米德是一个能够提供服务的社交音频平台。阿基米德起步时,我们对它的定义是"一个能够提供服务的社交音频平台"。难得的是,这个定位从2014年7月立项时提出,到今天为止没有改变。目前,阿基米德有社交属性,有音频,当然还有很多视频。它追求的是服务、社交和音频提供。从服务角度来讲,它实际上还包括商业模式。

社交,到现在为止我们做得还不错,一年有超一亿条的用户发帖,虽然没办法跟微信、微博比,但是已然可圈可点,这得益于全国五千多名活跃的主播。音频,每天新增

1.6万小时,因为平台上有全国的1.6万档节目,其中上海广播有324档,只要节目播出,阿基米德就更新。到目前为止,我们和全国一百多个省市的广播电视台达成了战略合作,这为我们带来了4 000万用户,他们遍布全国各地。

第二,阿基米德的优势。首先,内容优势。我们的内容太多了,1.6万小时的节目根本听不过来,所以对我们来讲,最大的挑战是重新做分类和标签,将最优秀的主播和内容精准推荐给当地的不同受众,甚至推荐给全国用户。其次,行业优势。全国有三千多家广播电台,其中一千多家跟我们签约了,我们有机会为整个行业树立一个标杆。再次,模式优势。我们追求广播在互联网时代的迭代升级。最近的一次活动"给90后讲讲马克思",在全国24家广播电台播出,由阿基米德分发到微信、微博,以及哔哩哔哩、蜻蜓FM等平台,19天中有2.7亿人次收听。这个成绩对移动互联网内容来讲也许不算什么,但对于传统广播节目来讲是相当不错的。移动互联网+广播,这是新的传播模式。最后,资格优势。到目前为止,我们是音频领域唯一的全牌照企业,有互联网节目制作许可证,有网络视听许可证,有增值电信业务许可证等。随着互联网管理规范的进一步强化,牌照资格优势将会越发明显。

第三,传统广播自身在新媒体时代的诉求。我认为在媒体的核心变化中,有两个颠覆是最致命的。一是内容价值的判断标准被颠覆了。现在的标准就是10万+,是用户点击出来的。二是承担内容的介质被颠覆了。电视机、报纸、收音机逐渐被淘汰,人们基本上都是用手机阅读了。

所以说我们要解决的问题,一个是重塑机制流程,另一个是重塑商业模式。原来我们评判一个媒体强弱的重要标准是生产能力强不强,在东广新闻台滚动设计时期我专门做了一个梳理,统计一天播出多少内容,结果大概是1 300条新闻,重复率是30%~40%,有时会更高。这是正常的,一些重要新闻和用户感兴趣的新闻需要保持一定的重播率。

当时东广新闻台除了1点到6点转播中央电视台的节目之外,剩下的时间全部是每20分钟滚动播出一档节目,全天共45档节目。也就是说,你在任何时间去听东广新闻台,只要听满20分钟就听完了一档完整的节目。理念非常新,但是别的台很难学,为什么?生产能力太小。这种模式需要很强的生产能力才能实现。

但是今天办一个24小时播出的新闻台很牛吗?貌似不是了。现在一个人一天能写一条10万+的消息,感觉比一个24小时播出的新闻台牛多了。这是因为评价标准变了,原来的评价标准是生产能力强不强,现在考虑的是传播能力强不强。

第四,传统广播在新媒体时代对接不同主体的诉求。其一是企业的诉求。其二是个体对媒体的诉求。其三是城市对媒体的诉求。城市本身就是个生态系统,人和社群已经不再是独立的生活的点,每个人身处其中,同时连接人和物。我们可以成为连接城市的重要节点吗?其四是政府对媒体的诉求,即媒体能不能成为社会治理的承载平台。

第五,传统广播在新媒体时代的现存优势。传统广播还有没有优势?有。我梳理了一下,大致体现在以下五个方面。

一是稀缺的频点资源。FM、AM 频点覆盖整个城市,传统接收设备逐渐减少,甚至有人担心汽车会拿掉 FM 模块,但是这都不能否认频点的稀缺价值。

二是超越"网红"的主播。主播跟"网红"不一样,"网红"的数量和生命力都很难和传统主播比。广播主播常常在一个城市深耕 10 年、20 年、30 年,有的几乎就是一个城市的符号。

三是直播交互的传统。从单向传播到双向交互,广播一直保持着这样的传统,只不过今天的交互已经不再是对听众的馈赠,而是内容生产的核心组成部分。

四是内容规模生产能力。到今天为止,类似世界杯这样的重大报道,还没有一家自媒体有内容规模生产的能力,全国两会报道、汶川十周年报道等都是规模化、成批量的内容生产。

五是自成体系的经营能力。虽然整个广播行业的营收只有 150 亿人民币,但是拥有完整的采编播加经营的全链运作能力,这是转型的重要支撑。

第六,传统广播转型的路径主要有三个。一是内容价值再造。传统广播节目需要再垂直细分,精准对接需求人群,必须加上分类、标签以及摘要。在内容优质化方面实施短音频战略。所谓短音频战略,是针对传统广播节目而言的,即根据一个小时的节目生成 2~3 个 3~5 分钟的短音频。这些短音频既有机衔接又可以独立成篇,这是符合互联网要求的新的生产手段。二是围绕主播进行 IP 转化,打造新广告模式,触发消费动机,将听众与主播的关系从组织纽带转变为资本纽带。三是新模式的混入。传统广播是单向传播,如果借助互联网,我们可以进行内容付费、版权交易、硬件开发、电子商务、融媒体广告等多种尝试。广播不再是简单的广播概念。

第七,传统媒体转型必备的技术能力。特别强调一下,到今天为止,阿基米德共有 83 名员工,技术团队超过 40 人,而且阿基米德没有任何外包,从内容到技术到数据,全部是自己做的。

一是要具备音视频的处理能力。我们目前初步形成了对全国广播歌曲、广告以及内容的解构能力,比如我们知道在全国广播电台中今天播放最多的歌曲是什么,是哪个台哪个节目播的。当然音视频处理能力当中还包括语音转文字等能力。比如智能音频拆条,一档节目结束后,会自动被拆成 3~5 个短音频进行传播。

二是要有数据处理能力,也就是把内容精准地推送到有需求的用户那里。数据处理能力一定是针对全域全网数据的处理能力。图片识别、社区机器人、自然语言处理等都应该应用到阿基米德上。

开发能力还包括 App 开发、H5 开发、小程序开发、后台开发。H5 开发更关注分享,内容的传播速度与分享有极大的关系。分享会涉及标题,涉及内容的关联,也会涉及针对不同人群的呈现,等等,这是一个巨大的课题。

第八,扩大中国广播光明论的行业影响力。阿基米德目前在全国的影响比较大,尤其在行业内,处于绝对的领先地位。我们要凭借自己的影响力为中国广播做力所能及的事情。我们举办阿基米德声音盛典,对全国全网全域的 2 万套广播节目进行剖析,推荐 50 个主播的 50 个节目,让听众更多地关注广播。

我们成立了全国华语音乐广播联盟,目前为止,全国除了香港、澳门、台湾的 31 个省、市、自治区都加入了进来。这可能是全国最大的音乐广播联盟,(取得这样的成绩)一方面是因为东方风云榜的影响力,另一方面是迎合了全国广播用户的核心需求。

我们还创办了阿基米德融媒研究院,针对全国广播人做行业培训。我们把广播电台的优秀人物、行业内的专业从业者、移动互联网人士、高校专家聚集起来,对全国各地的广播从业人员进行培训。

第九,放大中国广播的力量,承担更多社会责任。我们启动了"自然的馈赠"大型精准扶贫行动,联合上海广播电视台、云南广播电视台,在上海对口帮扶的云南做试点,把一些优质的农副产品、精准脱贫建档立卡户的产品送到西郊国际——上海最大的属于菜篮子工程的国资企业,进行小包装分类,变成大礼包,再卖给市民。保险公司安信农保做消费者和生产者的保险,到目前为止销售量过千万。这就是广播的力量。

我们还举办了青年沙龙,在平台上开设了党员在线学习平台"学习同心圆",从"十九大报告十九人讲"到"给 90 后讲讲马克思",从前期策划到后期发动与广播电台联手,在阿基米德上进行直播,等等。

交流讨论

窦锋昌(复旦大学新闻学院研究员、高级记者):我是传统媒体出身,2016 年来到复旦大学新闻学院工作,之前长期在广州日报报业集团工作,所以刚才王总讲的这些,包括尹老师讲的电台的一些问题,我感同身受,我也很关心现在的传统媒体转型。阿基米德确实做得很出色,而且已经形成了很好的品牌优势。

阿基米德作为一个独立的公司,只有 80 多个员工,是没有能力做内容的,基本上都在做技术开发和运营工作,所以它与上海广电是什么样的关系?

王海滨:我们是独立公司,上海广电是大股东,我们与全国广播电台签的是平台入驻协议。

窦锋昌:你们与澎湃是完全不同的做法,澎湃是整体转型,要与原来的媒体完全融合,它的人员和机制都是在原来传统媒体的基础上增加一个新的出口;而你们更像是文广系统里的一个小型项目公司,对吧?

王海滨:是的,阿基米德从酝酿到诞生,从独立的一个项目到独立的一个公司,始终以传统媒体的转型为己任,紧贴着广播的需求和转型的方向走。从某种意义上来讲,它希望成为上海广播转型非常重要的一个平台。

传统媒体在尝试进行移动互联网突破时,到底离自己的母体多远比较合适?您问的实际上是这个问题。离得太远,最后变成母体的发展与你无关,你自己的发展和母体也无关;离得太近,容易被吞噬掉,最后变成传统媒体整个齿轮轴承的一部分。这个度需要把握好。

我们到今天为止仍然坚守着 PGC,向全国广播电台开放,但是对 UGC 坚决不开放。这取决于我们对界限的判断,这是个很痛苦、很困难的过程。但是,我觉得我们到目前为止把握得还不错,海量的主播、海量的传统节目主持人以阿基米德为主要的交互平台,大量用户在这里和主播互动,主播也在这里有了一定的商业行为。

尹明华:我为阿基米德的成功感到欢欣,我觉得这是将来的一个方向。我的问题是:当我们拥有海量的互动和丰富的节目的时候,为什么还不能赚钱?新媒体在媒体传播方面出现了一个非常特殊的情况:当收视率上升的时候,并不像传统媒体那样广告量同时上升,很可能还会下降。

我们一起来探讨一下。王海滨谈到了广播转型的企业环境,其中包括节目的垂直化细分和内容的优质化战略,我们能不能说是内容的垂直化细分催生了节目的优质化战略。当我拥有很多内容、拥有很多"粉丝"的时候,还是要依靠单一的广告,为什么?因为我们没有提供产品,没有其他影响力,而事实上当我们拥有丰富的广告资源的时候,这个平台本身可以为我们生产产品提供更多可能。再进一步说,所谓的内容是垂直化细分的,也就是发现用户对内容的需求,然后从广阔的资源海洋里找到有针对性的产品。

王海滨:谢谢尹老师,我们现在就在做这方面的尝试。比如 M 店,很多人认为阿基米德在做电商,实际上是在做广告。我记得第一次尝试的时候,我们的 5 个主播在节目中做了一下广告,卖掉了 610 箱桃子。但是阿基米德的定位不是电商,我们认为,从核心上讲,媒体还是属于注意力经济,怎样把广播吸引的注意力变现才是问题。如果有一个好产品,让阿基米德平台上5 000多个主播每天在节目里做一次广告,这个品牌会不会在一夜之间成为爆款?我们讨论的实际上是这个概念。

所以,到今天为止,阿基米德针对广播制作的电台包的刊例价仍然是广告刊例价。如果直投阿基米德电台包,可以省去所有的入驻费和销售分成。

阿基米德的定位如果是电商的话,现在就不是83个人了,而是583个人,为什么?因为仓储需要人,客服需要人,物流需要人。所以阿基米德还是做广告,做新型的带转化的广告,这个方向对不对还不知道,但目前有了不错的开始。

孙　玮(复旦大学信息与传播研究中心副主任、新闻学院副院长):我有三个问题。第一个问题是怎么理解广播媒介的介质——声音?新闻传播研究中关注文字、影像的非常多,但很少把声音看作一种独立传播的介质。你们做阿基米德时是怎么理解的?新闻传播学称传播声音为"声景",刚刚你跟尹老师都讲到了场景,现在全世界非常流行的一个理论,就是声音景观的理论,我们将其称为"声景理论",声音作为一种景观和场景的结合体,你们是怎么考虑它的独特性的?第二个问题是关于技术的,刚才讲了非常多的技术,这些技术在现在的改革中起到了什么作用?最后一个问题是,刚才说到广播人转变很难,他们缺少互联网思维,但王海滨曾是播音员,如果你们有这样的移动互联网思维,为什么那些人就没有?你们的是从哪里来的?

王海滨:声音其实是个很大的市场,全国的咖啡店、饭店、大堂、小区,几乎都需要音乐和声音,到今天为止没有一家机构能够把它们统一起来。目前大家的思维基本都集中在汽车上。上次有两个上市公司请我去看他们的新产品:进门以后喊一声,整个房间就启动了,可以开窗帘,可以看电视,到了镜子面前可以听音乐,声音需求被全面地场景化了。原来进卫生间的时候,不一定要听音乐,但是有了这样的声音场景,我可能就会产生对声音的需求了。

第二个问题是我对技术的想法。媒体转型不能迷信技术,但是要敬畏技术。每一轮的媒体变革,其实都伴随着巨大的技术革命。技术革命改变了信息传播的速度和广度,没有技术的媒体变革是无力的。阿基米德特别难得的就在于搭建了一套完全自主的技术。

第三个问题,思维实际上是个很奇妙的东西。我做过整整一年电视工作,一周做一个小时的新闻评论节目。我本身具备的是广播思维,接触到了电视思维后,就觉得它们是完全不同的思维。而传统媒体思维与移动互联网思维之间更加泾渭分明。至于说怎么形成的,老实讲我也不知道,我也不认为我有真正的互联网思维。

和传统的媒体思维相比,对于移动互联网内容来讲,交互是首要的。没有交互能力就没有媒体价值,这是毫无疑问的。之后是裂变和分享,如果没有裂变能力,就谈不上传播速度;如果没有很好的分享设计,就会降低裂变的速度。这些都应该算互联网思维的一部分吧。

谢　静(复旦大学信息与传播研究中心研究员):我听广播相对不是特别多,自己也没有实践过,新闻学院的学生实际上主要还是集中在对纸媒的研究上。最近我在做一个"上观"的研究,我发现我对报纸的编辑或者它的转型有比较直接的感受,所以刚才你讲生产能力向传播能力转化的时候,我就特别想知道,对于声音媒体,这种变化主要体现在哪里。

王海滨:广播在进行移动互联网转型时,就会面临我们前面提到的音频的自动拆条、自动分类、自动标签、自动摘要等问题,在传统广播时代是没有这样的需求的。这都是为了实现更好的传播而进行的生产能力的转化。

以前的广播节目稍纵即逝,现在我们研究移动互联网广播,不单单是做一个App,而是要做到全国两三万档广播节目的可识别、可推送,这是非常重要的。把细分内容推给最需要它的人,这就实现了传播能力的转化。

谢　静:如果是UGC,标签上传可能会比较清晰,但你们PGC只能重新做。

王海滨:理论上PGC也可以做到,阿基米德的直播是自动生成标题的,比如"20180524 市民与社会××××"。现在越来越多的主播在直播之前会主动把标题改好,便于日后检索,这有利于节目的二次传播。从某种意义上讲,这也促进了传统广播人互联网意识的产生。

谢　静:你刚才说用微信小程序,App和小程序的技术传播能力有什么差别?

王海滨:App是个重产品,小程序是个轻产品。小程序的核心目的是分发,它不强调用户的承载能力。一个企业若想通过小程序来完成自己的用户积累是非常困难的,它更多的是通过快速的流量分发,在微信里快速分享,通过服务实现人群的扩张。

邓建国(复旦大学新闻学院副教授):今天我学习了很多,先讲几点。首先,我没想到在20世纪90年代初,在广播的发展方面,尹明华老师就已有了互联网思维。尹老师所做的种种,比如面向全社会征集最优秀的人才、在内部引入竞争机制和市场化管理,还有前互联网时代的通讯员机制,它实际上也是一种UGC的内容生产模式,所以我很佩服。

王海滨老师介绍的阿基米德,实际上是一个面向传统广播的平台性的解决方案,配合传统广播走向互联网。音频是非常重要的,从媒介传播的历史来看,人最先使用的是听觉,然后才是视觉,直到文字出现后,人类的感官中心才慢慢地从听觉走向了视觉,特别是从印刷术出现后,人类才开始视觉化和线性逻辑化。有人说不同的媒介会产生不同的社会组织形式,音频作为一种传统的社区形式,是很有研究必要的。

刚才王海滨老师讲制片逻辑，电视台、广播电台和报纸的逻辑完全不一样，我们的媒介使用会塑造认知感官，然后形成不同的媒介文化，所以媒介融合很难，因为它们的媒介逻辑和媒介文化会产生巨大的冲突。

而王海滨老师所说的创新，实际上是对受众的切割、对内容的切割。通过各种方式来寻找不同类型的受众群体，使得切割越来越精密，但是切割之后怎么办？传统媒体的内容很少能够做到精确切割。2011年我到美国MTR访问时，MTR对广告内容的切割是非常精细的，目的是通过切割内容将对的内容在对的时候以对的方式投给对的受众，实现精确的匹配。阿基米德在这方面做得非常好。

王海滨老师不太看好知识付费，认为知识会贬值，我不太赞同。您似乎是将信息等同于知识，信息越来越多，所以知识的价值越来越低；但是正是因为信息越来越多，我们才需要知识对信息进行提炼，增加信息的附加值。阿基米德的逻辑起点不是面对公众，所以实际上是没有真实需求的，它的出现和发展不是为了满足真实的需求。需求被放在后端，是为了实现媒体融合。就像我们做了一项公益事业，开设了一个商场，请了很多的商家到商场摆摊。很多客户到大商场买东西，我们作为物业，对商家的商品进行精细的切割，对客户进行精细的切割，其价值何在？

王海滨：关于知识与信息，我认同您的说法，可能我强调更多的是信息，而不是知识。知识更稀缺，全国能让老百姓愿意买知识的人，恐怕也是屈指可数的，这在供给方面就有问题。

您的困惑实际上也揭示了我们之前走过的一段弯路，我们其实是为用户做的App，我们今天讲的更多的是传统媒体的转型，如果这是一场公开课，给老百姓讲怎么使用阿基米德，上面那些我都不会讲，只讲可以通过阿基米德买大礼包、买云南土特产，特别便宜而且质量特别好；有育儿故事，家长不必天天想着怎么给孩子讲故事，我们有300档节目可以随便给孩子听；还有大概十几个方言节目，非常有意思。我们从一开始就分了16个大类、66个小类，基本上能囊括全人群的信息需求。

当我们紧贴着广播做新媒体转型的时候，确实有一段时间过于重视B端广播电台和主播的需求，而忽视了传统用户的需求。如果从广播电台的需求出发，我们肯定会失败；如果脱离广播电视台的需求，完全从用户需求出发，又与我们的出发点不太一致。这是让我们比较尴尬的地方，但也给我们带来了生机。如今我们在体制内可以找到巨大的资源优势，这给了我们很多当年想象不到的空间。这与我们紧贴传统媒体的转型来发展有很大的关系。

许　燕（复旦大学新闻学院副教授）：阿基米德、喜马拉雅和蜻蜓这样的音频平台、App或者音乐平台的差异化定位是什么？

王海滨：你只要用了就会发现阿基米德与其他两个产品截然不同。比如用蜻蜓、喜马拉雅，你可以发现海量的节目；用阿基米德，你可以发现海量的人，这可能就是我们之间的最大的区别。

许　燕：您的理想定位和现实位置符合吗？

王海滨：完全符合，我的理想定位就是这样的。媒体的影响力取决于连接数量，连接了多少人决定了媒体的传播力量有多大，传统媒体的式微就在于连接人的能力弱化了。换句话说，介质缺失了连接人的能力。我们要找到曾经的那些读者、听众、观众，把他们重新连接起来，这个定位和现实位置是符合的。

许　燕：你们当前的主打内容是什么？

王海滨：上海广播电台共有12套节目，其中有4套音乐节目，一套是给十几岁少年听的，一套是给三十几岁人听的，一套是给五六十岁人听的，还有一套是给欧美流行音乐爱好者听的。如果说上海广播电台有12个垂直定位的话，阿基米德就有12个垂直定位社区和人群，如果全国广播有3 000个垂直定位的话，阿基米德就有3 000个垂直定位社区和人群。差异化分类以不同的频率、不同的主播为依据，在不同时段设计的不同节目必然会吸引不同的人群。

王海滨：刚才尹老师讲了当年成立东方电台的三个结果：广播行业再度崛起，得到国内外同行的广泛认同，确立面向世界的现代广播事业。我从1992年12月进入东方电台，见证了这三个历程。但是尹老师在这三个结果前面居然加了五个字："意外的结果"。想当初，我们认为尹老师就是奔着这些目标去做的，今天尹老师却说这是一个意外的结果。

尹明华：为什么说是意外？因为我们在做这件事情时是做好失败准备的，这种失败可能是一种政治意义上的失败。外国媒体当初认为我们是民间电台，这对我们而言是很大的压力。而当东方电台成功后，这个压力就变成了领导的压力。我们在做一些改革工作时，实际上都要承担压力，并不是说成功就在那儿等着我们。

我和广播人比较熟，广播人一开始对阿基米德也有不同看法，有人说它不赚钱，可他不知道这是一个漫长而复杂的过程。有多少人愿意跳出体制，去做这些有风险、有挑战的事情？所以即使今后失败了，也为后人的成功开辟了一条正确的道路。

黄　旦（复旦大学信息与传播研究中心主任）：从阿基米德这个名字说起，你们开始想找的点是什么？现在找到了吗？未来想实现的呢？你们对自己的定位是提供服务的社交音频平台，那么阿基米德要撬动的那个点在哪里？

王海滨：起阿基米德这个名字，就是想找到一个支点，一个撬动传统媒体变革的支点。现在这个支点找到没有？我觉得没找到，还在继续找，阿基米德现在很像支点，但我不认为它就是一个明确的支点。支点到底是什么,目前还不清楚,未来传统媒体的支点到底是数据、技术,还是内容,目前还很难说。但内容显而易见还是高地,这毋庸置疑,所以我们还要在这方面继续努力。实际上我们做的还是"内容为王",只不过是把人的因素往外赶,把技术的因素请进来。

学生1：刚才我听到您提到用大数据技术监测用户行为,走了一段弯路,最早是关注广播电台、主播的需求,后来才转到关注用户的需求,我想请您谈一下对用户需求的观察和理解。

王海滨：大体来讲,阿基米德没走太多的弯路,所以我们用三年时间就走到了今天(的发展阶段)。但是确实有一段时间,比如说主播密集地跟我们沟通的时候、密集入驻的时候,他们的意见会多,我们做产品的时候就会偏向他们那边。比如原来我们有一个功能——鲜花和鸡蛋,有的主播鲜花非常多,有的主播鸡蛋特别多,突然有一天我意外地发现鸡蛋没有了,据说是因为某个主播持续投诉,因为他收了300多个鸡蛋。后来他又提要求,说如果你们不改变产品功能的话,能不能不要把鸡蛋扔在脑袋上,扔在其他地方行不行？大概有两三个主播提出这个要求后,阿基米德就把鸡蛋功能拿掉了,只保留了鲜花。这就是特别典型的B端用户取代了C端用户的思维。我是指这方面的弯路。

学生2：我有两个问题,第一个,我觉得阿基米德做得特别好,它不是单做内容,而是做一个平台,把所有的广播电台都拉进来,但是我有一个担心,就像央视做融媒体的直播流,后来搞了一个看看新闻家；原来有个地方电视台的联盟,后来央视做了所有的省市台的联盟。我想有没有可能中央广播电台或者其他机构想过用行政的力量,把所有台都整合在一起,自己做一个大平台？

第二个问题,有一些事情,我自己也想到或者很早就准备了,但是做不成,也没有氛围,但有些人就做成了,那么这种氛围是什么？

王海滨：移动互联网是一个不太相信行政力量的空间。到今天为止,我们还没有看到靠行政力量做出来的市场领先的App,所以我觉得不管动用什么样的力量,这都不是最大的挑战。

关于第二个问题,任何一个团队、任何一个人要将一个想法变成一个做法,将一个做法变成一个行动,将一个行动变成一个结果,都要经历漫长的道路。你所看到的成功,都有其必然的因素。可能只是有一个人或者一群人,比较固执地想把一个想法变成一个做法,变成一个行动,最后变成一个结果。

陆　晔：我想今天这样的场合特别有意义,不管是当年的东方电台还是今天的阿基米德,它们都顺应了当时或当下的时代环境,同时也都是非常具有先锋性的突破。如果大家有兴趣的话,还可以再继续延伸讨论,今天的讨论暂时就到这里,谢谢大家。

融合传播与城市公共生活创新
——传播与中国·复旦论坛(2017)主题圆桌论坛

主　持：陆　晔（复旦大学信息与传播研究中心副主任、新闻学院教授）
嘉　宾：李泓冰（人民日报社上海分社副社长）
　　　　　陈颂清（解放日报社总编辑）
　　　　　秦　畅（中国播音主持金话筒奖获得者、上海人民广播电台主持人）
　　　　　臧　熹（上海广播电视台融媒体中心主持人）
　　　　　刘　鹏（《新闻记者》主编）
　　　　　吴予敏（深圳大学传媒与文化发展研究中心主任、教授）
　　　　　孙　玮（复旦大学信息与传播研究中心副主任、新闻学院副院长、教授）

陆　晔：在讨论正式开始之前，先请孙玮教授介绍此次主题圆桌论坛的基本设想。

孙　玮：在传播与中国·复旦论坛（2016）中，我们就做了业界专场的圆桌论坛。当时是基于这样一个想法：当下新闻传播学和新闻传播业、新闻传播教育都在发生很大的变化，到了所谓传播革命的"紧要关头"，我们希望在这样一个时刻，学术研究、新闻传播教育能够和业界产生真正的互动。当然平日里我们的联系和互动非常多，今天在座的好多人都是我的师兄师姐。以前我理解的新闻传播学界和业界的互动，主要表现为我们送学生去实习、就业，你们到学校来讲课这样的方式。但在当下这个新技术带来的新闻传播实践发生重大变革的时刻，这样的方式已经不能真正打通学界和业界的联系了，所以业界常常抱怨我们培养的人才不适应新的实践需求。我们认为所谓学院派的学术界，一定要和业界展开一种新方式的互动。从2016年开始，我们便尝试以这样的圆桌论坛方式展开新型互动。

从圆桌论坛的主题到参与者，都是经过我们精心选择的。我们圆桌讨论的主题是融合传播与城市公共生活创新，我们邀请的参与者的身份都契合我们的主题——新闻传播和城市的关系。李泓冰和陈颂清两位老师所在的媒体机构是主流的纸质媒体，进行了很多新媒体融合方面的尝试，不同程度地体现出纸质媒体在当前情况下发生的变化。秦畅老师所在的上海人民广播电台《市民与社会》节目是一档比较特别的本地化广播节目,有非常多的新想法;臧熹老师和上海广播电视台融媒体中心的主持人团队开发了一个新媒体产品叫"侧耳",在虚拟空间和实体空间为城市公共阅读做了有价值的拓展。我们希望有不同的媒介形态、不同的出发点,来让业界和学界进行交流。深圳大学的吴予敏教授代表的是新闻传播学界的前沿立场。刘鹏老师主编的《新闻记者》杂志本身就是一个媒介,是沟通学界和业界的媒介,近几年一直在着力推动学界和业界的交流。

我们只要稍微回顾一下历史,就会发现我们关于新闻传播、媒介机构的很多想法,比如说如何传递信息、如何形成舆论、如何建构共同体,什么是报纸、什么是新闻,等等,很大程度上来自于传播与城市的历史关联,典型代表如芝加哥学派。近百年前,芝加哥这个城市正在经历转型为国际都市的过程,在这个背景下,传播和城市之间的关系激发帕克、沃斯等一批学者形成了有关新闻传播实践的卓越思想。今天就想请各位一起来讨论,我们在当下传播革命的紧要关头,如何重新找到传播媒介和城市的新关联。

传播社交化与媒介影响力反思

陆　晔：我们这次圆桌论坛的主题是"融合传播与城市公共生活创新",其中一头一尾有两个关键词:一个是融合,一个是创新,中间部分是"传播和城市公共生活"。我个人所理解的融合是多个层面的,它包含了传统媒体和新媒体的融合;包含了线上非常丰富的信息传播和文化实践,比如微信这种新的传播形态,和线下实体空间的融合;也包含了传统媒体最关注的新闻和其他非新闻内容的融合。我们所讨论的融合和创新,最终指向的是城市的公共空间和公共生活、全球化数字化时代地方性价值的再造,以及非常重要的一点,即市民的城市权利,这也是传播的价值所在。

在新技术带来社会形态巨变的今天,在移动互联网、全球化和城市化的背景之下,媒介实践有哪些新的变化以发掘媒介的价值和城市生活、社会价值之间新的关联？媒介实践有什么新的特点,有什么困惑？过去我们印象中的《人民日报》是板着面孔的主流大报,后来有了微博,有了网民喜闻乐见的"你好明天",还在 2017 年"八一"建军节时推出了"军装照",这是一个非常有意思的新的互联网产品,所以我们请李泓冰来说一说,在今天的传播环境下,融合传播如何达成一种媒介重新连接城市生活的创新。

李泓冰：大家都说《人民日报》是中央主流媒体,潜台词就是比较严肃、离老百姓的生活似乎比较远。实际上《人民日报》这五年变化很大。五年前本报张研农社长在出席"《人民日报》校园行——复旦大学之行"活动时透露:传统媒体和自媒体的握手,源于《人民日报》在新媒体格局中强烈的"危机意识"。一次社内培训时,有位年轻编辑说,《人民日报》当时发行量是280多万份,而"微博女王"姚晨拥有1975万粉丝,这意味着她每一次发言,即便不算微博"转发"后的间接传播,受众也是《人民日报》发行量的近七倍。

这是当时主流媒体边缘化非常严重的一个反映。五年之后呢?姚晨的微博粉丝增加了四倍,依然不少。但《人民日报》两微两端(微博、微信、中文客户端和英文客户端)总的受众数量已经突破六个亿。

今天的主流媒体,传播力和影响力在量的上面已经有了很大飞跃,对于年轻人、网络"原住民"来说,机构媒体和年轻人之间的关系比五年前要紧密得多。

比如军装照,几乎可以说是有人类传播史以来,在短期内传播速度最快的一个媒体产品,它只用一周就达到了10亿以上的传播量;不仅仅是传播,更包括参与、互动,这是一个非常有意思的现象。学界如果有人要写中国新闻史和中国传播史,这是一个绕不开的现象,是值得研究的。

从融媒体的体量上看,主流媒体正在逆袭,给我们媒体的生产方式也带来很大变化。在很大程度上,我们的主要精力已经不放在这张报纸上了。人民日报中央厨房有几十个工作室,其中的大江东工作室是五个分社包括人民网、子报刊记者等一起参与的工作室。如今的媒体已没有晚上九点截稿的时间概念了,而是24小时都要"睁"着眼睛,随时准备发布信息、产品。学界应该研究一下机构媒体生产方式的转变,也包括媒体人的生产方式和生活方式的转变。从好的方面说,新闻生产力得到很大释放,很多以前做不到的现在可以做到;比较负面的是媒体人变得更浮躁、更焦虑了,因为我们本身是城市的一个部分,是当下新技术改变的社会生活的一部分。我觉得媒体人就像快递员,把信息搬来搬去,自己过得很苦,压力很大。现在我们每个人都活成了一部手机,传播以前是生存方式,如今成了生存本身。

讲到公共讨论,以往城市的公共讨论,在巴黎可能是在咖啡厅,在苏联可能是在厨房间,在20世纪八九十年代的中国是在路边摊、小餐馆,现在全部转移到移动终端上。机构媒体如何参与、如何推动公共讨论?我觉得现在做得还不够。有人炒菜没人种菜,机构媒体本来就应该种菜,但现在社交平台的传播压力导致我们刚把种子撒上去或者刚长出尖儿就赶紧掐了,等不到结果果子。大家都赶着发稿子,沉浸不下去,我觉得这是现今媒体人普遍的生存状态。

陆　晔:《解放日报》和上海这座城市的关系非常密切,陈颂清的感受跟李泓冰类似,还是有些不同?

陈颂清: 泓冰讲形势已经逆转,但我好像没有感觉到逆转。我比较关心的话题,一个是传统媒体在城市生活中的位置到底是什么？一个是今天的媒体在整个社会网络当中到底要发挥什么作用？跟过去有什么不同？传播的最大变化是传播的社交化。现在大家获得信息的一个主要途径是朋友圈，社交平台成为公众获得信息、获得知识的最主要的载体。当然我没做过量化的研究，不能确定社交平台是不是已经成了最主要的信息载体。

陆　晔：不需要特别复杂的量化研究，我们每个人在日常实践当中都应该深有体会。

孙　玮：我举一个例子，陈总的一个下属，《解放日报》的一位中层主管前两天给我发微信说，她的圈子里主要是记者，消息来源很多是朋友圈。朋友圈成为记者重要的消息来源。

陆　晔：的确不少记者如此，虽然我并不认为这是对的。

孙　玮：不仅是主要消息来源，公共讨论也主要在朋友圈和微信群进行。

陈颂清：在这样一个新的传播环境当中，原来媒体的主要功能是不是要重新定义、重新寻找？这也是这段时间我们一直在思考的问题。李泓冰讲到媒体人是快递员，那么还需不需要我们这样的人来做信息的快递员？

之前黄旦老师也讲过媒体原来是社会沟通的承担者，这些功能是不是已经大大地消解了？而且这种消解是不以我们的意志为转移的。在这种环境下，我们要找到自己的新位置，找到自己应该发挥的新功能，我想这是我们应该去思考的问题。

社交化传播规律与传统媒介内容生产再造

陆　晔：关于传统媒介在今天是不是找到了新的位置，我想先请秦畅以《市民与社会》的个案来回应陈总。

秦　畅：前段时间我刚刚完成了今年的融媒体项目——"对话区委书记"，一起工作的都是80后、90后的年轻人，他们说："秦老师我不知道您年轻的时候是怎么过来的，我们现在见不着太阳。在电台工作要上早班，有时候四点钟就来了，从早忙到晚。"

传统媒体人很努力，比我年轻的时候努力得多。就如黄旦老师演讲中所说的，外界剧烈的变化，让今天的媒体人再努力也感觉不到进步。今天新技术的发展对我所认同的，或者我所从事的这份工作，究竟带来了怎样的影响和变化？我同意陈总所说的，我们今天没有逆转，但我觉得有好转。

第一个感受是公众对权威媒介有所期待。我的微信里加了很多《市民与社会》的听众，当社会上有大事件发生的时候，比如幼儿园虐童事件，很多人就会在微信群里说:"秦畅,你们什么时候发声?"大家对于专业的权威媒体的期待,包括对调查记者的期待,对理性、有逻辑地问题分析的期待,在这段时间尤盛。自媒体无法满足人们的这种需求。

广播的参与性让它成为具有互联网特征的一种媒介,广播是最早有公众直接参与公共讨论的媒介。以前发一条短信要两块钱,都有那么多人肯花钱参与公共话题。我们虽然没有收益,但觉得很有价值感。在用户生产内容的时代,广播人能够同受众互动,可以瞬间感受到他们的喜怒哀乐。受众的参与是我的第二个感受。

音频平台"阿基米德"是广播转型的"诺亚方舟"。目前上海电台的所有广播节目都会上传到阿基米德,每个节目建立一个社区,与听众充分互动。喜马拉雅只能听、不能表达参与,我们则是边做节目,边听各种各样的评论。听众是否喜欢一档节目,节目是否吸引大家,都能在一两秒内得到及时反馈。广播就是以受众及时反馈见长的媒体。近几年来,自媒体的流量压力、变现压力很大,自媒体产生了分化,传统媒体的机会也来了。

第三个感受是机构媒体的公信力。机构媒体最大的优势是公众的信任度还在。比如说如果《市民与社会》做线下活动,无论是聚集人气、召集人员,还是传播信息,都比自媒体要容易得多。

我还想提两个问题给在座做学术研究的同仁作为参考。

从2015年开始,市长热线、区委书记的政务访谈节目都是通过视频传播的。在这个过程当中,我也做了一些尝试。我们现在的政务传播,比如我们刚做的贯彻落实党的十九大精神的系列讨论,都是宏大的主题。但今天人们的信息来源大多是朋友圈。朋友圈的信息要平等、有亲和力,甚至还要有一些调侃、搞笑的元素,所以我一直在试图把握宏大、严肃主题和社交平台轻松传播的度,在这个平衡木上游移。

2015年我们第一期《对话区委书记》采访的是浦东新区的书记沈晓明。节目的题目是《沈晓明的表情包:萌萌哒》,网络传播的效果好到出乎意料,后台的数字量级和影响力都非常大。通过表情包,我们把听众问的十个问题都讲清楚了。

不可否认,我在不断地蹭热点。我希望学术大咖能帮我们一起思考一下,今天我们作为一个机构媒体在蹭热点,也在不断体会朋友圈传播的特点,尽量不像以前那样把自己放在高高在上的位置,但我们还没有找到一条特别适合我们的妥当的路径,或者是分寸感。

前年我们的节目《对话区委书记》获得了中国新闻奖,今年的节目也刚刚获得了中国广播电视大奖,但我内心一直很惶恐,也有很多困惑和问题,期待和大家一起讨论。

陆　晔:其实我一直觉得,每一家媒体感受到的市场状况是不太一样的。我不知道臧熹的感觉怎么样。我还记得臧熹十几年前刚进台时是一脸严肃的新闻主播,没想到有一天他们在大庭广众之下读诗,开展了很多文化活动。我们请臧熹分享一下他们的新媒体产品。

臧　熹:孙玮老师在主题演讲中介绍了我们的"侧耳"。这是一个和上海广播电视台融媒体中心主业不太相关的产品。融媒体中心是原来的电视媒体和"看看新闻"APP 的融合。"侧耳"源于我们的焦虑。有一天我们几个主持人在交流的时候说,如今自媒体风生水起,我们也开一个自己的微信公众号吧,(开一个)别人愿意看,我们还擅长的。诵读是我们的强项,而且大家也需要这样的内容,于是我们决定做"侧耳",意思是侧耳倾听。"侧耳"的内容很简单,就是上海广播电视台融媒体中心的主持人,把经典的散文诗歌,通过诵读的方式在新媒体上推送。那我们和"为你读诗"有什么区别? 我们必须要找到自己的特点。

我们的基本原则是返璞归真、跨界融合。既是对文学的返璞归真,也是对产品定位的返璞归真。我们提供的是一个城市当中的公共文化产品,是给这个城市中的人看的。上海是一个海纳百川、追求卓越、开明睿智、大气谦和的城市,我们的产品也要与上海的城市品质相符。我们诵读的是大家不是很熟知的国外诗歌,席慕容的诗歌也有,但主要是大家了解比较少的作品。

另一个特点是跨界融合。不只是主持人读,我们还请演艺界的人来读,请网络小说作家来读。

除了音频产品,我们也做视频产品,我们的视频产品与以往电视上的配乐朗诵节目不同,而是尽量与城市相关。2017 年 9 月上海黄浦江两岸贯通,我们选了五首诗,选了上海五区标志性的景点录制,让我们的诗歌和城市的公共生活、公共空间能够产生一些联系。所以我们不是简简单单地配图配乐朗诵,我们希望通过对城市空间的介入,呈现出不一样的节目形式。

除此之外我们还出版图书,做线下活动,举办诗会,让市民参与其中。

诗会的成功说明公众是需要这样的城市文化产品的,我们希望通过市民真正喜欢的方式,提供他们满意的产品。

在互联网时代重新定义新闻

陆　晔:《新闻记者》杂志主持过很多次类似的讨论。关于互联网对媒体的冲击,刘鹏,你的看法是怎样的?

刘　鹏:今天在座的有我的领导,有我的老师,还有我很尊敬的以讲话为职业的主持人,我很紧张,所以认真地准备了一个提纲,并拟了题目——新新闻业时代及深网里的碎片化生存,希望从我的视角探讨目前新闻业的状态。非常抱歉的是,对新闻学院的老师、同学来说,这可能主要是负能量的。

之所以说是负能量,是因为随着互联网的崛起,我们越来越发现它已成为一种颠覆性的力量,于是我们不仅看到专业媒体的衰落,更迎来大众传播模式下新闻业本身的式微。

首先是"新闻"被颠覆。新媒体的兴起,改变了传统媒体垄断新闻播发渠道的局面,以前传统媒体为受众设置议程的状况也转变为话题首先在自媒体、社交媒体"火"起来,然后传统媒体、机构媒体再跟进的反向的议程设置。不仅如此,更重要的变化在于新闻定义权的改变。随着建制化的新闻业产生,专业媒体确立并垄断了新闻的定义权,但是今天的传播现实却让专业新闻人感到困惑,因此杨保军教授曾在文章中质疑:一件裙子是蓝色的还是金黄色的是新闻吗?吴飞教授也曾在文章中提出疑问:皮筋崩西瓜的直播也算新闻?

其实,对于今天的受众来说,新闻的概念更加宽泛,微信朋友圈、今日头条、搜狐号、大鱼号等媒体平台中专业媒体发布的新闻,商业自媒体的网文,自媒体写手的段子,普通用户上传的信息混杂在一起,都成为人们眼中的新闻。新闻的定义权从由专业媒体垄断,转为由媒介技术、专业媒体、商业公司、自媒体、受众共同定义,它更像是一种回归,回归到前大众传媒时代的新闻概念——人们闲聊的新鲜事。

新闻的到达模式也改变了,就像前面有老师说过的,大多数受众不会专门打开专业新闻APP阅读新闻,而是在各种社交媒体网络中偶然看到,然后随手转发。这种新的到达模式也使新闻的意义阐释更加不确定,因为在转发过程中受众添加的内容提要或评论,甚至仅仅是转发者的身份,也为相关信息附加了新的意义。对新闻生产者来说,新闻在社交网络中的传播过程就是新闻的意义不断丰富、变形的过程。

随之而来的是"记者"被颠覆。什么是记者?权力话语下,有记者证的才是记者;专业话语下,在媒体机构专门从事采编业务的人员才是记者;而在功能话语下,披露事实的就被认为是记者,因此,社交媒体环境下人人都有麦克风,人人都是记者。普通人不但在突发事件传播上显示了在场的优势,在一些重大热点事件中也未必逊色。比如2017年携程亲子园虐童事件中,一篇流传甚广的《携程亲子园虐童事件真相——就在张葆葆身后》就具有调查性报道的特点,作者的微博身份标注为"高级项目经理",他利用搜索技术对各种公开发表的报道、商业注册信息等进行梳理、分析,从而得出有说服力的判断。与此同时,在重大事件中专业媒体的失语失位,则使专业记者的职业合法性更加岌岌可危。

记者职业被颠覆的同时也出现了专业共同体的颠覆。传统媒体时代虽然也自称"以受众为中心",但实际上受众是被虚置的,就像五南图书出版公司2015年出版的张文强所著的《新闻工作的实用逻辑》里所说的:"大多数时候,新闻是写给同业这些内层观众或内行人看的东西。"媒体中的编前会、评报制度是专业共同体价值协商的保证机制,写出深度报道、抢到独家新闻、受到同事的称赞和竞争同行的妒忌,是确立专业声誉和荣光的主要途径。但是今天专业环境完全不同了,每一位记者直接面对点击量评价,在随时滚动的点击量大屏前,在10万+标准下,几乎没有专业话语置喙的空间,虽然有不少收获高点击量的内容缺乏传统上的专业合法性,但是你怎么批评?他可以怼你一句"不服气你也写篇10万+呀!"因此,在职业体内部,出现了价值观混乱、迷茫的情况,充斥着焦虑、浮躁的情绪。

吴予敏:每年我都参加复旦论坛,但今年的论坛似乎危机感比较强烈,话题显得有些沉重。

今年有一个比较流行的词语就是人民群众对美好生活的需求。人民群众对美好生活的需求中有一个很重要的需求,就是对一个透明的、开放的信息环境的需求。当社会高速发展,融入全球化的市场,人口规模又很大,比方说两亿多人从农村转移向城市,当一个城市从原来的几百万人突然扩充到两千万、三千万时,人民群众的生活环境发生了巨大的改变,城市管理和国家治理的成本激增,城市管理中各种各样的隐性的危机因素也在迅速地积累。

我们的主流媒体这几年在干吗呢?我不是说《人民日报》推出军装照不好,很多年轻的朋友过去不大看《人民日报》,最近这些年开始喜欢《人民日报》,喜欢《人民日报》的App。这让人想起,我们在20世纪80年代读大学的时候看的《人民日报》好像比现在的《人民日报》更有思想的力量。

一个严肃的主流媒体的主要责任不是向社会提供一种迎合大众的娱乐生活环境。迎合大众的娱乐生活的任务,应该交给民间媒体,因为民间媒体可以呈现出多元化的文化娱乐方式。主流媒体长期以来是以自己的话语权威、意识形态和精神的主导作用作为最重要的宗旨的,主流媒体应该正视社会现实,正视人民群众的问题和感知,发出正面的报道和评论。但是我们发现,最近这几年调查新闻、深度报道大幅度地退出了新闻第一线。

我参加某报业集团年度推荐新闻奖评审的时候,能明显感觉到消息报道的质量大幅度下滑。没有奔赴现场的直击新闻,也没有对社会重大问题的调查新闻。获奖的新闻评论多数也都是诠释宣传性的,缺少对社会新闻事件和重大社会争议问题的引导性评论。

媒体不应该是一个特殊的利益群体，媒介也不是一个完全受技术控制的工具形式，媒介在本质上来说是人们创造性的沟通实践的介质。当某一种媒体已无法满足人们创造性沟通实践需求的时候，人们就会去寻求其他的沟通实践的形式和载体。而开放的互联网，给这种创造性的社会沟通实践提供了可能性。所以，只有满足了人民群众的内在需求，我们的媒体才有真正的声誉权威。

陆　晔：吴予敏老师提到了主流媒体的问题，尤其是《人民日报》，请李老师先来回应一下。

李泓冰：对于主流媒体在这五年中的逆袭，我之前特别强调了，至少是在受众数量上，主流媒体吸引了远比过去多的关注和流量，这是一个根本性的变化。至于军装照，我也听到有朋友说，军装照不就是满足了一些自恋之人的欲望吗？可是，如果《人民日报》能够正视并满足人民群众无害而追求美好的欲望，有什么不好呢？一向被认为是高高在上的主流媒体的话语体系，用这样一个形式被解构了，从俯视到与人民群众平视，我认为这是一种进步，甚至是很大的进步。当然，仅仅满足一小部分人的需求肯定是不够的。我非常认同吴老师的观点，权威媒体仅仅提供非新闻类的、能够迎合大众需求的信息产品是不够的。这类产品目前确实做得很好，不光是军装照，还有"侧耳"，但它们其实不是严格意义上的新闻产品。

我们通过外延的扩大吸引公众的关注，包括年轻人的关注。机构媒体的核心竞争力应该主要体现在重要新闻事件中的发声、报道和评论。但现在通过军装照年轻人开始关注这个媒体了，再过五年，报纸的核心竞争力能不能回来？我们或可寄希望于未来。

互联网重构传播网络与公共生活

陆　晔：孙玮老师有一肚子话要说，刘鹏的负能量在孙老师这里都将被转化为正能量。

孙　玮：我 20 世纪 80 年代初进入复旦时想要做一辈子的报纸工作，我那时候甚至觉得电视也没有报纸重要，因为报纸是新闻媒介，和社会核心领域比如政治的连接是最紧密的。1990 年我硕士毕业留在学校当老师，我绝大部分同学都去了媒体工作。别人觉得傻瓜才会留在高校，穷得一塌糊涂。最近五年以来，这种关系反转了，同学聚会时常常有人开玩笑说：孙玮，你真有眼光，那时候你就知道教育是金饭碗，是朝阳产业，但报纸不行了。

我想说的是，虽然当前机构媒体遭遇危机，但并不能说明社会不需要传播了，恰恰相反,新闻传播实践方兴未艾,只是转换了形态。有一个现象大家都知道,很多从业者离开了传统的大众媒介,他们去哪儿了？有国内外调查表明,很多人还在做传播,包括新闻传播。所以我赞成吴予敏老师说的这句话:现在整个社会的环境发生了变化,所以有很多新闻传播的需要,但是我们原来的传播方式不能满足新的需求。

互联网、移动传播出现后,除了做原来大众媒介不能做的事情,技术还创造了许多人类历史上从来没想到过的、我们今天亲身体验到的新闻传播样式,像刚才刘鹏讲的。刘鹏的焦虑是一体两面的,我是学新闻出身的,新闻人感受到的我完全能感受到。但正如陆老师所说的,刘鹏老师的负能量,在我看来是正能量。我说媒体人焦虑,大众一点都不焦虑,因为他们有更多的机会创造新闻传播的新样态,可以带动整个社会发生一些变化。就像"思南读书会",看上去是一个小小的读书会,但上海有一千多个这样的读书会。试想,新媒体支撑的这种城市公共生活,有多么重大的意义和价值。一位做上海史研究的老师告诉我,他曾经接受上海一个读书会的邀请,去讲上海历史文化,听众需要在网上报名,名额每次很快就被抢光了。一次讲座恰遇台风来袭,大雨倾盆,结果讲座依然满座,准时进行。参加这个系列讲座的有一些上海市政府的官员,他们自己在网上报名,利用周末时间听讲座。他们说,管理城市、制定有关城市的公共政策,必须要了解上海的城市历史文化。

城市生活中这些新的传播需求,或者说新传播技术创造出的新型传播实践,在我看来非常重要,它改变了城市的传播网络系统。

陆　晔:我想补充我的一些个人经验。我个人非常认同吴予敏老师和刘鹏老师的看法,因为我对传统媒体有深切的感情,但我现在确实深刻地体会到,吴老师说的所有问题目前暂时无解。这种情况下我们是不是就什么都不干了？当然不是。

社会有很大的一个领域,其实是通过新媒体、移动互联网创造出来的,而且这种创造出的所谓的信息之网、意义之网,是线上线下高度融合的。对于读书会我自己的体会更深,我也是被称为上海文艺女青年聚集地的"新阅会"读书会的嘉宾,我给他们做过很多次讲座,(活动流程)都是通过微信公众号报名,线下实体开展活动,每次有几百人参加活动。所以我们实际上有一个空间,这个在过去是没法想象的:这么多不认识的人如何聚集在一起讨论一个公共话题？但今天通过移动互联网可以做到。

秦　畅:这两年给我最大的感触就是,技术对我们行业的改变,达到了难以想象的程度。你以前觉得自己很专业,觉得自己很有经验,觉得传播就应该是这样的,甚至像吴老师所说的那样,应该向社会提供有深度的思考,能够把握社会的方向,你是社会这艘大船上的瞭望者。

移动互联网让人们接收信息的方式方法发生了巨大变化,朋友圈为什么叫朋友圈,不叫公共圈、信息圈、传播圈、线索圈?微信是互相关注后才能知道别人在说什么。基于这样一个特点,我特别理解《人民日报》推出的"军装照",这是我们今天新闻人最应该干的事情。因为以前人们习惯仰视《人民日报》《解放日报》、上海人民广播电台,对主流媒体有刻板印象,但如今这些主流媒体若不在朋友圈出现就无法产生影响力,不在新闻客户端出现就无法占据市场。所以我觉得今天主流媒体必须要开发边缘产品,受众会觉得原来《人民日报》是可以当朋友的。

信息传播的方式已经发生了巨大变化,我们要去面对这种变化,向这种变化做深度的妥协,像朋友一样,才能影响受众,进而引领受众。

孙　玮：我曾在自己的一些微信群里针对"军装照"做了小测试。我选择了和新闻从业者无关的微信群,群成员大多数会玩这个东西,但根本不知道这是《人民日报》做的产品。

李泓冰：比如说有10亿人次点击,只有1亿人知道是《人民日报》做的就足够了。

孙　玮：我力图站在一个普通公众的视角,而不是一个媒体圈内人的视角来看待这个问题,我想说的是,他们也不知道所谓《人民日报》的高高在上。

秦　畅：但这个小产品肯定给《人民日报》"增粉"了,这是实实在在的。

李泓冰：很有意思的是,一开始有人说不要下载这个,会盗取你的个人信息,会有病毒。后来《人民日报》发表了一个声明,告诉大家这是《人民日报》开发的,大家立即就相信了,并引发了二次爆炸式传播。这说明,《人民日报》是有公信力的。

臧　熹：我特别认可秦畅老师的观点,我们希望主流媒体还是能够引领公众的舆论、设置公共话题,但在现在的传播格局之下,我们不应迎合,应该来引领。

孙　玮：仅仅用这样的卖萌策略无法达成成为城市传播网络中的一个节点的目标,这只是一个小策略。

主流媒介如何成为城市公共生活创新的新节点

孙　玮：我想和大家进一步讨论,卖萌后面是什么?背后是什么?

陈颂清：现在媒体人都很焦虑,就《解放日报》的情况来说,编辑、记者的焦虑可能不是对机构前途的焦虑,因为经过上海报业改革,《解放日报》现在是轻装上阵,所以不存在这方面的焦虑。对于记者来说,最大的焦虑就是对点击量的焦虑。

原来我们认为好的东西,在现在的评价体系里,点击量并不理想。那么我们下一步到底应该引导记者往什么方向用力?

在我们报社最近一次内部会议上我提了一个观点,下一步希望我们能够成为一个智库型的媒体,我们的记者能够成为专家型的记者。这其实也不是什么新的提法,传统媒体一直号召大家成为专家型的记者,成为研究型的媒体。但是我想,在现在的传播格局中,我们提这样的目标可能有一点点新意吧。

媒体传播信息,或者作为渠道载体的功能,实际上已经弱化,而且是不可改变的弱化,在这样一个新的传播格局中,或者说城市网络节点当中,我们想成为智库型的媒体。

陈颂清:在这样的城市网络当中,传统媒体更应该发挥什么作用?从设置议题到提供事实、提供观点,我们未必要追求非常高的点击量,但是我们能够更多地产生影响。

中国台湾《联合报》新建了一个愿景工作室,他们的选题目标是能够改变台湾或者至少改变台北的某些东西。比如行人过马路,愿景工作室专门通过数据新闻的手段把问题揭示出来,告诉大家每个月在人行道上死亡的人数是多少。

他们把新闻的社会效果引入到对记者的 KPI 考核中,他们叫点阅量,也就是你的报道到底对社会产生了什么影响、最后改变了什么。我觉得这个思路对我们很有启发。我提到智库型媒体、专家型记者,也是想朝这个方向来努力。

秦　畅:这个思路我们在一线也在摸索。《市民与社会》在上海做了 25 年了,我出版了一本书——《城市治理的 25 枚绣花针:上海启示录》,收集了城市治理中的 25 个难题,比如"群租治理""共享单车""停车难""老公房装电梯"等社会问题的典型个案。书出版后反响很好,目前好几家机构都在跟我联系,围绕这本书开展基层社区工作者的线下沙龙活动,甚至将它作为基层干部培训的辅读教材。

未来我的职业发展的方向是让《市民与社会》不再仅仅是一个线上节目、一个线下的活动和听众聚集的平台,而是成为一个社会治理的平台,未来我个人就应该成为一个社会治理专家。社会治理是多个群体妥协、谈判的过程,需要专业人士串联起不同群体的人,我觉得由媒体人或媒体来做这件事情无比合适,我们对信息的梳理、归纳、总结的能力,我们对现有资源匹配的能力,是超乎其他任何机构和组织的。我现在有很多庞杂的想法,希望在大家的帮助之下,真的使媒介成为改变社会生态、改变社会公共空间、改变社会公共治理的一种力量。

李泓冰:特别要给你点赞,机构媒体其实有很多的功能是自媒体或者非机构媒体无法取代的。或者换一句比较俗的话来说:我们要影响有影响力的人。你已经介入社会治理,变成社会治理的其中一环了,现在是一个重要的启动环,这可能是非机构媒体很难做到的。

新闻嵌入生活、传播连接城市

刘　鹏：陆老师试图挑动我和孙玮老师之间的"斗争",其实我们的观点并不矛盾。我之所以说是负能量,是因为我是机构媒体的一名员工,但是从新新闻业的生态来看,它是对大众传媒模式下职业、专业、商业、产业的颠覆。与此同时,新闻回归受众,呈现群众书写新闻的新样态,如今当然也是"传播的黄金时代"。

今天的主题是城市传播,那么从新新闻业的环境出发,我认为深网里的碎片化生存,是当前人们最突出的传播境遇。

中文里,"城"源于政治(军事),"市"源于商业。在传播中,权力和商业层面相对清晰,是显性的,但对于一个城市来说,更重要的是普通市民日常生活的空间。杨国斌教授在《中国互联网的深度研究》[载于《新闻与传播评论 2017(春夏卷)》]中引用了"深度中国"的概念,"假如说政策、社会机构和市场活动构成变动中国的表层,那么亿万中国人民的感知的、情感的和道德的经验,则构成了我们所说的深层中国"。关注城市传播,也不能忽视这些深层的内容。这些内容,往往不是漂浮在媒介表层的,需要在微信群里的聊天、微信朋友圈的互动、网络新闻后面的评论、视频网站的弹幕中发现,这些构成了一个"深网"。"碎片化"非常容易理解。过去在传统媒体时代,大家看报纸、看《新闻联播》,构成了一个"想象的共同体",分享着对外部世界共同的感知、情感,而且这个分享采用的是总体性视角。比如说报纸,每天一期,每期按要闻、本市、国内、国际、体育新闻、娱乐新闻等排序。但是今天网络化生存不同了,越来越多的人是在社交媒体"偶遇"新闻,没有共同的分享,也没有总体性的视角。虽然今天的新闻传播似乎更便捷,信息量更大,但其实人们之间的距离越来越远;虽然人们上网时间越来越长,但越来越看不见他人。

就像舒德森在他的媒介社会学经典著作《发掘新闻:美国报业的社会史》中所提醒的,新闻是 19 世纪 30 年代的"发明",记者则是 19 世纪七八十年代的"发明"。今天,新媒体技术将重新"发明"新闻业。在这个"传播的黄金时代"里,作为新新闻业中的"人人记者"之一员,尽自己最大努力参与传播,尽最大努力照亮每一个黑暗的角落,当为每个人的责任。

陆　晔：我看到孙老师频频举话筒,但还是要先把话筒给吴予敏老师。

吴予敏：听了两位媒体朋友刚才讲的,我特别尊重他们,特别是他们在现有媒体管理体制下所做的努力,不管你是努力贴近群众,还是整合社会意见,去面对城市治理的主要问题,这都是在现有的媒体管理体制下所做的很可贵的努力,无论是学术界还是社会公众,都应给予正面的肯定。

我这里要讲的是,城市沟通和城市治理是存在内在矛盾的,如果我们持续扩大和深化城市沟通,就要直面城市发展的问题,这会给城市治理带来更大的压力、更大的挑战和更高的标准,但是同时也会给城市治理找到更加有活力的、社会共同参与的治理机制。过去按照传统的观念来讲,对社会沟通进行强有力的控制是有利于城市治理的,所以过去对城市的理解,包括对空间的理解,是以区隔、控制、监控为导向的。现在社会经济发展,信息和人员大量流动,就必须重建新的公共空间,这是沟通线上线下、不同代际、不同社会阶层的新的方式。

重建新的公共空间对于媒体,特别是机构媒体、有一定权威性的媒体来说,真的是最后的机会。如果国内的主流媒体把握不住这个机会的话,基本上就要被读者抛弃了。这样一来,我们的社会就会面临巨大的信任危机,甚至城市公众的行为在利益冲突、各种危机因素出现的时候会变得缺少理性。我们现在对社会良知的保持和培育还有一点乐观愿望,这是寄托在机构媒体身上的,所以希望机构媒体能够推进改革。

孙 玮:我同意吴老师所说的前半部分,不同意后半部分。我要说三层意思,第一,我为前面两位媒体领导点赞,我们要改变社会,不要卖萌,要将媒介扎实、深入地嵌到城市的社会网络中去。第二,媒体嵌入城市治理这一工作,自媒体在做,各类主体的新媒体也在做,不仅仅是机构媒体在做。第三,我很乐观。如果机构媒体真变成了刚才两位所讲的那样的话,谁会在乎你是不是机构媒体?所以我们要反思,要拓展对媒体、传播、新闻的理解。作为一个公民,我需要一个文明、健康、民主的社会。建设这样的社会,需要高质量的新闻传播实践。至于是谁做的,机构媒体还是自媒体,我不在意。只要做了,就是新闻传播学界、业界和全体民众对这个社会的贡献。所以我乐观,谢谢!

陆 晔:由于时间关系,只能强行结束这场圆桌对话,大家有什么问题还可以从线下的讨论延续到线上。

其实我们关注的问题是完全一致的,我非常理解吴予敏老师的看法,而且我跟他有特别类似的感受,但我也明白孙玮老师站位之后的乐观和刘鹏改变他站位之后的阐述。

我个人还想对那些在目前这样的媒体环境下依然坚守的同行表达深深的敬意。我们今天的圆桌讨论就到这里,谢谢大家!

以新闻推动社会进步

——人民日报社高级记者李泓冰从业 30 年新闻作品探讨

沙龙简介

2018 年 4 月 27 日下午,在复旦大学信息与传播研究中心主办的"切问近思半月谈·新时代媒体实践"学术沙龙上,人民日报社高级记者、人民日报上海分社副社长李泓冰从自身 30 年的新闻从业经历出发,阐述了新闻媒体在改革开放时期的重要推动作用,以及新闻记者的使命担当。特邀嘉宾、人民网《网络舆情》杂志总编辑祝华新,对谈嘉宾、复旦大学新闻学院院长米博华教授和复旦发展研究院传播与国家治理研究中心主任李良荣教授及在场师生则从不同角度就新闻媒体的社会价值、新闻记者与时代变迁等议题展开了深入讨论。

陆　晔(复旦大学信息与传播研究中心副主任):选择本次沙龙的这一主题,不是为了对李泓冰的职业生涯下定论,而是因为这 30 年很有意义。30 年,代表了一个记者从青涩到成熟的过程。不是每个记者都能在 30 年里坚持从事一线工作,尤其是在当下。我经常在课堂上说,新闻这个行业不是为所有人准备的,而是为那些真的希望在实践中实现人生价值的、希望感受每日新鲜感的、希望站在时代前沿的、希望像李泓冰老师一样永远奔波在路上的人准备的。所以,这 30 年并不是按时间划定的一个阶段,而是体现出记者可以成为一种终生的职业。这是其一。

其二,这些作品主要是李老师选定的,但我们之前进行了多次讨论。我们希望以主流媒体新闻生产的方式见证和参与中国改革开放 40 年的时代进程。多样的新闻作品、不同的事件和报道方式中,既有观念的创新,也有文本的创新。很多文本在当时具有引领性,在今天,无论是作为研究标本还是作为业界有关职业生涯的讨论内容,都具有重要的意义。

其三,我们希望通过李泓冰老师职业生涯中所面对的各种状况、问题和挑战,回应改革开放 40 年来媒体和中国社会的特殊关系。新闻从业者要始终和社会变动有最密切的关系、始终站在社会前沿,她是如何做出自己的调整和变化的?

我们今天的沙龙有两位对谈嘉宾,一位是《人民日报》前任副总编辑、复旦大学新闻学院院长米博华老师,另外一位是复旦大学新闻学院教授、复旦发展研究院传播与国家治理研究中心主任李良荣老师。另外,昨天米博华老师告诉我,我们还有一位神秘嘉宾。他的大名如雷贯耳,(20世纪)80年代我还在做学生时,就听过他的大报道《中国改革的历史方位》,他的名字是和中国80年代新闻改革创新密切联系在一起的。他就是复旦大学新闻学院校友、人民网《网络舆情》杂志总编辑祝华新老师。

现在,我把话筒交给李泓冰,请她就为什么选择这些作品、如何理解新闻和社会的关系、如何在当下进行反思,"解剖一只麻雀"。

李泓冰(人民日报社高级记者、人民日报上海分社副社长):"麻雀"上场了。陆晔这个题目提醒了我,我有多么老了。30年实在太快。最近常说"不忘初心",我觉得从初衷说,我和30年前做记者时还真没太大区别。当然你说我成熟了,我也认账。最大的不同可能是30年前采访对象的年龄基本都比我大,现在基本都比我小,一个悲欣交集的时刻吧!记者,是一个特别移人性情的行业。我在高中时,是一个见花落泪、对月伤心,喜欢写几行小诗的文艺青年,同学都叫我"林黛玉";30年的记者光阴,生生把"林黛玉"逼成了"刘姥姥",看到农民大妈也能聊得很高兴,仿佛秒成知己,这在30年前是我难以想象的。

我把这次讨论看成一台"手术"。要是解剖媒体"麻雀",祝华新师兄比我有资格、有才华得多。不过不同的是,这30年我基本都在一线,跨的领域也比较多,文化的、政治的、经济的,从总社到地方版,50岁学吹打,又做了融媒体工作室。所以,我勉为其难地做了这只"麻雀"。

先要感谢我一向引以为荣的母校和我们的"家"——复旦大学新闻系,"家"是我职业生涯的力量之源。说句玩笑话,有了复旦新闻"这碗酒","什么样的酒都能对付"。能成为"家"中这台"手术"的"活体解剖对象",我很荣幸,也很惕惧。感谢我们报社的老领导、现在的院长米博华教授的一如既往的信任。10年前,他曾把《人民日报》60周年回顾文章的写作重担交给我,今天又为我这微不足道的30年新闻生涯的"解剖",率先举起"手术刀"。感谢复旦8113的班主任、恩师李良荣老师,他当年不但让我知道了什么是新闻,而且锲而不舍地每天早晨到女生宿舍楼下怒吼,把大家叫醒早锻炼。这或许是我直到今天还能坚持一线报道、有一个不错身板的源头。感谢美貌与才华兼具的陆晔教授,没有她的点子,并催命一样催我交稿,这台"手术"不可能进行。感谢今天与会的我的同事,我的很多挚友来自人民日报社,我们命运与共、甘苦备尝。

在媒体这个行当里,我并不出众,但我从铅与火的印刷时代走到了今天全网互动的融媒体时代,没有标杆意义却有标本意义。我想从下面三个方面来做"患者自述"。

第一个关键词是时代。改革的时代、思想的解放,给了记录者底气和力量。我父亲是中科院一个研究所的宣传部长,初中起我就每天读《人民日报》,这真是缘分。当年我更喜欢读《文汇报》,复旦学长卢新华写的《伤痕》首发在《文汇报》,曾让当年读中学的我在东北一家电影院门口读得泪流满面。那时候,我就隐约感受到了媒体的力量。

之后,身为辽宁省重点高中的理科班学生,我却立志做记者,于是联合了有同样想法的好朋友,锲而不舍地跟学校争取,让从来没有文科班的沈阳二中破例开设了文科班,这才有了走进复旦新闻系的机缘。当年,我是数学课代表,我的数学老师劝我:"你为什么不去做时代的精英,而要做记录时代精英故事的人?"这句话让我印象特别深。我父亲也拦着我,因为他曾戴过"右倾机会主义分子""走资派"等帽子,他对我说:"你不要重蹈我的覆辙。"

30年后的今天,我能坐在这里等着大家"做手术",说明我没有重蹈覆辙。这不是我的能耐,而是时代赐予的力量。

我们,或许是人类有史以来经历历史阶段跨度最大的一代人。改革开放的40年,和全球化、信息化同步,中国仿佛从农耕时代一跃,就跳进了移动互联的信息时代。感觉昨天还在印刷车间和车间主任软磨硬泡,猛说好话,好让他先拼我这块版。那时,排字工人要把一个一个铅字抽出来拼成稿子,再拼上版面,编辑必须排着队赔着笑脸。有时等不及,我也会自己到一排一排、编着号的浩荡铅字中去抽。假如值班老总改了大标题,我们就把这个标题、字号抽出来,拿着去跟车间主任做工作,争取先改我们的版。

我们也和读者互动。那个时候互动周期很长,要从一麻袋一麻袋的读者来信里选上几篇,然后百里挑一、千里挑一地放到"读者来信"版。从读者来信到我们回信,周期可能是好几个月。相比之下,我现在主持的"大江东融媒体工作室",可以24小时为人民日报中央厨房供稿。比如我们的姜泓冰老师写的一篇关于《中国诗词大会》冠军武亦姝的深度报道,一夜之间就有150多家媒体转载,点击量秒破百万,在从前,这也是不可想象的。

在这样一个"三级跳"的时代做媒体人,是一种幸运。最近,大家都在回溯改革开放,一定要翻的材料是旧报纸,因为记者是这个时代一丝不苟的记录者。"记者"么,用笔也好,用键盘也好,用传统媒体也好,用融媒体也好,最要紧的不是用什么表达方式,而是要有社会责任、专业智慧和持之以恒的政治担当。

2000年,曲阜发生"水洗三孔"事件。我约请到过现场采访的记者卢新宁——现在已是报社领导了,写了非常翔实深入的长篇调查,拟刊发在《人民日报》华东版的《东方新闻周刊》上。那时也有当地领导并不希望刊用。当时《人民日报》的两位副总编辑顶住压力,支持发稿,表示相信我们的记者和编辑的专业能力。这个报道后来获得了中国文物好新闻特等奖。还有一次,江西万载发生鞭炮爆炸惨剧,42名小学生遇难,我和同事吴焰赶赴现场,写出《万载爆炸事件:痛定思痛谁之过》《新闻大战功与过》,这两篇文章在人民网首页连续五天点击率最高。当时报社也有一些压力,认为有些表述与新华社通稿不太一致,但是时任国家总理朱镕基在两会答记者问时,为万载爆炸事故郑重向全国人民道歉,他的答问和我们的报道分析如出一辙。这些故事表明了改革时代以及我所供职的《人民日报》,对记者追踪真相的支持。我在职业生涯中,也面对过不符合事实的非议,我的老领导——米博华副总编辑就曾经直接帮助我澄清,力挺我们记者。所以,有幸在改革开放时期做记者、做《人民日报》记者,必然要发自内心地为改革尽点滴之力。时代和媒体、时代和记者,就是在共同进步中互相成就的。

第二个关键词是《人民日报》。人民日报社有一群聪慧、积极而有趣的同事,我有幸和他们一起瞭望这个时代。

人们往往只知道《人民日报》报道过亩产万斤的假新闻,也打过"文革"第一炮,作为党中央机关报,《人民日报》必须与党和国家命运共沉浮。我们也应该铭记,《人民日报》更是思想解放和改革开放的舆论源头之一。且不说当年反"浮夸风",本报冲在前列,以至于很快被批成"死人办报""书生办报";就是单单在改革开放时代,也是《人民日报》的评论《把"四人帮"颠倒了的干部路线是非纠正过来》,于1977年10月拉开了改正错划的序幕。

习近平总书记说,党的新闻舆论工作是党的一项重要工作,是治国理政、定国安邦的大事。美国报人约瑟夫·普利策说:"倘若一个国家是一条航行在大海上的船,新闻记者就是船头的瞭望者,他要在海面上观察一切,审视海上的不测风云和浅滩暗礁,及时发出警告。"媒体之重要不言而喻。身为党中央机关报记者,我深刻体会到《人民日报》在有中国特色的社会主义发展历程中的独特地位,其影响力、传播力是其他媒体难以比拟的。改革之初,本报的一则为"投机倒把"正名的报道就曾被摆摊的农民剪下来挂在扁担上,当成"黑头文件"——本报报头当年是黑的嘛——为自己壮胆。

现在,本报"两微一端"上的报道动辄就有数以百万计、千万计的点击量,阅读量过亿的爆款产品也不少。在这样的媒体做记者,责任重大。老社长杨振武也说过,《人民日报》记者要有站在天安门城楼看问题的高度。这道出了《人民日报》记者的努力方向。改革开放要有问题意识,记者同样要敢于、善于发现问题,从一个个具体问题入手,才能触及那些需要改革的根本问题。

第三个方面,是我作为记录者的一些故事。20世纪90年代初,我做文物条线记者。在那样一个百废待兴、经济起飞的时代,文物不受重视。我写过一系列关于文物保护的报道,有的非常尖锐。当时,到处都轰轰烈烈地搞经济建设,很多文物在推土机下毁于一旦。例如福州的三坊七巷,历史悠久,有很多名人故居,冰心也在那里住过,当时要造百货大楼,我的报道中提及这个工程,认为它违反了《文物保护法》。当时我们副总编辑保育钧叫我过去,说:"你这报道惹大事了,百货大楼被迫停工,你要知道,福州的老百姓多少年就盼着这个大楼了,停工一天,损失会过百万啊!"那时,我是刚毕业的学生,我抗辩说:"咱不是依法治国吗,文物法能是摆设?怎么能纵容这种违法行为呢?"他被我气乐了,说你和人家直接说。他把当地承接工程的负责人打来的诉苦电话塞给我,我没好气地冲着电话说:"其他事好商量,违法的事咱不能做吧!"放下电话,我跟保育钧继续"吵架"。他觉得我不可理喻,说经济建设怎么可能不打碎些坛坛罐罐,我却固执己见。年轻记者能和报社领导这么当面争执,不是说我有多厉害,而是人民日报社就是有这样一种民主、开明的风气。由于这件事情,保育钧记住了我,他到上海办华东分社,组队的时候我就在名单上了,我的人生轨迹从此被改变。

当时我写的一系列文物保护报道,比如关于虎门大桥和虎门炮台的保护纠纷、关于交河故城门票还能收多久、关于新疆吐峪沟佛教洞窟等丝绸之路文物的报道,对阻止文物破坏,起到了一定的现实推动作用。

我的作品集里收录了一些发表在《人民日报》的新闻时评,例如14年前写的《请为平民的群体性死亡降半旗》,这是为郑州大平煤矿148人遇难事故所写的:"我们没有为死于灾难的平民举国致哀的习惯,在决策者高度重视以人为本的时代,让我们呼吁为平民的群体性死亡事件举行一次隆重的葬礼吧,让鲜红的五星红旗在共和国的土地上,为平民百姓在灾难中的不幸死去低一低头吧。"此后,我又在人民网、《京华时报》、《新民晚报》先后写过七八篇新闻评论,例如《建爆燃纪念馆为了不再遗忘》《珍惜"痛"出来的精神成果》《请为地震死难者降半旗》《我们用什么告慰死者》。汶川大地震后,在张研农总编辑的支持下,我撰写了两篇内参,一篇是建议在地震"头七"为死难者举行国葬,另一篇是建议暂停奥运火炬传递。幸运的是这两件事后来都一一实现了。这当然不是一人之力,而是众志成城、决策层从善如流的结果。2008年大地震之后,依据《国旗法》,首次为平民的群体性遇难即汶川大地震死难者举行国葬,这类事情从此成为惯例。类似的、持续性的新闻评论还包括呼吁公布公共事件遇难者名单,第一次是在温州动车事故之后;还有针对教育部盲目撤并乡村学校的问题,我不仅在本报发过三篇追问的人民时评,在其他媒体也发过相关评论,"不信东风唤不回"。

评论,是《人民日报》的核心竞争力,能参与写作新闻时评,很光荣。2009年,我写了时评《如何面对网络批评》。上海网民王帅在网上发了一篇帖子《河南灵宝老农的抗旱绝招》，批评家乡非法征地，被灵宝警察抓捕。人民时评旗帜鲜明地批评了这件事后，灵宝县当天就召开新闻发布会道歉放人。

2015年，我和同事曹玲娟合作刊发了《五问外滩踩踏事件谁之过》，并配发评论《政府责任不能因"群众自发"豁免》，算是主流媒体独家深度介入公共事件调查性报道的积极尝试，文章的全媒体阅读量累计超过两亿。2016年，我和同事合作的调查性报道《关了家馄饨铺，打翻了五味瓶》，从梦花街馄饨铺入手，建议城市治理要确保公共安全、依法治理，也要"霹雳手段"和"菩萨心肠"兼而有之。报道引发较大关注，国务院还派出了调查组。后来，李克强总理在上海调研时再度喊话，强调要关注梦花街馄饨铺等民间餐饮的命运，推动"双创"。上海后来出台《上海市小型餐饮服务提供者临时备案监督管理办法》，依法给予合乎安全和卫生条件的小餐饮（店铺）以生存空间。因此，通过媒体报道是有可能点滴推动改革进程和问题解决的。

作品集的最后一篇，我有意选择了大江东工作室的融媒体作品《上海市委书记收"礼"，引出相隔15年改革"对话"》。当年我在主编本报华东版《东方新闻周刊》时，编发过记者潘凡平的特别报道——《终结机关冷漠症》。现在的上海市委书记李强，当年是温州市委书记，曾大力推动效能革命，即便从现在看，其改革力度也很有震撼力。15年以后，他又在上海大力推行"店小二"精神，要求提高行政效率、改善营商环境。改革者一以贯之，勤力前行15年，记录者的报道也跟踪走过了15年。虽然呈现方式变化了，但精神实质没有变。

习近平总书记号召，"思想再解放、改革再深入、工作再抓实"，为此我在人民网写过三篇系列评论。回顾这40年，很感慨，改革一以贯之，媒体对改革的大声疾呼和及时报道也一以贯之。眼下，融媒体风起云涌，新技术层出不穷，不管形式如何变迁，内容永远为王。

最后，要再一次特别感谢出身之地——复旦大学新闻系。我愿意再重复一遍我对复旦大学"自由而无用的灵魂"这句民间校训的诠释：所谓"自由"，是思想与学术，甚至生活观念，能在无边的时空中恣意游走；"无用"则是对身边功利的有意疏离。两者相辅相成，我在努力实践。我敬仰的前辈范敬宜说过，如果有来生，我还做记者。对我来说，诚如是。谢谢！

陆晔：谢谢李泓冰。我觉得很感慨，从她的讲述里，我们不光看到了新闻人对职业的追求，还看到了记者与大时代的关联。在请两位对谈嘉宾发言前，我先请祝华新老师讲两句。

祝华新（人民网《网络舆情》杂志总编辑）：我讲的题目是《李泓冰作品的"真气"和"深情"》，"真气"和"深情"是20世纪90年代她写故宫老人王世襄的报道时对王的评价,可惜这本作品集里没有收录(那篇报道)。准确地说,李泓冰有32年的从业经验,第一篇报道是她1986年3月实习时所写。她在《人民日报》共发表了600篇报道和评论,还不包括在《华东新闻》那十年。从数据分析看,体育类报道最多,然后是文物类、读书出版类、教育类,还有一篇青少年题材的,这体现了她作为母亲的爱心。说句题外话,李泓冰是很优秀的母亲,如果说她是"标本",那么她女儿就是下一代的"标杆"了。

李泓冰的第一篇文章篇幅不长,发表在《人民日报》第三版右上角,题目是《北京举行计划免疫活动周》,她当时还是我们科教部的实习生。

李泓冰:我补充一下,这篇稿子我还有印象,因为是第一篇。当时,我一开始写得特别程式化,例如,"3月23日上午,北京市计划免疫活动周拉开序幕,参加活动的有……"。当时的部主任罗荣兴拿着这篇稿子批评我让我拿回去重写。

祝华新:我概括过我对李泓冰30年新闻生涯的评价,具体内容可以见我的微信公众号"党报旧闻"。在这里,我概括为三点:一是文笔优美灵动。我印象很深的是,每当人民日报有重大报道,包括米总安排的人民日报60周年社庆,还有历年的亚运会、东亚运动会、奥运会,都让李泓冰参加。最让领导放心的是,她会做出很大气的标题和谋篇布局,比如说《经得起摩挲的文物辞典》,在党报的版面上出现"摩挲"一词让人眼前一亮。在优美的文笔背后,是心口如一、光明澄澈的率真,才思奔涌、信手拈来的谐趣。在这里,我特别推荐大家读一读她写王世襄的那篇文章。

二是对体育有浓厚的兴趣,展现了"巾帼不让须眉"的大气和洒脱。我记得有一年法国世界杯时李泓冰和现在的副总编卢新宁在网站上开体育专栏,特别嘲笑了一下楼上那个不看足球、整天在家里窝着的男人,那就是我。

三是李泓冰这个媒体才女,不可能只做书斋里"两耳不闻窗外事"的锦绣文章,30年来,她一直关注着社会的转型、人性的沉沦与提升。这里,可以提及她对复旦"黄山门"的反思,她认为,个别大学生表现出的冷漠和功利心,其实也是整个中国社会的问题,要到社会上找原因。在外滩踩踏事件中,李泓冰最早发在《人民日报》客户端的《五问外滩踩踏事件谁之过》,站在舆论关切的角度帮助还原事件真相,促进政民沟通,得到了网民和地方政府的双重认可,从此以后,"五问""十问"成为党报在热点事件中发声、打通两个舆论场的标准格式之一。

2018年两会时大家注意到了红衣女记者、蓝衣女记者,其实在29年前全国两会上也出现过红衣女,那就是身穿大红外套的李泓冰。她被主持人点中提问,问题非常尖锐,大家今天可能想象不出主流媒体会有这样的问题,她问的是:"小平同志说过十年教育中发生那么多的失误,请问根本原因何在?国家教委应负什么样的责任?"当时的国家教委主任也没有推诿,回答得很得体:"许多问题不完全是教育部门所能单独解决的,涉及各个方面,特别是体制方面,需要配套改革;当然教委也是有缺点的,我们已注意到这个问题,制定了全面发展和改革纲要,准备提交国务院讨论。"

当年的两会报道版上有一个关于李泓冰的小花边,题目叫《以衣点将》,是我们《人民日报》另一位才女孟晓云写的,写了李泓冰提问的经过。她注意到两个细节:台湾"《中国时报》"的一位记者先生身着雪白的夹克衫,香港《明报》的记者小姐穿一件花背心,他们也有幸得到提问机会。一位没有得到提问机会、身着黑大衣的女记者不无遗憾地说:"早知如此,我不如穿一套亮色的裙子来。"可惜没有找到李泓冰穿红衣服的照片。当年我们的记者不太有镜头感,怀揣的是一份历史感,是以对人民负责的态度来提问的。我记得李泓冰专门写过一篇《两会尽心履职,且从放下手机开始》,要求代表们开会认认真真,不要埋头刷手机,因为他们是怀揣人们的嘱托来开会探讨国家大事的。

接下来,我受报社老同志委托,送来一些感怀。我们的老领导、副总编辑李仁臣说:"很期待李泓冰新闻作品讨论会的举行,向李泓冰本人和举办方表示诚挚的祝贺,一晃30年过去了,当年的才女变成了大家,新闻推动社会进步靠真实的力量,解放思想、实事求是,正是我从李泓冰30年新闻实践中读出的追求。读李泓冰的文章,常有耳目一新之感,相信这次讨论会也能让人耳目一新。"

我和李泓冰共同的恩师、原教科部主任罗荣兴今早也写了一段寄语:"当代新闻界,优秀的女记者常有,突出的女性新闻评论作者不多见。李泓冰是难得一见的优秀女记者兼新闻评论员。盖因新闻评论写作,必须兼备三种修养:新闻敏感、思想深度和文字表现力。女新闻工作者,往往不缺敏感,不输文采,常欠思想深度。一篇好的新闻评论,因事论道,文以载道;道可道,非常道。全靠一个'道'字,亦为近30年的人民日报社史页增添了一抹亮色。"署名是"一位曾经的老同事,现在的老读者"。

我们都很喜欢的、都吃过她的红烧排骨的阿姨蒋涵箴(李泓冰:我生病的时候给我送过鸡汤,她是我当年的副主任),今早写了一段话:"小李的文字我爱看,没有八卦腔,即使是重大政治问题,在她笔下娓娓道来,也讲得服人。随着她一年年地成长,文字也变得愈加老道,她天生是个写作高手,祝贺她!"

还有我们的老朋友张宝林:"愿泓冰永远保持一泓秋水般的清澈,一挂冰轮般的澄明。"我们师兄辈的曹焕荣,在朋友圈发的:"当了几年同事,断了'一流'念想。"他今早特地解释了一下,只是断了自己的"一流"念想,因为看到李泓冰,觉得自己离"一流"还差得很远。我们另一位老朋友、老领导吴长生今天中午发来的:"有你们,我还用说什么吗?如果非要说,就说一句:衷心祝贺,望百尺竿头更进一步!"

我们远在美国的原海外部同事,今天从华盛顿发来一段话:"文字功底、文史功底、观察能力、人际能力,好记者需要的硬指标,泓冰占全了。作为同门师兄,与有荣焉。文品好,人更好,就不用我说了。我们20多岁的时候,十余人畅饮五粮液、习水大曲,多人倒下,泓冰巍然屹立。诗词才能不输林黛玉的泓冰,真真是女中豪杰。泓冰是京剧的超级票友,堪称冰爷。当年一位部主任谆谆教导:小李啊,如今20多岁,很快就30多岁,很快40多岁,很快50多岁,时间过得快啊。泓冰当天和我复述此场景,笑得我们前仰后合。如今我们真的年过半百了,泓冰仍然可以开心地笑,因为她的30年成果累累、精彩无数。今天远在万里之遥的华盛顿,再次为师妹使劲叫个好。"

我统计了包括写王世襄那篇在内的五篇作品的词频,大家可以了解一下李泓冰的优美文字和才女气质。五篇作品中,"哀"出现3次,"尊严"3次,"傲"4次,"狂"4次,"趣"5次,"苦"5次,"哭"5次,"境界"5次,"笑"6次,"痴"7次,"乐"9次,"痛"12次,"玩"13次,"真"28次。李泓冰的先生曾有一个笔名,就叫"真人"。李泓冰在写王世襄的文章里写道:"深信明人张岱的话:'人无癖,不可与之交,以其无真气也;人无癖,不可与之交,以其无深情也。'"李泓冰还帮助我们报社同事改写过一篇文章,改写的话很能体现她的情怀:"究竟是什么吸引了这些曾经或依然自视甚高的知识分子呢?难道是那种'问世间情为何物,直教人生死相许'的无望情爱,或是那种一剑在手、四顾茫茫的孤傲与寂寞,抑或是破书而出的抑强扶弱、大义凛然的干云豪气?"谢谢大家!

嘉宾对谈

米博华(复旦大学新闻学院院长、《人民日报》前副总编辑): 参加这样一个作品研讨会,非常高兴,也非常感动。对各位来说,这些作品可能是一个个故事、一页页报道;对我来说,则是一帧帧过往的画面,非常感慨。想起来,我35岁到《人民日报》工作,现在已经60多岁,30多年过去了。所以,我看到的是一段峥嵘岁月、一段艰辛的历史,看到的是我们在《人民日报》一起工作的历史情怀。

今天来了很多年轻人,我想跟大家说,30年对泓冰来说,或许是一段工作经历;但我们要看到的是一个普通的新闻工作者为国家的现代化进程作出的重要贡献。刚才华新统计了一下,泓冰在《人民日报》上有600多篇报道。在这30年里,她参与了《人民日报》的许多重要报道,策划、写作和编辑全都参与了,大事件估计是一个都没漏。每年两会时,她都是《人民日报》固定的报道组成员。每每遇到大事,领导都会说,"先把泓冰叫来吧,她能扛大事"。无论是新闻报道还是评论,她都能按时按量完成。

《人民日报》在国家的政治生活里发挥了非凡作用,这是离开报社后,我才慢慢体会到的。泓冰这30年(的新闻工作),是一份工作、一个饭碗,但可以说,这些报道为我们国家的进步发展作出了贡献。直到今天,这些贡献仍然存在。

我不谈泓冰的作品具体如何,我想从新闻教育、人才培养的角度来谈。泓冰30年来没有停歇,无论是在顺境还是逆境中,一直都是蓬勃向前、奋斗不止的,这点让我很感动。最让我感动的是,30年来都能看到她的成长和进步。进步,这不是一个能随便说的词,许多人年纪很大了但没有进步,许多人写了一辈子稿子但还在原地打转。难得的是,泓冰每隔五年十年,都会有巨大的进步。

这种进步,我把它概括为这样几句话:第一,完成了从青年学生到党报工作者的转变。今天更多展示的是泓冰有才华的一面,其实她还有更大的本事,管理能力也好生了得,现在是分社的副社长,这一点很多人做不到,很大年纪了还沉浸在年轻时的浪漫理想里。第二,完成了从知识分子到参与国家改革开放和现代化进程的贡献者、奉献者的转变。上海市委几任领导都对泓冰非常满意,她到上海后对上海的改革发展工作给予了大力支持,写了很多有锐度的报道,但上海政府对她很认可。一个记者的情怀就是,通过自己的笔墨,推动一个地方的经济社会发展和进步,推动整个世道人心向好的方向发展,这点泓冰做得特别好。第三,完成了从家国情怀的文人议政到对国家建设起到实际推动作用的转变。她后期的作品不再有那么华丽的文采,但有很多的政策和思想含量,提出了很多对上海和国家有用的建设性意见,这是非常可贵的。概括地说,这三个方面的转变,表明了一个新闻工作者从简单的文人知识分子和学生成长为能够为国家和社会作出卓越贡献的新闻记者。再次祝贺泓冰30年取得的成就!

李良荣(复旦发展研究院传播与国家治理研究中心主任):刚才李泓冰讲了她的作品的来龙去脉,米院长讲了李泓冰随着时代不断进步的转变,我没有这么多素材,就谈谈她的作品。

名义上,我是李泓冰的老师,但是这不能妨碍我成为她的"粉丝",我经常读她的作品。现在呈现在我们面前的李泓冰30年的作品,我看了一下,大概分为两大类,一类是关于文化教育的,另一类是关于社会热点事件的。这些作品是她全部作品的1/50。如果说采写新闻有一定的随机性,那么在一千多篇作品中选择这些,一定经过了深思熟虑,这种考量维度就体现在本次研讨会的题目上:"以新闻推动社会进步"。

这两类题材看上去相距很远,但在文化教育类作品中,无论是抢救文物的呼唤,还是对教育现状的忧虑,对巴金、鲁迅的追思,或是对冰心、苏雪林等老一辈作家的勾画,李泓冰的作品都注重弘扬中华文化,维系中国文脉。而在聚焦中国社会热点问题的作品中,从万载爆炸到阜阳毒奶粉,从汶川大地震到上海的踩踏事件,从唐福珍自焚到上海黄浦江的死猪,表面上在书写一时之痛,但仔细读来,所有这些突发性事件中贯穿了一条红线——以人为本,人文关爱。万载爆炸,她关注的是农村贫困带给孩子们的艰辛,她呼唤为平民群体遇难者降半旗,而不是仅仅为国家领导人的逝世降半旗;阜阳的毒奶粉,她关注的不是对个别官员的问责,而是官员不关心广大人民群众的疾苦;汶川大地震,她呼吁保留北川的地震现场,让后世永远不忘民族之殇。

李泓冰的作品有两大鲜明特征:犀利和深沉。这两个特征看似"水火不容",但李泓冰却能把它们完美地融合在一起。请大家读一读2015年的《五问外滩踩踏事件谁之过》和2018年的《上海市委书记收"礼",引出相隔15年改革"对话"》这两篇作品。"五问"中的每一问都问在群众最关切的要害上,回答都是实事求是的。"五问"一出,全国的舆论为之一变,上海市委也由此解脱。李强到人民日报访问,一次平平常常的访谈,引发了如此意味深长的改革对话,实在让人意想不到。我想,作者的意图不只是让广大上海市民认识这位新任上海市委书记过去和现在的风采,而是寄托了一种深深的期望,期待这位新书记带领上海继续做改革开放的排头兵。还有2017年的作品《上海:对标全球最高开放之风劲吹》,2017年和2018年的两篇作品可以作为上下篇来谈,我觉得其中有作者的深沉之处。

犀利,不是说些极端的话,而是能够抓住时代之问,从大处着眼、从小处着手,是在众声喧哗中抓住问题要害,是在万人沉默时挺身而出、石破天惊地责问;深沉,也不是引几句名人的话,涂上理论色彩,而是在纷繁复杂的关系中梳理出清晰的思路,在众说纷纭中解读出事件真正的意义。以新闻推动社会进步,必须得抓住时代之问,解读新闻的真正意义,提出解决问题的真正要求。中国的文人传统讲文如其人,一般是指文学作品中有很多个性化的表述,但新闻作品有非常严格的写作规范和政治要求,是很难个性化的,但李泓冰的作品毫不掩饰地显示出她的性格、情怀和风骨。爱憎分明就写在她的脸上、落在她的作品里,她爱得深沉、无怨无悔。

在她的作品中看得到对文物流失的痛心疾首,她呼喊"抢救!抢救!";她看到万载乡下的贫苦学生为了微薄的收入,从事危险的工作,发出了痛心的感叹;她看到了满头银发、垂垂老矣的冰心,敬仰和赞叹油然而生。这一切都令我想起艾青的诗《我爱这片土地》,诗里这样写道:"为什么我的眼里常含泪水?因为我对这土地爱得深沉。"李泓冰在她30年新闻作品里的呐喊、悲伤、赞叹,都源于她自身的情怀和风骨,她深爱中国这片土地、深爱人民、深爱我们的新闻事业。

交流讨论

孙　玮(复旦大学信息与传播研究中心副主任、新闻学院副院长):我今天也很激动。我大概是在场的最早认识李泓冰的几个人之一,我认识她35年了。当年我住她隔壁寝室,但比她低两级。后来,我们走了完全不同的人生道路。李泓冰刚才的陈述,把我拉回了20世纪80年代的复旦大学。80年代改革开放时期,复旦大学为我们植下了终身的基因。不管彼此在做什么,我们都能一眼认出,对方是80年代的复旦人。

从李泓冰的作品中,可以看到这40年来中国新闻和社会的关系。我觉得最能打动我的是,她能理解中国新闻媒介推动社会进步、思想解放的可能性。这种可能性是记者实践出来的,不是仅凭教科书上的条条框框就能实现的。其中一个最大的可能性就是,当自身的价值立场和现实事件结合在一起时,记者知道用怎样的新闻方式把问题呈现出来。无论是文物报道还是体育报道,无论是新闻还是评论,李泓冰转换的场域非常多,但一以贯之的是清晰和坚定的"三观"。"三观"通过新闻和评论的方式展现出来,抓住重要的历史事件和社会思潮,与国家变化交汇,这是她作品中最有力量的部分。

我和李泓冰师姐走了不同的人生道路,我喜欢安静地读书,所以留在了复旦。但我觉得,不管是做新闻传播的实践还是研究,都有两点共同的复旦基因:第一,必须有专业的能力。有卓越的专业能力,才能有卓越的成果。李泓冰的作品集已经证明了这一点。第二,更重要的是对公共价值的永恒追求,这才是灵魂。我们私下谈论时常常说,新闻传播无论是实践还是学术研究都要讲公共价值。泓冰说,如果没有公共理念、对社会公共生活没有追求和贡献的话,那么所有新闻传播的实践和学术研究就都是要流氓,没有什么意义。

据说,"自由而无用的灵魂"这一复旦精神是李泓冰诠释的(陆晔:是李泓冰首先在公开媒体场合诠释的,这句话来自复旦大学的BBS讨论版),这句话可以让我们理解新闻与社会的关系。所谓"自由",就是思想上要有开放而丰富的视野,才能做到独立思考;所谓"无用",就是要和现实功利保持疏离的态度。

祝华新说李泓冰的酒量甚好,我想说,和李泓冰喝酒是很可怕的事情,这不是酒量问题,而在于要用谈资下酒。吃饭时,必须讨论社会思潮和公共事件,如果只能喝酒、接不上话,你就会很狼狈。以谈资下酒,展现了她的敏锐和价值观。她以此看社会,才为我们展现了新闻和社会发展在当前时代的可能性。

黄　旦(复旦大学信息与传播研究中心主任):李泓冰的发言给了我们一个机会来理解个人与社会、与国家、与时代、与历史的关系。李泓冰说她自己的作为与时代变化有关,但历史是通过每一个人的足迹书写出来的,因此,要看到改革开放40年来中国的变化,还要看到《人民日报》怎样与时代结合在一起。我们现在也面临传播革命带来的社会变革,李泓冰启发我们去思考怎样将个人嵌入时代,寻找重要命题,推动社会进步。李泓冰听过我的课,知道我喜欢提问题,所以我想给李泓冰提一个问题:你的作品集为什么以编年式编排？你的目的是什么？

李泓冰：陆晔老师给我的题目就是"从业30年新闻作品探讨"，我想一年选一篇，不是要做成编年史，而是想为每一年选择一个符号，像一个里程碑。我没有按重要程度来选，但我觉得任何东西都有时代的印记，比如祝华新师兄找到的我研究生时期写的一篇小消息，也是有意义的；那些1988年以后的早期作品，比如对社科院和中科院的报道，并不是很重要的东西，但可以看到当时的时代印记。所以，我并不是按照重要性或者我写得有多好来选择作品的，而是跟着时代走，记录与时代的一种关系。

黄　旦：我这几年兴趣在报刊史，所以对时间特别敏感，时间标出来，一定是有特别意义的，所以我刚刚想知道你的编排和题目之间有什么关联。另外，你进入报社的时间，跟祝华新写《中国改革的历史方位》的时间大概差不多，那篇文章在当时反响是非常大的（陆晔：那时我在北京广播学院读研究生，对社科院和《人民日报》的大楼充满想象，觉得那么年轻、以那样的气势写文章，太了不起了）。所以，我想再提一个问题，从祝华新的《中国改革的历史方位》开始到现在，从历史来讲已经是"方位"大变，你对责任的理解，是始终如一、不忘初心呢，还是说在不忘初心的基础上已经有了更多层次的理解？

李泓冰：不忘初心是肯定的，作为记者要有恒定的价值观，最忌讳的就是做墙头草。这也是我对"自由"和"无用"的理解，就是说你不能太过追求现实功利，要与功利保持一定的距离，这样你恒定的价值观才能体现在你的作品中。黄老师的问题提得很好，我认为我还是有恒定的价值观的，与时代同频共振，一定要不遗余力。比如说，刚才大家分析了一些作品，我觉得确实有一以贯之的东西，也就是我的价值观。另外，你说有没有变化，那肯定是有变化的。一开始当记者很"学生腔"，我也讲了第一篇报道被部主任批评的经历，那时候不懂《人民日报》的文章要怎么写，是不是必须要端着，后来慢慢就明白了：在恒定价值观基础上，可以有个性化表达。我们面对的这个时代，问题层出不穷，从过去到现在，我们面对的肯定不是一样的中国，作为记录者肯定是要与时俱进的，但在这个过程中不能丢掉价值观。

黄　旦：谢谢。其实我们也希望这个沙龙能成为学界和业界沟通的桥梁，所以我也希望你从30年从业者的角度，讲讲就推动社会进步来说，学界还能做什么。

李泓冰：这个话题很大，但其实我特别感兴趣，我认为学界可以做得更多。我有时也关注学界的研究，我也在看学者的争论。从新闻业务的角度讲，高大上的传播理论我也不太懂，但我还是觉得隔靴搔痒的比较多，大多停留在学者案头，离新闻实践有一定的距离。像今天这样的沙龙，我希望能更多一点。

我们业界是研究对象，但如果不看《人民日报》，也不看业界写的东西，那怎么研究呢？新闻上讲不能"客里空"，我觉得学界也要谨防"客里空"。还有，学习新闻传播这样与实践联系如此紧密的学科，同学们不能只是阅读。新闻是实践性很强的学科，我当年做新闻系学生时，从编辑课上讲的怎么读报中受益极大：老师让我们分成若干小组，把《人民日报》《解放日报》《文汇报》《光明日报》放在一起，思考为什么同一事件，不同报纸处理不同，有何优劣。我从小读《人民日报》，但在这之前我不知道里面有编辑技巧，更有编辑的见识、胸襟和气度。只有在这种对实践的观照中，才能学习如何介入实践。我之前问过孙玮现在还有读报课吗，据说是没有了。当然现在是融媒体时代，有技术方面的讲授，比如怎么制作融媒体产品。我觉得我们应该每天、每时、每刻都关注此时发生了什么。

我再说一件令我失望的事。涛甫院长请我来讲过几次课，在同学们的提问或者回答中，我感觉同学们对中国的新闻事件、中国当代史、中国的媒体非常不了解，很多事情他们都不知道。作为新闻系的学生，不读《人民日报》，我觉得是说不过去的。而且他们基本是拍脑袋想象，觉得"《人民日报》不就是一天到晚报道亩产万斤吗"，诸如此类。如果是基于了解的不屑，我觉得可以尊重，但如果完全是在无知的情况下跟着人云亦云，我觉得这不是复旦大学新闻学院学生该有的姿态。所以，我希望学界和业界能互相了解，共同推动进步。我们都有点滴推动社会进步的初心，但为什么不能拧成一股绳呢？

我觉得，可以借鉴一下西方新闻教育的成功经验。我听朋友说，西方很多新闻学院的老师是从《纽约时报》《华盛顿邮报》退下来的，甚至学院就是聘请资深记者来讲课。另外，新闻专业的学生，就应该大量写作，做大量社会调查。比如说，上海的路边餐饮究竟是什么现状，能提出什么对策，目前的政策在哪方面有缺失或超前。我不知道现在是否还有这样的业务课要求。我当年在复旦新闻系时参加过两次实习，其中，小实习是在本地的《上海农垦报》，第二次实习是在《湖北日报》。实习半年后带着在实践中学到的东西继续学，感觉是完全不一样的。

现在，我和我的同事也会接触一些来自复旦的实习生，因为部校共建，我们也是实习基地之一。每年，在我们这里实习的新闻学院的学生有二十几个。我有时会觉得，学生们在采访前没有做好相关方面的积累和准备。当时我们采访前要到报社资料室里找一摞摞的剪报，很费力，但只有深入了解后才敢提问题。现在的孩子们胆子都很大，却什么都不知道，所以就只能提出这次"两会红衣女"这样的问题。刚才华新说我也是当年的"红衣女"，那么对比当年和现在两个"红衣女"的提问，就可以看出很多问题。

洪　兵（复旦大学新闻学院副教授）：我读这个作品集时，首先感觉到的是亲切。以1988年为节点，2018年是改革开放40周年，师姐是在改革开放10周年时加入

《人民日报》的,欣逢1988年的"两会"。在我的印象里,这是我们国家政治和社会生活中开天辟地的事情。如黄老师所说,作品集的编排包含了叙述的线索和理解的逻辑,从这本作品集中作品的题材中能找到很多共同的线索。就像1988年两会上问的教育改革的问题,以及师姐作品里的文史类的、关于文化老人的报道,都是理解的线索,因为都和80年代有关。记者与改革开放、思想解放进程的关系成为其中特别重要的部分。

其次,是教育者与现实世界的隔阂。我与师姐刚认识不久时,她就谈到了这一点,我当时没有很深的感受,后来看到一些材料,才发觉我在这方面有明显的不足。举一个例子,在看到《请为平民的群体遇难下半旗》之前,我知道的故事是,1998年郭光东在《中国青年报》发表了《国旗为谁而降》,2008年南方报系媒体广泛讨论暂停火炬传递、设国葬和下半旗等话题。但是,读了泓冰师姐的这篇文章,我才知道《人民日报》和其他媒体起到的很独特、很重要的作用(米博华:他们的内参是起了决定性作用的,从那以后国家决定为大型自然灾害罹难的同胞降半旗,并在"头七"时举行仪式。他们做的很多事情,不仅是写一篇文章,而是改变整个文化规则。只是这些没法写在作品集里)。这对我也是很好的提醒:视野要更广阔、更包容,把《人民日报》这样的在政治舆论生活里起到特别重要作用的媒体包括进来,原来的程度还不够。

最后,回到偏业务性的问题。我注意到,师姐1989年的《"代"的疑惑——互相注视的四代人与第四代人》,在文体上跟祝老师的《中国改革的历史方位》有特别密切的血缘关系。师姐的文章有很清晰的变化发展的脉络。复旦大学新闻学院的很多同学都想去《人民日报》、新华社这些媒体工作。就技能而言,师姐能不能简要说一下,这么多年来在叙事文体上的变化线索?

李泓冰:我对文体的流变好像还真没认真思考过。我定神想了一下,表达上确实是有变化的,在座的有我的两位同事——郝洪和姜泓冰,我们一起做融媒体时,也讨论过表达问题,思考怎样才能更适应当下年轻读者的阅读习惯。我觉得我是有变化的,从以前比较学生气、知识分子气,甚至文人气,到现在枝枝蔓蔓的东西少一些、语言更接地气。比如说,祝华新师兄欣赏的那篇讲王世襄的文章,表达是比较文人腔的;到作品集最后那篇讲李强的,零零碎碎的东西就很少了。用现在的话说,就是更冷静客观,也就是通过事实的叙述来体现思想的力量,而不是通过长句子、比喻。但一以贯之的东西也是有的,我比较追求表达的独特性。我有时也会跟我们的记者说,别人写出这样的东西,你也写,不稀罕,同样题材你能不能写得跟别人不一样?要不然大家去看新华社通稿就够了,为什么还要有不同的媒体?为什么当年的读报课老师还要我们比较不同媒体的不同报道方式?就是因为要有表达的独特性。

张涛甫（复旦大学新闻学院教授）：首先向泓冰社长和业界表达敬意。我想表达三个意思：第一，我看过李金铨的一篇文章，讲记者与时代的交相呼应，这在泓冰社长身上非常鲜明地体现了出来。我有一个疑问：是什么成就了泓冰？就是《人民日报》！只有把记者、时代和媒体勾连起来，才能成就一个大记者。我们看到的作品集，是从大样本中抽取的小样本，它是最终呈现在台面上的东西，而后面有很多故事。很多时候，公开的文本固然重要，但潜在的故事也是我们渴望了解的。

第二，我是一个业余的写作者，从评论写作来讲，泓冰评论员的评论大气、正气、灵气、才气、锐气。记者和评论员，能做好一样就很厉害了，但在她身上能浑然一体。她的很多评论，把名字遮住，我都能认出是她写的。我记得她在《新民晚报》的专栏，还有《人民日报》刊发的裁撤乡村学校的文章，我觉得写得特别好，非常敏锐。

第三，作为学者和教育者，我们怎么能搞好复旦新闻教育？现在的新闻记者，需要更强的能力、更宽广的视野；现在的这个时代，要求学生和老师有更多的本事，但我们却变弱了。我们也在反思新闻教育，尤其是在新闻实务方面，我们近几年做了很多努力。也请泓冰学姐和华新学长把我们作为病体，为我们把把脉。

廖圣清（复旦大学新闻学院教授）：对李老师30年新闻作品的研讨，让我个人受益匪浅。涛甫院长把你看作一个标杆，关注你的不可复制性；而我想作为一个普通老师，关注你的可复制性。新闻学院要薪火相传，不仅要培养这样优秀的系友，还要把优秀系友的精神传下去。李老师身上有一点特别鲜明，就是理性和情感的完美结合。做记者，要有理性，但同样要有激情。我们要思考，怎么在学生身上将两者结合起来，让他们既有新闻理想又能关注重大社会时政问题，以专业推动社会发展。

郝　洪：今天能来参加这个研讨会，我们与有荣焉，各位老师的观点也让我们受益匪浅。我的感受可以用两个词来表达，一个是格局，另一个是使命。因为有做人的格局，才会有这样的使命感。这种使命感让她能跟上时代，30年一直抓住时代脉搏。我特别感慨，也学到了很多，向各位老师表示深深的敬意。

姜泓冰：我就是被她"诉病"抄袭她名字的姜泓冰。我从1994年进《人民日报》工作，就一直在李泓冰手下。我们私下戏称她是"黄埔军校"，因为她培养了太多人才。我不知道在座有多少学生，我要告诉你们的是，工作后跟的师父特别重要。大学遇到好的老师，对你的"三观"的形成非常重要；做新闻工作也是如此，身边有这样格局很高的人，会影响你的一生，为你以后的成就奠定基础。

我带的实习生很多是复旦大学新闻学院的学生。在今天的环境下，但凡遇到我觉得有新闻才能的实习生，我都会不遗余力地"鼓动"他做新闻。改革开放前30年，大家都被物质欲望刺激了，膨胀得很厉害，现在我觉得到了这样一个时期：我们可以不因为年薪、物质条件影响价值判断,而是像李泓冰这样重视公共价值,用自己的写作推动一个问题的解决、帮助一群人,一点点地推动社会进步。

学　生:我想把这些年来我感受到的东西,跟过去的时代做一个碰撞。第一,李老师说,80年代就是年轻人觉得能挥斥方遒、大展宏图的时代,但我们90后或多或少都有沉重的同辈焦虑。第二,我也想到了放弃和坚持的问题,年轻人如果想要坚持的话是可以做到的,不会出现在实习中间放弃之类半途而废的事,但是大部分人很难明白自己想要坚持的东西是什么,所以才非常容易放弃。第三,从"功利"和"自由"的角度看,有些同学做事很有目标、很功利,但这些人更可能坚持下去,反而是那些谈"自由"的人比较散漫,更容易在自由中迷失自己。

李泓冰:你提了很好的视角,让我们了解了年轻人的所思所想。你说了一个很重要的观点,就是不知道自己要做什么,没有目标感。家国情怀在我们那时根深蒂固,现在就没有这么强烈了。从大的背景来说,有两方面因素:一是不需要我关怀,不需要我参与,这个国家就能走得很好,也能蒸蒸日上;另一个是消极层面的,比如"我操心有用吗?"而且人们的生存压力太大,超过了发展,以前说"长安居,大不易",现在是"北上广居,大不易"。现在的年轻人让我想学习的地方,就是务实。他们可能没有大的目标方向感,但能把交给他们的事情一件件做好,有很多创意,花样百出。

我们这代人身上有很深的80年代烙印,我们的成长有时代的底色。那时有点像春秋战国时代,百花齐放、百家争鸣,忽然去掉了束缚,你觉得什么都可以去想、什么都可以去做,整个国家生机勃勃,只要使劲就能推动,不会有无力感,这不是个人的力量,而是时代的力量、媒体气氛给我们的力量。我们之所以能坚持,是因为有那个时代的精神营养。我现在就有点担心,因为新闻学院的学生们非常聪明,但对当代史和重大事件不了解。在这样一批孩子的职业生涯中,他们的思想是否会被束缚得很紧?眼界是否会被局限?我所忧的,不是个人的发展,而是国家未来的发展走向。

陆　晔:每个社会都是多元的,年轻人追求自己的幸福、经济成功,都是无可厚非的,但是社会总需要记录者和传达者。在座的同学们,你们以后可能不会进入《人民日报》这样的机构媒体,但你们仍有很多表达的平台;你们可能不会从事新闻工作,但你们是社会中信息、娱乐等各种活动的传播者。李泓冰作品里体现的恒定价值观,对规则和法制的坚持、对社会公平的呼唤,以及贯穿始终的人道主义价值观,这些东西,始终在发光。孙玮老师说李泓冰作品体现了她卓越的专业能力和对公共价值的追求,我还想补充一点,就是对中国历史与现实的宏观把握,和始终与社会生活保持密切的互动。在全球化、新技术传播革命正在发生的当下,讨论这个话题有非凡的意义,我们应该认真审视自己的选择和未来。

第四部分
调查报告：
中国城市公共传播的创变

上分下合，联动共作[*]
——上海、深圳、杭州和银川城市公共传播调查

◎ 潘 霁

信息传播技术全面融入城市的日常运转，深刻改变了城市公共生活。城市政府、各类媒体机构与不同利益群体之间日常沟通的距离、边界、范围，以及频率和速度正经历着根本性的重新校正。数字网络技术改变了城市政府、媒介机构、公众及社会其他子系统间的关系，并由此催生出城市公共传播的新形态。

本报告是基于上海、深圳、杭州和银川四个城市的公共传播调查完成的。在调查中，我们发现这四个城市的基本运作及其特点有着很多的相似之处，可以概括为"上分下合，联动共作"。

本调查由城市政府的两微一端和传统媒体组织在数字网络技术环境中发生的变化入手，深入探究四座城市在公共传播形态上的整体性变化。具体而言，研究旨在考察移动数字网络技术给上海、深圳、杭州和银川等城市的公共传播形态带来了哪些整体性的变化，这些变化具有哪些主要特点，整体性变化背后起推动作用的因素有哪些，以及从提高城市公共生活的活力出发能提出哪些政策建议和意见。

根据上述问题，研究报告的第一部分首先介绍了四座城市在大众传媒组织、城市文化和政府体系等方面既有的基本概况，以便为读者理解其网络化转变的特点提供参照。随后，报告将结合通过深度访谈和现场调研获得的材料，分析并概括四座城市的基本做法及其在公共传播数字化转变方面呈现出来的主要特征。最后，报告将分析的结果从理论上加以总结提升并基于研究发现提出具有可操作性的建议和意见。

第一部分 城市公共传播的基本概况

本报告中城市公共传播的基本概况指四座城市各自既有的公共传播环境。其中

---

[*] 本文系国家社科基金重点项目"新媒体环境下的城市传播研究"（项目编号：15AXW007）阶段性成果，并获得复旦大学新闻学院一流学科项目经费支持。

主要包括了各城市不同的精神文化特质、现有的大众媒介机构和政府公共传播管理体制等不同的面向。

一、城市概况和城市精神

各个城市的规模、人口、地理位置、经济发展程度以及城市自身固有的市民文化和精神特质等因素都会对公共传播在数字化技术环境中的转变方式产生实际的影响。四座城市的经济发展水平在全国或至少在本区域内(例如银川)都名列前茅;几座城市都邻近我国主要的河流水系(包括长江、黄河、珠江等),历史上多为通商之路的要道枢纽;城市精神的官方表述也以不同方式突出了城市文化中追求创新和多元宽容等要素。

按照国家统计局2016年度中国城市GDP排名TOP100和人均GDP排名的数据,上海、北京、广州、深圳、天津排名前五位。而据《上海市2017年国民经济和社会发展统计公报》可知,上海目前是世界上人口最多的城市。2017年上海常住人口达到2 418万,城市面积6 340平方公里,人口密度为每平方公里3 809人。上海是中国的金融贸易中心,也是世界性的交通枢纽。2017年全年上海市实现地区GDP(生产总值)30 133.86亿元,比上年增长6.9%,占据我国主要城市GDP排行首位,人均GDP达到12.46万元。上海的全球化发展对于我国在全球化时代的国家发展战略具有重要意义。上海的城市精神常被归纳为"海纳百川、追求卓越、开明睿智、大气谦和"。城市精神中包含开放、全球视野和追求创新卓越等维度。城市的经济发展水平以及城市对于国家发展重要的战略意义影响了上海城市公共传播在数字技术环境中的转变方式。

深圳是我国重要的经济特区之一。根据《深圳市2017年国民经济和社会发展统计公报》的数据,2017年深圳全市实现地区GDP 22 438.39亿元,比上年增长8.8%,全国城市中深圳GDP总量排名第四(人口1 252.83万,人均GDP 183 127元)。而根据2017年中国五大超级城市群经济与人口数量报告的数据,深圳和广州还是整个珠三角地区人口流入数最多的两个城市。深圳作为移民城市在文化上开放兼容的特性使其能容纳不同的文化和个性。多元化的文化特点使拥有不同文化背景的市民能在深圳共同生活。深圳的城市精神被概括为"开拓创新、诚信守法、务实高效、团结奉献"。现代法治精神、勇于开拓创新的能力和务实高效的做事方式构成了深圳城市文化的重要特点。

杭州曾是吴越国和南宋的都城,自古就是重要的商业贸易集散中心。如今杭州已经成为浙江省的政治、经济、文化、教育、交通和金融的中心,也是中国文明城市、国家生态园林城市、美丽山水城市和中国十大品质休闲城市。《杭州市2017年国民经济和社会发展统计公报》显示,杭州市2017年全年实现GDP 12 556亿元,比上年增长8.0%(年末全市常住人口946.80万人),在全国城市GDP排名中排第十,全市常住人口人均GDP为134 607元,比上年提高10 321元,增长5.4%。杭州还是阿里巴巴公司总部所在地,科技资本充裕,民营经济发达,政策优势明显。杭州已成为长江三角洲地区仅次于上海的第二个区域性大城市。杭州为未来设定了四大个性特色:具有全球影响力的互联网+创新创业中心,国际会议目的地城市,国际旅游休闲中心和东方文化国际交流的重镇(杭州政府网,2016)。杭州的城市精神被表述为"精致和谐、大气开放"。精致的城市休闲生活、优越的自然环境和数字化创新驱动的城市发展模式对于杭州在数字网络环境中的城市公共传播形态的转变至关重要。

银川是宁夏回族自治区的省会,同时也是国家历史文化名城,西北地区最为重要的中心城市。银川地处中国西北的宁夏平原中部,西倚贺兰山、东临黄河。银川是发展中的区域性中心城市和中国—阿拉伯国家博览会的永久举办地。相比之下,银川无论是人口基数、经济总量还是人均GDP等指标都比其他三座城市更小,但银川在西北地区的相对经济优势较为明显。参考《银川市2017年国民经济和社会发展统计公报》,银川市2017年年末常住人口为222.54万,全市实现地区GDP 1 803.17亿元,同比增长8.0%,全国城市排名137位,GDP总量在宁夏省内排名连年名列第一;城市人均GDP达到81 656元,比上年增长6.5%,自2016年起开始在整个西北地区占据首位。此外,银川相对较小的城市体量使得政府行政部门对城市公共生活整体上的塑造和干预更为直接和有效,媒体组织与政府内部的观念和思想更容易达成一致,彼此之间的关联互动也更为紧密。银川的城市精神被表述为"贺兰岿然,长河不息"。官方对城市精神的诠释包含了"包容、诚信、自强、创新"等维度(宁夏文明办,2017)。

二、政府公共传播的机构、管理与规定

从政府管理角度看,上海、深圳、杭州和银川等城市政府在公共传播方面都以坚持正确的政治方向和舆论导向为最大前提。在此前提下,不同城市在实践中各有侧重,但四座城市在积极利用数字网络技术促进政府公共信息发布和市民参与方面都设立了较为完备的机制和专门的机构。政府多将公共政策信息的公开透明作为政府公共传播需要恪守的规定,并且在管理上强调改革创新的重要意义。政府公共传播在机构、规定和管理等方面的特点为城市公共传播形态在数字技术环境中向"上分下合,联

动共作"形态的整体转变创造了有利条件。

上海市委外宣办和上海市人民政府新闻办公室是城市公共传播实践主要的管理机构,其主要职责被界定为服务、规划、推介、指导、协调和展示城市传播各个方面。上海市政府针对数字网络技术的快速发展强调要通过改革创新来争取公众,创造社会效益。公共传播管理机构在其组织宗旨中突出了政府服务、协调和规划的功能。时任上海市委书记韩正在媒体融合工作座谈会上提出,上海要顺应时代潮流、顺应科技进步、顺应互联网发展趋势,聚焦传播手段、方法、技术、形式、平台、载体以进行改革创新。通过创新争取受众,通过生产高质量精神产品形成社会效益(人民网,2017年2月13日)。

深圳市政府积极致力于"打造阳光政府"。深圳市提出政府公共传播需遵循信息公开、真实、权威、及时、准确等具体原则(参见《深圳市人民政府新闻发布工作办法》)。政府开展"织网工程",建设覆盖市、区、街道和社区四级的服务综合信息系统。同时,2009年发布的《深圳市人民政府新闻发布工作办法》将行政"问责"机制引入政府公共信息发布工作,并明确规定了政府信息沟通的时效要求,如政府主动发布的常规信息,在信息审定后七个工作日内必须组织新闻发布。2012年深圳市政府办公厅发布了《深圳市突发事件预警信息发布管理暂行办法》,提出综合利用网络、短信、广电、报刊、两微等多种途径进行城市突发事件的公共传播。同年4月,深圳新闻网制作了"深圳市网络舆情应对能力排行"并以内参形式向政府部门报送;2013年3月起该排行按月向社会公开发布。

杭州市政府除明确政策公开透明原则外,还强调了政策解读、促进公众参与和公共传播平台之间协同联动的重要性。在《杭州市全面推进政务公开工作实施细则》中,杭州市政府强调公共政策在决策、执行、管理、服务、结果等环节的"五公开",并要求各地各部门与上级对接,在2018年底前按《杭州市人民政府办公厅关于推进杭州市政府信息公开统一管理平台建设的通知》要求完成本部门信息公开基本目录的编制。此外,市政府还确立了各级部门主要负责人为公共政策"第一解读人和责任人"。政府规定凡涉及重大公共利益和公众权益的重要决策,除依法保密外均须通过征求意见、听证座谈、咨询协商、列席会议、媒体吹风等方式扩大公众的参与。各级部门都被要求积极利用数字化政民互动功能,做好民意征集、网民留言处理等工作,加强政府热线、广播电视问政、领导信箱、政府开放日等平台建设,以此增进公众对政府工作的认同和支持。

银川市政府在利用数据网络技术推进政府公共传播方面成效显著。2014年12月,银川市政府利用大数据平台,通过对各委办局政务数据共享和深度挖掘分析,把原本涉及发改、工商、税务、质检等 26 个不同委办局的 153 类审批事项及审批人员统一划归到新成立的银川市行政审批服务局（《银川日报》，2018 年 1 月 5 日）。在大数据技术平台的支持下，银川市窗口审批减少了 80%，副局长审批减少 20%，办事效率提高了 86%，审批人员减幅高达 75%，实现了"一枚印章管审批"。此外，银川市政府还制定了《政府信息公开指南》，明确了公共信息公开的范围、形式、时限和市民申请公开政府信息的具体流程。市政府网站上专门设置了"信息公开"栏目，将政府信息公开目录下的 29 121 项包括法规、会议、人事、建设项目、住房、征地等各方面的公共信息全部向市民公开。

三、传统媒体机构概况

除政府公共传播体制外，各城市现有的传统媒体机构及其与各城市政治、经济和文化等子系统的关联方式构成了推动四座城市公共传播形态在数字网络环境中按"上分下合，联动共作"形态发生转变的另一组关键因素。

上海、深圳、杭州和银川等城市原有的传统媒体机构都已成立了业务多元的综合型传媒集团。上海的主流传媒主要由上海文化广播影视集团有限公司和上海报业集团两大巨头构成。2013 年 10 月 28 日，上海市两大报业集团——解放日报报业集团和文汇新民联合报业集团整合重组为上海报业集团。上海报业集团积极开拓文化传媒产业的上下游全产业链，并将与地产或金融等行业的结合视为集团业务的重要选项。另外，上海文化广播影视集团有限公司（SMG）更是中国目前产业门类最多、产业规模最大的省级新型主流媒体综合文化产业集团。截至 2016 年底，SMG 共有职能部门 12 个，事业部 7 个，一级子公司 14 家，上市公司 1 家，二级子公司 82 家，三级子公司 4 家。其业务范围涵盖媒体运营及网络传输、内容制作及版权经营、互联网新媒体、现场演艺、文化旅游及地产、文化金融、电子商务等多个领域（参见 SMG 集团网站）。与之类似，杭州日报报业集团拥有以现代传媒业为核心，会展活动、户外广告、商务印刷、物流配送、文创综合体、艺术品产销、职业教育齐头并进的"1＋N"文创产业体系，共有 30 余家全资或控股子公司。集团产业覆盖全省，甚至辐射北京、上海、南京、重庆、福州等城市（参见杭州日报报业集团网站）。而深圳报业集团则立足于自身在媒体和线下粉丝方面的优势资源，积极向多元化新闻传播信息综合服务模式转变。深圳报业集团领导提出，只要是有利于激发创造力和解放生产力的体制机制，都可以大胆地试（陈寅，2015）。城市传媒集团对传统媒体新闻业务的多元化拓展重新激活了传统媒体在城市本地的各类资源，减少了对传统新闻业务的依赖，并为大众传媒形成全媒体联动矩阵、更深入地渗透到城市本地的日常生活创造了有利条件。

此外,四座城市现有传统媒体机构在融合数字技术过程中都在不同程度上重建了自身的组织架构。其中上海报业集团重组后形成一家独大的报业格局,为统筹布局新媒体发展,在更大范围内实现资源共享、技术共享、平台共享、数据共享和成果共享创造了可能。为此,上海报业集团还专门成立了报业改革推进办公室和新媒体发展研究中心等机构,专司推进新媒体融合。上海报业集团领导裘新表示,"集团主要不是做产品,而是做集成、做基金、做孵化、做平台"等。与此同属一脉,2009年3月7日杭州日报网正式上线,"报网合一"的全媒体运作模式正式开始使用。集团总编赵晴(2009年7月31日)提出,杭州日报报业集团所有部门都是全媒体部,所有记者都是全媒体记者。时任杭州市委书记王国平在杭州日报报业集团调研时提出,要尽快推出全媒体,努力把杭州打造成中国乃至世界第一座全媒体城市。与此类似,深圳报业集团积极向多元传播信息综合服务模式转变。深圳报业集团打通了线上线下的互动,激活了各种城市线下活动作并将其视为盈利渠道,积极利用已有的线下粉丝资源形成集群效应。而银川日报社则自2016年1月28日起正式启动全媒体融合战略,提出了着力打造"2+4"现代传播体系、努力建设新闻宣传强势平台的目标。银川日报社提出的"2+4"现代传播体系,就是要融合《银川日报》《银川晚报》两个纸媒、银川新闻网、银川发布客户端、新闻类官方微博微信、多媒体党报阅报屏等网络和新媒体平台,实现信息内容、技术应用、平台终端、人才队伍等共享融通,形成一体化的组织结构、传播体系和管理体制,做到一次采集、多次生成、多元发布。与此相应的是,整体采编生产流程实现"先新媒体再报纸"。记者采集的新闻内容经过后期编辑加工之后,按照传播速度的快慢,逐级发布、传播,满足不同受众的多元需求。发布顺序为客户端—新闻网站—新闻类微博—新闻类微信—《银川日报》。除银川新闻网和银川发布客户端,银川日报社微信、微博也已形成"联动矩阵"。目前,报社已有银川新闻网、银川发布和银川晚报三个系列的七个新闻类微博和微信公众号,以及十多个垂直细分的微博、微信公众号。这些微博、微信公众号除了每天推送各类新闻资讯,彼此之间还形成了良好的互动。凡重大新闻、重大活动,其必会与网站和客户端合力推送,形成强大的传播力和影响力。目前,全媒体联动直播已成为银川城市重大活动、重要会议、重大事件新闻宣传的"标配"。

四座城市现有的传媒集团在其核心价值观和企业宗旨方面也表现出重视市民日常公共生活和尊重数字网络媒体(和技术资本)本身特性的共同特点。其中,上海SMG集团以"传播向上力量,丰富大众生活"为使命,以"忠诚、责任、创造、共赢"为企业核心价值观,突出了媒体与市民日常文化生活之间的紧密关联(参见其网站)。而杭州日报报业集团正按照"传播现代化、产业文创化"的思路,坚定不移地实施"一体(新闻宣传)、两翼(现代传播体系、文创产业体系)、三驱动(体制改革、技术创新、资本运作)"战略,加快推进媒体转型、产业和运营升级(赵晴,2016)。深圳报业集团则明确将激发创造力和解放生产力作为集团最为重要的指导原则。银川报业集团则具体提出在实践中要充分发挥新媒体"快"的优势和纸媒"深"的优势(宁夏记协,2017年6月14日)。

第二部分 创新城市公共传播:做法与举措

本研究整体上就全国各类城市在数字网络技术环境中的城市公共传播形态的创新实践进行了深入的现场调研和访谈。因上海、深圳、杭州和银川四座城市在公共传播数字化创新上存在较多共同点,故将其归于一类。

这四座城市在公共传播实践创新方面共有的特点勾勒出在数字网络技术环境中,中国城市公共传播实践最为常见的一类形态:积极建构"上分下合"的公共传播联动矩阵。具体而言,在城市公共传播创新实践过程中积极建构"上分下合"联动矩阵的城市常常表现出如下几个方面的共同特点。

一、政府驱动:城市公共传播创新的推动力

上海、深圳、杭州和银川四座城市数字化公共传播网络的创新重构过程大多由本地市一级政府的行政机构直接参与并发挥主导作用。

这一特征具体包括两层意思。第一,数字网络技术逻辑全面渗透到城市的日常公共生活环境中,党媒体制下城市原有的传统媒体与当下城市公共传播的日常实践无论在信息交流的时间还是空间维度上都出现了错位。这种错位导致城市政府公共传播中及时回应大量民意诉求、培养市民关注、促进公众参与、减少网络谣言传布和实现即时传播等日常需求难以得到满足。网络社会中,城市政府行政机构在公共传播实践中新提出的各种需求直接驱动并塑造了城市公共信息发布的网络平台建设。城市政府网络化的行政实践使得数字化公共传播平台超越了大众媒体反映现实并进行新闻宣传的传统功能,更多地将汇聚多元利益主体、参与协商治理的逻辑纳入城市公共传播平台的功能定位。

例如,在项目组对"银川发布"进行调研访谈时,受访人就对银川市政府市委办公厅信息处如何影响微信平台政务发布的日常实践,以及这种实践如何更为有效地满足了数字网络技术环境中政府公共传播沟通方面的需求作了较为详细的阐述。

> 我们(银川发布)当时形成构架的时候,一开始由宣传部牵头,让大家开起来,开了两个微博:@微博银川和@银川宣传部。开了之后发现,每天都被很多网民骂,骂了又还不了口。由于没有授权,微博管理员只能发布,跟现在很多微博一样。当时是2011年3月,我们发现了大量的民意诉求,这时候,我们市委办公厅信息处处长(也是一位老网民)看到这个情况后就很着急,说由我们市委办信息处牵头把这些网民诉求转给市委督办局市长热线。试运行了半年后,我们把这件事提交了常委会,大家决定把老百姓的事解决好后再搞宣传;解决不好老百姓的事,宣传了也没有人看,反而会产生很多负面内容。

访谈获得的材料显示,正是数字时代在各种网络平台上迅速涌现的"大量民意诉求"使得城市政府的行政部门(尤其是行政部门中类似政府信息办这样处在传统与数字化传播交界点上的机构)更为真切地意识到政府有必要在更大范围内与更多元的公众进行积极的互动,并可借此解决好诸多在数字网络环境中越来越可见的"老百姓的事"(多样化的市民利益诉求表达)来完成有效"宣传"的政治使命。尤其值得注意的是从2011年3月开始,银川市政府的官员开始对如何与不断涌现的网络民意诉求进行正面有效的交流反馈感到"很着急"。这种着急和焦虑恰恰体现了政府公共传播方面出现的新的需求亟待得到不同于传统"宣传"的模式的满足。城市公共传播的创新势在必行。

对上海市政务发布从业人员的调研和深度访谈也反映了类似情况。市政府的行政管理部门有效地将网络公共传播平台直接用于满足城市公共沟通新近涌现出来的需求。当城市市民就城市公共议题的讨论绝大部分转移到数字化网络空间之后,城市政府在党媒体制下的原有纸质媒体的信息发布形式、受众覆盖范围和信息交流的时间节奏都越来越难以满足数码环境中政府公共传播的要求。市政府一级的政务发布平台在政府推动下出现,一方面满足了政府机关"以前不存在"的网络化公共信息发布的需求,为各个政府部门提供了"一站式"的数字信息服务;另一方面汇集和转移了原有政府体系内部不同职能部门在公共信息发布方面分散的服务功能。例如,访谈中"上海发布"的从业者表示:

> 以前不存在这个需求,例如,2011年10号线追尾,没有新媒体政务账号(发布信息),只有民间号在发,政府干着急,只能让《解放日报》《文汇报》第二天早上发东西,那样就慢了;但如果让电视台发布信息,那么就覆盖不到使用新媒体的人群。这是当时的困惑,也是我们成立的一个原因。成立之后,一

部分(政府行政机构公共传播方面的)需求也迅速转移到了我们这里,例如市民查询公共信息的要求增加,因为(各个政府部门)现在可以一站式地在我们这里得到更好的服务。

与此同时,杭州市政府也清晰地认识到了现有的传统媒介发声渠道已经变得"不太能跟得上"目前的发展形势,传统媒体的影响力正不断减弱。基于这样的认识并结合移动互联网时代新的城市传播生态,尤其是在微信、微博等社交媒体平台从2013年开始迅速地渗透到城市传播的各个方面之后,杭州市政府行政部门联合党委宣传部开始更为积极地推动数字政务平台的建立。杭州市数字化公共信息平台的建立旨在弥补社交媒体舆论空间中政府发声主体的缺席(政府需要与官方身份对等的自媒体平台)并借此减少城市公共舆论场中谣言的传布。来自"杭州政府发布"的受访者表示:

> 从政府的角度来讲,行政和党报系统原有的发声渠道对现有形势不太跟得上。传统大众媒体在现实情况下的传播影响力比较弱,在移动互联网、社交媒体领域存在发声主体缺位的问题,2013年前政府微博、微信还没有起来。微博、微信发展起来以后,就出现了谣言满天飞(的情况),2013年的时候有数据说大概100个热点案例里面有三分之一是谣言,具体的数据要再看一下。在这样的背景下,政府部门迫切需要在自媒体上有它的形象映射,有一个能够和它的身份、影响力对等的自媒体发布号。在这样的需求背景下,各地掀起了建设政府微博、微信的热潮。

二、党政共管:打通党政宣传和政府行政资源

在四座城市公共传播的创新实践中,数字化公共信息发布平台通常直接由城市党委宣传部和市政府直属的行政办公机构共同运作,发挥推动建设和管理协调的作用。城市传统新闻宣传和公共传播条线的各类资源与城市政府的行政资源彼此打通。在政府行政部门的直接推动下,党政条线的联动为新的城市公共传播形态的产生创造了条件。

市党委宣传部是城市中负责全市新闻出版工作的宏观管理,指导、协调并对其在政治方向和方针、政策方面实施领导的党委机关。市党委宣传部的既有资源包括在政治方向和方针方面的行政权力和话语权威,以及与市文化局、市体育局、市卫生局、外宣部门和文联等各条线的既有关联。而城市政府的行政委办局则更直接地参与公共

行政决策和城市社会治理。打通党政两个系统之后,各城市最高一级的行政管理部门(如银川和上海的市政府办公厅,深圳市政府网宣办以及杭州直接负责的副市长等)得以有效地聚合原本政府体系内分属党政两条线的信息、人员、社会关系、基础设施和象征权威等各类资源。党政双重领导体制下,城市政务信息发布体系的变化一方面保证了城市公共行政的决策管理部门能够更为直接地参与数字化公共信息的发布与传播,确保城市公共传播体系更贴近本地实际,切实地满足网络化城市公共治理中不断涌现出来的新问题和新需求。另一方面,宣传系统与城市行政管理系统的合作管理模式有利于传播技术更好地与城市原有"宣传模式"下各类公共传播资源进行顺畅无缝的"对接"和"挪用",在原有的"宣传"政治任务之外将业务拓宽到各种涉及市民日常生活细枝末节的公共服务功能,并且深入扎根基层,激活区、县、街道等的城市本地化的公共传播和市民交往活动。

具体而言,上海的政务发布平台"上海发布"就采用了市政府办公厅与党委宣传系统双重管理的结构。调研过程中,来自"上海发布"政务发布平台的受访者突出强调了网络化政务信息发布平台与上海市政府的直接隶属关系。作为市级政府办公厅的有机组成部分,"上海发布"使政府体系内部、党政系统以及政府与公众之间的沟通都"没有了障碍"。打通党政资源,尤其是"上海发布"被定位为市政府行政办公厅的一个处室之后,有利于上海城市政府公共传播在时间和空间维度上更顺畅地使数字网络传播特有的时空要求与政府公共行政管理机构自身在传播实践中固有的时空参数更灵活地进行相互校正和彼此适应。调研中,"上海发布"的受访者表示:

> 我们("上海发布")的架构比较特殊,是市政府办公厅的一个处室。我们的人和财务归办公厅管理,但是新闻业务仍旧归宣传部新闻办管理,希望这样能顺畅地打通政府和党务之间的信息资源。外省市的新闻发布单位一般只沾一边,这样会有弊端。像我们这样,两边信息沟通没有障碍,人员也来自办公厅综合处和应急办两方面,综合处上报信息给市长、副市长,对政府条款非常熟悉;应急办能第一时间知道上海的重大事件。

与"上海发布"十分类似,杭州市的网络化政务发布平台同样也将其管理职责落实到了党委宣传部和政府的负责人身上,形成了独特的"双组长领导小组"管理制度。值得强调的是,杭州市常务副市长直接参与领导小组,这为数字平台协调政府体系内外的多种利益诉求、更有效地获取并发布政府的关于公共事务的最新动态和政策信息创造了条件。访谈中,受访者关于"双组长领导小组"管理制度能够有效提高日常政务信息发布工作的"协作性"的说法,恰恰表现出两个条线的资源被打通之后,给政务发布这一日常公共传播实践带来的便利。来自"杭州发布"的受访者表示：

> "杭州发布"起步不是最早的，但杭州市政府非常重视，(这)应该说是"杭州发布"有比较快的发展的一个重要原因。领导重视体现在哪些方面呢？这不是一句客套话，真的是领导重视。杭州市成立了由市委宣传部部长和常务副市长两个人担任双组长的领导小组这样的体系，这两个人都是组长，分别负责协调各自管的单位，像市委宣传部部长负责宣传体系的工作，常务副市长则负责协调政府职能部门的工作。有这样的关系，我们"杭州发布"从构架上来看工作的协作性会好很多。这是领导重视的一个例子。

相比之下，银川市则形成了更为立体的问政和政务信息发布体系。其中"微博银川"由银川市委和市政府共同认证，但实际由市政府行政部门负责其日常运营与维护。与此类似，"问政银川"也是由市委和市政府共同认证的，但主要由政府行政部门对问政过程进行监督和转办。"银川发布"则是由城市的主流网络媒体银川新闻网来负责日常运营的。值得注意的是，问政系统和提供政府公共服务的数字平台一般都由党政两条线合作管理，但多由城市政府行政部门直接负责其日常的运营与信息发布。在这一点上，银川的情况与杭州、上海存在共通之处。调研时，"问政银川"的受访者表示：

> （在矩阵架构方面）政府办负责"微博银川"的运维，它的认证资料是中共银川市委、银川市人民政府，发布权威信息，也只发跟老百姓有关的信息，除了党代会和两会可以发，别的会议一律不发。接下来第二级——"问政银川"和"银川发布"，"问政银川"的认证资料是市委办和政府办，是做事的，就是转办、督办、督查的，"银川发布"（的主要功能）是舆论引导和民生信息服务，运维由银川新闻网负责，风格比较清新，在宁夏地区活跃度比较靠前。

三、政务发布：编织政府公共传播的联动网络

各个城市建立起来的政务发布联动网络不仅改变了城市政府的公共传播形态，更对政府日常的行政实践进行了较为全面的网络化重构。上海、深圳、杭州和银川四座城市的政务信息发布矩阵多数依赖城市政府和各基层机关或职能委办局之间早已存在的上下级行政隶属关系、政府系统内部体制化的人员流动，以及政务发布平台与不同政府职能部门之间既有的合作交流关系。以此为基础建立起来的联动网络使城市

各级政府和职能机关在公共信息发布方面能够随时联动、相互协调。

根据不同城市的情况,政府信息发布联动网络中节点之间联动的紧密程度、网络内外各种合作关系的建立与维护形式,以及联动矩阵牵涉各方关系的正式程度等方面都存在差异。其中,银川市通过"银川发布"和"问政银川"等社交媒体平台建构起来的政府问政联动网络无论是规模还是联动过程中各方的互动程度都独具特色。首先,银川市建成了由524个来自不同市级直属机构和城市基层县市区,甚至县市区再下一级的乡镇街道等本地公务机构的政务微博组成的庞大的政府公共信息矩阵。该矩阵一方面利用数字网络技术,将本地市民的政治诉求与整个城市的政府公共信息沟通网络勾连接通。矩阵的触角所及之处能更为准确及时地将本地的公共生活状态和本地公众的利益诉求向城市政府"打开",而政府又会按规定经网络矩阵对公众做出"回应"。城市政府公共传播纵向上更为通达。而一旦城市突发事件发生,该矩阵还能迅速形成横向和纵向两相结合的临时"快速反应体系",针对危机状况协调各政府职能部门的公共信息发布。在对"银川发布"进行调研时,工作人员不仅对联动的形式做了详细说明,而且举了具体的事例证明这种联动机制在应对突发事件、协调统一政府公共传播方面所发挥的巨大作用。

> 强化联动。纵向的联动,主要是我们市管三区两县一市和市直部门,三区两县一市又管到各乡镇街道办和县区部门。横向联动,如市直部门之间的协同;纵向协同,如银川市农牧局和兴庆区农牧局之间的协同。在突发事件发生的时候,我们这个体系就非常容易建立一个快速反应的体系,随时可以把几个部门组成一个临时的小组来应对大事件。我们整个管理系统,每年只发两个文件,每年只开一次会。两个文件,一个是培训通知,另一个是年底的通报加表彰决定;平时都在QQ群里面进行协调,比如突发事件发生后,立马组织几个微博管理员组成专项讨论组,来协调突发事件,非常及时非常快,我们利用微信群和QQ等工具随时进行交流,不在一起开会。整个响应和处置速度非常快。

> 上传下达、督导督办、汇报反馈、接力执行,这是纵向的;横向的是,横向联合、信息共享、互动支持、协作响应。与很多城市的新媒体单打独斗的情况相比,我们这些年很少出现负面的东西,比如信息不统一。有些城市出了事情,交警说的和消防说的是两码事,信息打架。去年我们一个商城后面的一个火锅店用小煤气罐,导致了燃爆。这件事涉及消防、安监、燃气办三个部门,他们都到现场了,都拿出了现场鉴定意见,但消防和燃气办的不统一,一

个说是爆炸,一个说是燃爆。燃爆是指气体泄漏出来之后气体爆炸,爆炸是指罐体爆炸,这两个是不一样的。我们当时就在一个讨论组里面,三个部门都把稿子发了过来,我一看,说,给你们五分钟时间,把这个事情统一。五分钟后统一了,三家都同意。

深入考察银川联动矩阵的联动机制后,调研组发现"银川发布"依靠自身在城市最高一级市政府的行政地位以及政府领导的直接支持,明确制定了对政务联动矩阵内不同信息发布机构的公共传播实践进行系统评估的绩效考核机制和相应的标准化流程。考核机制和标准化流程将市民对行政工作的反馈作为重要依据包含进来(特别是市民对公共信息传播和沟通过程的主观满意度以及不满意的原因等方面),并规定了各级政府机构与公众沟通时必须遵循的行为准则。处在市一级政府机关位置的"银川发布"还会按照规定程序和考评标准,从公共传播角度对基层政府本身(而非仅仅是基层政府的信息发布部门)的公共传播实践依法进行"督办",必要时通报有司对其依法进行问责处理。这种自上而下、利用行政和法制权威对城市各级政府进行考核问责的问政实践深刻且整体地改变了政府行政工作本身,并将这种改变转化为正式的官方规定和体制。在对"银川发布"工作人员进行调研时,受访者表示:

> 我们矩阵一共有524个政务微博。政务微博考核的是市直部门和各县市区,各县市区再考核它的下级。其中兴庆区44个,金凤区37个,西夏区40个,永宁县41个,贺兰县55个,灵武市46个,三区两县一市共计263个。"平安银川"92个,包括底下派出所的。交警分局更有意思,底下科室都开微博了。为什么要这样设置?因为权利、责任和麦克风是统一的,上级不给下级做代言,谁做的处罚,几大队做的几大队负责答复,交警分局不回复,只是帮你转发。

> 我们对矩阵的考核指标是统一的,首先是应办结数量、办结数量、办结率和按时办结率;没有转发量、粉丝数和点赞量,这个不纳入考核。后面有个辅助参考的数据,叫满意率。在我们的后台软件里面,每确认办结一件事之后,会发私信给网友,让他们进行点评。网友点评有两个参数,一个是办件质量,一个是办件态度,办件效率是系统自动生成的。以网友个人感受来打效率分对部门来说不公平,但我们是有制度的,比如咨询类的,一天之内系统会自动倒计时,所以效率不是由网民打分的,但网友有权利打满意度的分。满意度涉及的质量和态度,主要是协助我们看反馈,我们会重点对网友不满意的事件进行审查。如果不满意的案件里面,部门确实依法进行回复了,我们依旧

认为是办结了;因为现在很多东西合法不合理、合理不合法,这是客观存在的。如果确实有推诿、忽悠、承诺了却没有落实(的情况),我们会继续督办;再督办不下去我们就转到纪委。最近有一个事例,因为一条微博,一个部门一把手被调离岗位,副职已经被双规。我们督促了半年没有效果,只能转纪委。所以说我们的流程也是相对标准化的。

此外,对于市民向政务信息联动矩阵中任何一个关联节点提出的诉求表达,银川市都制定了明确的公共质询转发与问责制度,以保证进入联动矩阵的基层市民意见最终都能够通过联动矩阵内部即时的沟通,最终被转发通报到职权与诉求直接相关的公共管理部门,并按照法律规定在规定时间内由其做出恰当的处理与反馈。"银川发布"的受访者表示:

> 我们现在搞全触屏化,一件事情,比如去饭店吃饭不开发票,老百姓"平安银川",反映给公安局,以往公安局可能会答复这事不归我管请找税务部门,但我们现在不允许这样答复,发现不是自己(管辖范围内)的,一键上传给"问政银川",你也不用答复。不能平级转发,不能跨越转办,必须从上面,到我们监督的范围内,我们再向下转办。这样网友不论@谁,都能把事情准确传达到,(实现了)全屏式服务。无论点击屏幕中的哪一个点,都能得到结果。对于市民反映的各种问题,我们经常转办的说法是"请××关注",亮黄牌的暗语是"请××加强监管",意思就是你对市民的这个答复不行,公开场合不能打脸。"加强监管"就表示亮黄牌,说明这样是不对的。再亮一次黄牌的话,后果就很严重了。

与此相似,杭州市的政务发布平台也积极利用数字网络技术,与下属的基层政府和各个职能委办局共同建立了庞大的联动网络。而与银川稍有不同的是,杭州将政务信息传播矩阵用于形成分级分层的信息发布制度。分级分层的公共信息发布,在矩阵设计上更有利于一线直接接触公众的行政部门,各部分分不同级别,可从自己特定的视角和立场进行信息发布。换而言之,当特定的公共事件或争议话题出现后,矩阵中不同的节点,作为各行政职能部门的自媒体平台,出于多样化的立场和视角会在第一时间各自给出第一手的信息。分级分层的联动网络中,信息发布的频率和方式更符合自媒体信息传播的时空特点。但信息通过政务联动网络彼此连接之后,市一级的政务发布平台主要负责对矩阵内各个条线不同节点发出的信息进行综合、调整以及后续一锤定音式的权威发布。市级政务平台起了协同调和、树立权威的作用。在调研"杭州

发布"时,其工作人员提出:

> 在(宣传部和市政府)双组长的推动下,成立了一个1+100+1 000的发布矩阵。1是"杭州发布"。100是下面131家一级成员单位,包括杭州下属区县市还有市级部门,他们都有自己的发布平台,作为我们的成员单位,一起加入到"杭州发布"的矩阵中,相当于我们的触角已经往外伸了。1 000是1 041家二级成员单位,包括区县市下面的街道以及区县市下属的部门。
>
> "杭州发布"的这个矩阵带来的好处是比较大的。首先我们采集信息就会方便很多,相当于把触角伸下去了。另外,有了矩阵之后,我们能够形成一种分级分层的发布制度。有需要向老百姓发布的信息,可以分级分层地发布。举个例子,290路公交车自燃这个事件,最早是由西湖区政府、消防部门、交警部门和公交部门四家单位各自先发声,发声之后他们可以从各自的角度有侧重地做一些发布,比方说公交部门可以讲公交系统是怎么应对的,交警部门可以重点发布附近的交通引导信息,西湖区政府和消防部门可以侧重发布事故本身的一些进展信息。他们第一时间发声了之后,消息可能不是那么全面,"杭州发布"根据舆情的走向,可以做一些调整、综合,综述性地做后续发布。这样既满足了第一时间发声的需要,又保证了信息的权威准确。

与银川市相仿,杭州市政务发布联动矩阵在矩阵联动的机制上也采用了相对而言比较严格的考核评分制度,对各个行政部门在联动矩阵内外的传播实践进行考评。考核制度一经建立,就与政务信息发布联动网络一同发挥作用,切实地改变了不同政府机构的日常公共传播实践。在访谈调研中,"杭州发布"的受访者表示:

> 我们也有相应的扣分机制。我刚讲我们有三个考核,那三个考核比"银川发布"还要狠。对于下面的一把手来讲,三个考核扣半分都有可能影响排名,影响排名之后这个单位的先进性等都会受影响。所以这个是力度很大的考核,很严重的。我们"杭州发布"的考核,日常考核每个月会做一个排名,连续三个月排名靠后的,末十位的,我们需要做通报。他们的领导会紧张到什么程度?自己带队到我们"杭州发布"来了解情况,问后续工作应该怎么做。重视程度从这里就可以看出来。

与杭州较为相似,深圳市的政府政务发布系统在市委宣传部的领导下也形成了各政府机构、机关委办局彼此联动、协调发声的联动矩阵网络。与杭州、银川的不同之处在于深圳的党委宣传部在联动矩阵中占据了中心位置,但宣传部本身并不直接参与政府同公众的日常交流互动和公共信息的传播过程。相反,深圳市政务信息发布联动矩阵中,"深圳发布"发挥的功能更接近于协调指挥和舆论引导:"深圳发布"像交响乐队指挥一样,主要负责协调联动矩阵中不同的涉事节点及其他相关部门有先有后地进行联动,策略性地根据不同的时空设定选择"独唱"或者"合唱"。同时,"深圳发布"还会在比较全面地掌握了矩阵信息发布的前提下积极发布权威观点,通过权威的意见表达(而非客观信息传递)来引导舆论走向。在调研中,"深圳发布"的工作人员如此描述深圳的政务信息发布联动矩阵:

> "深圳发布"集纳了各个部门的政务微博、微信,是一个矩阵。现在处理一个事件,不是宣传部发布就可以。宣传部不了解事实,就要审慎发言。谁最了解事实,谁说话;谁最了解真相,谁来讲。老百姓需要最真实的声音。宣传部现在主要做组织协调、统筹工作。一发生舆情事件,宣传部第一时间就要组织协调、统筹相关部门来发声。这是现在宣传部的主要任务,处置事务不是宣传部的第一任务。现在深圳主要是联动发布,谁涉事谁先讲,讲完以后联动发布。如果发生重特大事件,就要马上启动舆情应急机制。他们(相关委办局)发了会@我们,我们也会发出去。我们发布以后会联动各个部门发布,尽可能在第一时间把声音传递出去。

上海市也围绕市政府的自媒体政务发布平台,将城市政府机构的各个委办局和基层的区县级政府各自的自媒体发布平台勾连起来,形成了彼此联动的公共传播网络。但是笔者在进一步深入地观察调研后发现,上海市政务信息平台与其他政府机构的联动机制相较银川、杭州或深圳的更为松散和非正式化。具体地说,研究发现"上海发布"更多借由政府系统内部官员个人的人际关系,利用微信群等新媒体手段与政府内其他委办局的政务平台管理者以及行政部门的负责人建立合作协调的关系。对这种联动的关系,并未有明确的规章制度严格地加以规定。相反,联动关系的日常维护或者依赖各个职能部门之间,尤其是市政府政务信息发布平台的工作人员与其他职能部门中从事数字化公共传播的工作人员之间既有的人情关系的实时协商,或者依赖市级政务平台长期以来通过为各级行政部门提供信息支持和服务而形成的信任关系。市政府所属的政务发布平台对其他委办局和城市基层政府的公共传播表现并无评估考核或设置标准流程的权力。笔者在对"上海发布"进行调研时,受访人指出:

> (我们和矩阵其他节点的联动关系)没有明确的说法,也没有制度性的约定,比如说闵行区有政策要发布不是必须要告诉我的。有些区县委办局有不

同的考量,有些自己发,有些政府发,有些媒体发,情况不一样。(对于城市中的一些突发公共事件)不仅要和区级政府联系,还要同时和消防局、公安、安监、卫计委几条线联系。如果事情非常大,一般来说会安排一个主发布。例如杨浦区大火,安排杨浦公安作为主发布;没有主发布,就由"上海发布"汇总信息。其实,不存在你发我就不发、我发你就不发(的情况),我们是要整合汇总各方面信息、全面展示事件动态的。

当谈及"上海发布"如何与政府信息发布矩阵中其他信息发布源保持联动关系时,受访人提到了信任关系和人际交往。作为政务信息联动网络的中心,"上海发布"主要利用自己与各级政府机构之间长期相互支持所形成的信任关系、各职能部门在网络信息发布方面对政务平台日益增加的依赖性,以及经由政府体系内部"挂职"流动机制形成的各机关人员之间的人际关系,主动出击,深入参与城市公共政策的制定、实施和沟通全过程。对政府公共决策过程的深度参与使其能实时获取并向公众传播各类相关的公共信息。"上海发布"的受访者们表示:

> 我们的理念是先行一步,你不报,我就反复打电话确认。这个思路可能和外省市的供稿机制、直接从稿库选信息不同,这个机制虽然容易,但是我们认为它本身速度不够快。信息服务要足够快、好、准。我感觉上海各委办局的新媒体意识总体比外省强。这边官员总体上有这样的认知:总是要报的,瞒不过去的。很多东西,需要在实践中、磨合中获得人家的信任,别人知道你影响力大、可以一锤定音,这样,几次下来他们甚至会主动找到你。说到底这就是一个互相信任的过程。

受访者们进一步解释了在政务联动矩阵中,位于不同政府委办局和各级基层组织的节点是如何形成对市一级政务平台的信任的。信任关系来自于"上海发布"利用自己在市民中长期培育形成的影响力及其在数字化公共传播方面逐渐积累的专业技能,其在政府部门遇到各类公共传播危机时有效地帮助他们"化解了好多工作量"。这种对政务平台公共传播能力的信任和依赖经历了长期考验,促使矩阵中的其他节点更主动地与"上海发布"进行联动协调。具体而言,受访者们提出:

> 上海各委办局基本上都有新媒体,(各委办局的新媒体公共信息服务人员)是理解(网络化公共传播)这种工作和休息时间的界限的。像老年人津贴从今天开始申请了,我们希望知道老年综合津贴卡是什么样子、第一天到哪里申请。我们就去找,民政局负责宣传的人一个小时之内就回复了。这是正

常的,因为上次我们帮他们公开信息,化解了好多工作量。这在上海的体系中,还是运作得蛮好的。

与银川由上而下地建设"去个人化"的成文规则不同,"上海发布"在维护与联动矩阵的日常关系时更强调政府工作人员之间一对一的个人交往。这固然和上海独特的城市文化以及城市现有的政治体系有千丝万缕的关联,但从发布从业者角度看来,这种点对点的个人交往和人际关系有利于帮助政务发布平台比正式的组织途径更早、更深入地参与到各种城市公共政策的酝酿、计划、实施和反馈过程中。受访者们认为:

此外,我们倾向于(同上海的委办局)单线联系。外省市喜欢一呼百应,我们一般不这样。除非台风来了,希望多部门配合。我们的群基本是辅助的。跨部门的一些问题会在群里沟通,但是对于某些政策来说单线联系会比较好,因为有些政策在酝酿,要保密,所以最好还是微信单独联系。我们12个人也有群,内部靠群来联系。即使领导审过,有些信息也要所有人都看一遍。

无论政务联动网络的具体机制为何,联动的紧密程度怎样,四座城市中政务信息联动网络的形成使得政府政务发布平台有能力整合原来分散在政府各个职能部门的公共服务功能,为一站式地提供各种政府公共服务创造了条件,也为政府更直接迅速地了解基层民意诉求,并在面对城市突发事件时有效地进行内部动员,顺畅、迅速地协调和统一公共信息的发布创造了便利条件。

四、报网并重:扎根本地生活的全媒体矩阵

作为城市公共传播体系的另一个重要构成部分,四座城市中原有的大众媒体组织除了积极地将自身业务拓展到文化产业、信息服务、广告营销和房地产等更多的非新闻领域,也通过内部的分化扩展或外部整合外包等各种形式,建立起了自身的全媒体矩阵。

总体而言,四座城市全媒体联动矩阵在公共传播实践创新方面主要呈现出如下特点:(1)原有大众媒体组织的部门(包括栏目、中心等)多内部分化成相对独立的数字平台,各平台之间基于实时的资源共享形成相互联动的网络矩阵;(2)原有的党报与新的全媒体矩阵在资源上实现共享,但纸媒针对自身更为精确的受众市场定位,强调分析解释性报道和更为深入全面的时事分析与评论;(3)全媒体矩阵大多设有负责信息编

辑加工、平台间协调发布的"中心"(通常称为"全媒体中心"或"编辑部"等);(4)全媒体联动矩阵中最底层的节点与城市最为基层的本地化公共生活发生多重形式的互动关联,以新的方式参与,并由上而下地激发出新形态的城市公共传播实践与社会交往。

具体到这四座城市,杭州市的《杭州日报》是建立全媒体联动矩阵的典型。《杭州日报》将媒体组织内部原有的各种"中心"和新闻条线直接转变为相对独立的各种微信公众号。微信公众号一方面相对独立,另一方面通过QQ群保持与其他微信公众号工作人员之间的实时联系,并由24小时工作的全媒体中心负责内容的进一步编辑和不同媒介渠道之间的相互协同与同步发送。《杭州日报》的访谈对象表示:

> 《杭州日报》的官微有一个矩阵,官微带头,然后(报社)各个部门都有各自的公号,比如说我们"时政要闻中心"搞了一个"政在解读","区县市新闻中心"搞了一个"读城杭州",还有健康、教育的,各个部门都有。我们有一个QQ群——"新媒体联络群",比方说现在记者在外面采访,有什么新闻他们就往上面发,后方的"全媒体中心"24小时有人值班,马上编马上发,我们有"杭报在线",还有一个"城事通"App,包括各个中心的公微,都能及时(把信息)发出去。
>
> 同样一个新闻,新媒体平台及时播了,第二天的纸媒也不用慌,报纸的读者主要是机关干部、公务员、年纪大的人。新媒体的读者就是年轻人,所以在读者方面是部分重合,没有全部重合。另外,二者在内容上其实是不一样的,新媒体平台是即时的,快、吸引人,报纸基本上是做深度(解读)的。

而上海报业集团的"上海观察"同样也建立起了由"三大中心、九个频道、八十多栏目"构成的全媒体矩阵。与杭州情况略有不同的是栏目作为矩阵中最基本的单位被赋予了更多的信息决策权。另外,"上海观察"全媒体矩阵内部的栏目需要同时向报纸和网络两个渠道提供稿件。原有报纸与全媒体网络矩阵信息发布的先后顺序和稿件针对的受众定位都发生了明显的变化。在调研中,受访者表示:

> "上海观察"转型之后(实现了)"一支队伍,两个平台",另外在架构上也发生了变化,以栏目为最基本的生产单元。现在设立了三大中心:编辑中心、技术运营中心、视觉中心;九大频道:政情、财经、区县、城事、文化、天下、互动、活动、影迹;九大频道下面有八十多个栏目,栏目是最基本的生产单元,栏目设主编,有的栏目只有一个人,有的有几个人。栏目主编权限比较大。大的架构上,先是频道,频道上面是几个分管的副总编,再上面是报社的其他领

导。频道下面是栏目,栏目实行"主编负责制",负责人以前叫责任编辑,现在叫主编。他拥有稿件的组织策划权、编辑权,甚至部分的稿酬分配权,也有该栏目的用人权。

目前,我们大部分人都在做"上海观察"。"一支队伍,两个平台""先网后报",即任何一条新闻先在互联网上发出来,如果是符合报纸定位的稿子,就要往报纸发,所以一个栏目是同时向两个平台供稿的。"上海观察"的记者同时也是《解放日报》的记者。并不是说《解放日报》只剩下三个部门,而是那三个部门负责具体编辑(要闻编辑部负责1—4版国际国内要闻,新闻编辑部负责5—8版上海本地新闻,专副刊9—12版)。各个频道向他们供稿,编辑平台负责整合,有分散,也有集中统合。我们有一个内部的微信群,大家可以随时沟通调整。

特别值得注意的是"上海观察"矩阵中有不少栏目(如"区县"频道下属的栏目和"活动"频道下属的栏目等)都以新的方式直接参与上海本地最基层的公共信息传播。例如访谈对象提到"'上海观察'有一个'区县'频道,里面有一个'区势微头条',这个从去年开始,免费给基层区县使用,每个区县都可以推荐一些稿件由我们来筛选"。

同时,"上海观察"的"互动"频道中的"民情12345"和"区县"频道中的"上海屋檐下"等栏目更是与上海本地居民的日常生活紧密关联。而且"活动"频道中的"公益"和"一起来"等栏目发挥了媒体矩阵触角深入基层、动员本地居民日常参与城市公共活动的作用,例如"一起来"栏目就曾经联合上海市绿化和市容管理局以及全家超市(Family Mart)发起"冬日暖心行动":下载"上海观察"并成为其会员,即可在积分商城中认领一杯豆浆送给环卫工人;线下,将石门二路3号全家门店布置成"上观红"的全家店,还有"上海观察"的吉祥物"小狮子"人形立牌出现在店内。只要受众将与小狮子的合影发到微信朋友圈,并跟店员确认,"上海观察"就将为环卫工人送出一杯豆浆。在论及媒体组织和城市本地公共生活的互动关联时,"上海观察"的受访者认为:

> 除了和(报纸原来的)条线记者合作,还与活动部合作,与政务新媒体论坛合作,多维联系。以前主要是和条线记者联系,现在平台大了,发生互动的渠道多了。

相比之下,深圳报业集团主要通过引入技术资本并依托集团所属的各媒体在本地原有的资源,形成规模更为庞大的媒体矩阵。从集团整体来看,2017年6月在腾讯"云+未来"峰会上,深圳报业集团与深圳市腾讯计算机系统有限公司签订了战略合作框架协议。双方将合作共建深圳报业融合新闻中心、深圳报业集团媒体云及数据中心、深圳大数据交易中心等多个项目。根据协议,深圳报业集团与腾讯公司将携手建设深圳报业融合新闻中心,充分发挥深圳报业集团在媒体内容版权、用户数据、渠道、平台、经营和管理等方面的优势,充分结合腾讯公司在互联网平台、云计算、大数据分析、人像识别和音视频互联网传播等相关领域的先进技术。两家携手制定了报业融合新闻中心合作推进计划。据深圳报业集团党组书记、社长陈寅所说,深圳报业集团要持续围绕"一网两端一中心"进行建设,打造标杆项目,提升新媒体的传播力和影响力,加快筹建集团融合新闻中心,建设报业集团的"中央厨房",为加快推进集团发展提供有力支撑。目前,《深圳特区报》共有33个公众号,《深圳商报》有62个,《晶报》有10个,《深圳晚报》和深圳新闻网分别有7个和4个。在阅读数量方面,共有16个公众号入围头条日均1 000+,《深圳特区报》占了近一半(6个)。其中,深圳报业集团下属《晶报》在2016年代运营了深圳交警、深圳市教育局、深圳市卫计委、深圳市市监委、深圳市城管局、深圳市社保局、深圳市妇联、深圳市规土委等部门的50余个政务微信、微博、网站,服务的总粉丝数超过1 105万。《晶报》转变为深圳融媒体公共服务的综合供应商,以代运营为抓手,打造了"政务融媒体服务生态"。

深圳报业集团矩阵中的不同节点还依据各自独有的本地优势资源,发展出了自身的下一级矩阵。例如依托《深圳商报》在深圳本地财经和科技信息等领域已积累起来的资源优势,集团开发出科技财经客户端——"读创"。"读创"自2016年12月28日上线以来,已在其平台上开通了18个频道,在内容上主打科技、财经、视频和综合版块。"读创"是国内首家支持VR视频技术和连续音频播读新闻技术的新闻类客户端,在行业中首先推出了"熄灯"功能和夜读模式。"读创"上线未满月,深圳地铁集团、天荣投资、深商联等多家企业和投资机构便开始主动接洽合作事宜。

此外,深圳报业集团下属《深圳晚报》在数字环境中的矩阵化重构采用了"借用平台,生根本地"的策略。调研中,《深圳晚报》的受访人解释"借用平台"是指与ZAKER在技术和资本上进行合作,通过合作帮助晚报"借船出海"。2017年数据显示,深圳ZAKER用户数量超过500万,日活用户数约70万。2016年8月,深圳ZAKER获评全国报刊媒体融合发展十佳创新案例。调研中受访者就此表示:

> 我们会和大的媒体合作。从一年前与ZAKER合作开始,我把合作命名为大客户端的下层工程。我们的应用模式就是ZAKER把所有空间向我们开放,我们掌握钥匙,及时推送。ZAKER出技术,我们出内容,或者说ZAKER出平台,我们来操作。这种模式一年前开始,之后有一系列变革。第一

个(变革是)把300名采编人员全部转入ZAKER,第二个(变革是)裁减新媒体部。下一步我们要协同做一个"超级航母",ZAKER是价值1.7亿的"驱逐舰"。现在我们正和网易合作,网易投资非常多,加在一起超过10亿。通过《深圳晚报》锁定深圳市政府,有本地影响的(两微一端)就依靠网易,它在本地有560万用户。通过层层覆盖,让深圳本地人知道我们。这就是精准定位。同时,需要有全国影响,点击量达到一定数量就自动推送。有人会问深圳网易和网易什么关系,深圳ZAKER和ZAKER什么关系。打个比方,ZAKER是中国,我就是深圳,是广东。除了达到一定量的自动抓取,我们还会主动推送。

在《深圳晚报》与技术平台的合作中,主流媒体集团原有的对本地内容的生产加工能力、在本地市民中已经积累起来的品牌知晓度,特别是与本地各级政府机关长期以来形成的合作关系成为其与大型网络平台合作时最为重要的战略资源。调研对象表示:

> 大的网络平台有许多技术人员,我们(在技术上)怎么和他们比?永远做不过他们,为什么还要去做呢?对于政府部门来说,也是这样的。尤其是街道一级,让他们去做这个不是难为人家吗?所以我们现在有个"微政务",专门承接政府部门、街道的双微搭建,主要工作是日常的维护。

深圳报业集团为了有效地保持矩阵的联动融合,尤其是为了确保媒体舆论的导向正确,还制定了明确的规章制度,在信息采编业务上采用了"统一指挥调度,统一分发"的做法,建立矩阵联动和导向把关的责任链。考察涉及全媒体矩阵内部的协调和联动机制时,笔者发现:

> 深圳报业集团各报网"融为一体,合而为一",实行采编统一指挥调度,统一分发制度,所有新闻作品均向新媒体特别是手机终端倾斜,优先刊播,但要按新媒体规律运作。与传统媒体要求不同,作品要使用生动活泼的网络语言,尽量运用图片、视频、VR等形态展现,吸引受众。为确保导向正确,进一步落实导向把关责任制,2016年初,集团制定并下发了《深圳报业集团新媒体管理规定》等文件,对新媒体实施"台账"管理,实现"全媒、全程、全员、全天"导向把关,做到"四个一致"和"四个必须",形成知责、明责、负责、追责的"责任链",确保政策的严格落实。

五、功能细分：全媒体矩阵与政务矩阵的差异化定位

在四座城市的公共传播体系中，城市全媒体矩阵和新出现的社交媒体政务发布矩阵在城市公共传播中产生了明确的差异化功能细分。政务发布矩阵通常更突出发布准确、客观和权威的政策信息并提供一站式的城市公共服务。全媒体矩阵则更深入地参与城市的本地生活，在公共传播实践中突出自身分析解释公共政策、动员市民激活城市基层公共生活的功能。

新近出现的城市政府政务发布矩阵通常自我定位为市政府的权威发声渠道。政务发布矩阵将面向公众的所有公共信息发布都视为政府态度和官方立场的公开表达。表现到其日常传播实践中就是，政府网络政务平台的从业者平日对于信息发布的准确性、客观性以及发布时机都做了非常严苛的自我规范。例如，笔者在对银川政府政务发布平台"银川发布"进行调研时，受访对象强调了自己个人作为银川政府权威机构工作人员（而不再是社交媒体平台上的个人意见领袖），对外必须能够代表银川市政府的形象。这种权威的自我认同使得"政府政务发布"平台在日常公共信息传播中极度重视信息权威性和准确性：

> 像我这样，从来不当大V，我觉得这样挺好的，以前的网名也不用了。做好工作要依靠组织，离开组织什么都不是，领导授权、信任你，你才有这个位置，出去是代表银川的，我的衣服上一直别着市徽。尤其是我们党组织，不允许搞个人主义、非组织动作。做点儿有意义的能留下来的事，不然走了没了就毫无意义。（我们）发布的内容，要保证权威，绝对避免传谣、说假话。

与"银川发布"对信息权威真实性的强调类似，上海市政府的政务发布平台"上海发布"更为明确地解释了日常公共传播实践中为何要坚持严格的自我规范，以保证信息发布的权威和准确。尤其值得注意的是受访者通过对比自身和传统大众媒体之间的差异，指出媒体如果"犯错没关系"，而"上海发布"发布错误信息则会被认为是政府有意为之，引发公众舆论更多的连锁反应。正因如此，"上海发布"在公共沟通，尤其是政务信息发布方面会刻意与上海原有的主流大众媒体以及城市中各种商业机构保持距离。采访中，"上海发布"的从业人员表示：

> 我们主要是做最快的权威发布和政策公布，这个立场一直不变。（编辑）负责把关，收集、汇总当天信息，发给我把一道关，然后发给处长。7分钟发

送信息是预排的,数字空着不写。发送的信息若有一点点错误,就会被网友揪住,例如行道树拉丁文、劳伦斯奖第二次获奖等错误。我们和媒体的主要差别就是媒体犯错没关系,政府犯错就被认为是搞阴谋、暗箱操作。为此,我们不允许直接引用媒体的任何信息。因为媒体信息真假不详,老百姓对我们的要求不一样,我们不能犯错。所有信息都要和区县委办局确认。

(公共信息发布)让媒体来做会有点差别。媒体会考虑非政府的立场。政府发声和《解放日报》发声是不一样的,《解放日报》发声会被认为是媒体发声,但是"上海发布"如果引用了上海七宝古镇需要保护的专家观点,所有人就会认为是市政府的观点,而不是专家的观点。我们的评论和媒体评论是不一样的。我们做的任何一个动作,都会被认为是市政府的观点。个人认为,中小城市和区县比较适合这样整合在一起,很难说直辖市、省一级(政务)发布平台是不是会这么做。

与此相似,"深圳发布"在日常的公共信息发布中也对信息发布的准确度和语言风格提出了较高的要求。从业者要求自身实践时刻体现政务发布矩阵作为权威机构更为"负责任"的态度。在调研中,"深圳发布"的从业人员提出政务发布需要恪守客观、准确、简练等具体的职业规范。例如,"深圳发布"的受访者表示:

政府发布(的信息)可能没有新闻媒体发布得多,但比他们要权威。客户端发布的是新闻媒体的东西,是记者的描述。政务平台发布的内容非常可观。我们要求尽量减少带有主观色彩的语言,尽可能用客观语言反映客观事实,给老百姓传递最客观的声音。我觉得这是政务微博和媒体的一个区别。媒体的信息可能带有记者本身的一些观点。政务发布也好公告也好,其文字要比新闻媒体简练很多。不乱说、不乱讲,但只要讲了就要对自己讲的负责任。

此外,杭州市自媒体政务发布平台"杭州发布"在政务信息发布方面对自身的定位与上海、银川和深圳比较接近。调研采访中,"杭州发布"的工作人员同样在对比传统媒体的微信公众号与政务发布平台的差异后,突出强调了政务信息的准确性对于发布平台的重要程度。"杭州发布"的工作人员还进一步地指出,不仅仅是信息必须真实,若与公众的交流方式不符合政府应有的权威角色定位,同样会在城市中引发负面舆论,对政府造成不利影响。与其他城市略有不同的是,杭州在政务信息发布之外,还积极动员市民参与推介杭州作为旅游胜地的城市形象。杭州的发布网络既通过介绍杭州的典型人物、典型事迹来传播正能量，又积极挖掘作为历史文化名城的杭州的山水和人文景观之中蕴含的本地文化、历史知识，并精心制作、推出了如"西湖为什么叫西湖？不信你知道！"等介绍城市历史风貌的专题。通过举办"美丽杭州，我来发布 PK 赛"和"园地旅行，阅读杭州"等市民活动，"杭州发布"积极动员市民参与信息生产，并由此将信息发布与市民的日常生活体验和衣食住行紧密地勾连起来。在深度调研中，"杭州发布"的受访人指出：

> （"杭州发布"的工作人员）负责城市各类公共信息的收集、素材的整理、基本的编辑工作，最重要的还是后续的信息核实。我们这个发布和媒体号不太一样，媒体号错了就错了，我们政务平台发布出去就意味着政府的行为。我们之前可能还没有这么明确的认识，后来有一次，我们发了条有关"地铁二郎腿"的微博，说在地铁上面跷二郎腿不是很合适，希望大家不要跷二郎腿，引发了很大的舆情。很多老百姓认为，"杭州发布"发的内容就是市政府的决定，进一步延伸下去，他们就认为市政府管得太宽了。
>
> 比方说，前段时间杭州市委书记任命的事情，我们是严格按照流程来做的，杭州市委书记是需要中组部来任命的。尽管很早就知道了任命的决定，但我们一直等到组织部正式发文之后才能发布，不像有些媒体可能获取这个消息后就发布出去了，这个事情在杭州是吃过批评的。有一家媒体就抢先发出去了，产生了很大的影响。所以"杭州发布"在操作方面是比较严格的，有的信息哪怕是提早知道了，我们也不会去抢，因为时效性不是我们政务发布平台追求的东西，我们要追求的就是准确、权威，这个是跟媒体最大的区别，我们的诉求不一样。媒体要追求时效性，追求轰动效应，我们不需要轰动、不需要抢热点，我们要做的就是保证权威准确性。

权威的自我定位、准确客观的公共信息发布和日常传播实践中比大众媒体组织更为严格的自我规范为数字化政务发布矩阵在政府体系内部赢得了更多的信任。基于来自公共政策制定、实施和管理部门的信任和依赖，自媒体政务发布平台才有可能更为深入地参与到政府公共政策制定和执行的环节中去。更早、更深入地直接参与政府公共决策过程使新媒体政务平台的信息发布能够更好地契合网络社会对信息发布时间和空间方面提出的新要求，并逐渐带动城市政府本身的网络化进程。调研中，"上海发布"的受访者将造成这种差异的原因归结为"我们和媒体的站位是有点差别的"。

> 对我们来讲，（因为已经建立起来的信任和合作的经历）其他部门会跟我们分享酝酿中的想法，因为知道我们代表政府立场。我们发布信息时，不是照抄媒体，也不是照本宣科地罗列公文，而是在早期就和民政局及相应部门沟通，参与到政策发布的全流程之中。所以我理解，我们和媒体的站位是有点差别的。

相比之下，这四座城市中的全媒体矩阵大多将其功能定位于凭借海量的信息资源，在更大范围内向公众提供扎根本地的公共信息和更有深度的政策分析解读。譬如作为上海报业集团成立后的第一个新媒体项目，"上海观察"将自身功能定义为"致力于为目标读者提供高品质的深度阅读"。在对"上海观察"的调研访谈中，受访者更是明确地将自身定义为"扎根本地的深度媒体"。与新出现的政府信息发布矩阵相比，传统党媒的功能优势体现在"剖析深意"并帮助读者理解政府政策精神等方面。例如，访谈中"上海观察"的受访者突出了自身在城市公共信息传播方面理应具有的"最快、最深、最权威"的特质。

> 新版"上海观察"以"深度了解上海的第一选择"为目标，着力打造成上海权威信息在互联网发布的第一平台，为上海市民和城市利益相关者提供更快、更宽、更深的信息服务。新版本的上线，大大拓展了原有的内容，将原来的"政情""经济""城事"等8个栏目，升级成为"政情""财经""区县""文化""城事""天下"等频道，并在频道下设置了近80个栏目。从原先每天提供20多篇稿件，到现在的上百篇，内容覆盖上海政经、文化、科教卫体及社会生活各个方面。

> "上海观察"作为扎根本地的深度媒体，对（时任）上海市委书记韩正的"观察"必不可少。"韩正一周"是"上海观察"中"政情"栏目的拳头产品。利用报社资源，"韩正一周"从韩正在各类场合的"语录"入手，剖析韩正讲话的深意。《这一年，韩正敲过的"麻栗子"》《理解韩正全会讲话：天·地·人》等文章都是党报新媒体创新时政报道模式、改进报道表达方式的积极探索，我们力争在上海的时政新闻报道领域做到最快、最深、最权威。

杭州日报报业集团同样在集团内部整合了杭州市基层的区县级媒体机构（如萧山日报社等）。数字网络化的传媒矩阵在日常公共信息传播业务方面因此得以延伸到杭州包括区县市一级的本地基层新闻中心。《杭州日报》利用传媒集团长期以来积攒的深入基层的媒体资源，积极动员杭州本地居民参与类似"共同阅读"等融入市民日常生活的公共活动。同时,公共信息传播实践则主要聚焦于帮助城市公众更准确深入地"解读"城市的时政要闻信息。杭州日报报业集团的受访者将自身与新兴的政府政务发布平台进行对比,强调了自身特有的优势在于更强的采访能力、更稳定的人员配置以及新闻机构呈现公共信息时独特的分析视角。

> 杭报集团(即杭州日报报业集团)多年来一直有这样一个原则:"八仙过海,各显神通"。我们有《杭州日报》《都市快报》《萧山日报》等,《萧山日报》是我们县级报的NO.1。我们允许各个媒体按照各自的路子去探索,两微一端都有。探索下来,日报方面,做了网站"杭州在线",现在做得相对较好的是我们《杭州日报》的官微。日报微信有一个矩阵,官微带头,各个部门都有各自的公众号,比如说我们"时政要闻中心"搞了一个"政在解读","区县市新闻中心"搞了一个"读城杭州"等。
>
> 与我们相比,其实"杭州发布"的采访力量不强,而且人员不断地变动。他们往往是由政府部门供稿。供的稿子是官方的,往往也就没有办法从新闻角度来做。

深圳的大众媒体《深圳晚报》则积极开展与ZAKER和网易等互联网数字媒体公司的合作,从合作中获取数字化技术与平台。传统媒体对这种合作的重要性以及自身在合作中的优势资源有着非常清醒的认识。调研发现,从业者认为深圳报业集团传统媒体的渠道搭建和已经积累起来的品牌形象是自身重要的优势资源。受访者尤其提到了传统媒体集团在数字媒体环境中比以往更需要利用技术"把渠道落下来"。一方面,传统媒体拥有的公共传播渠道需要依据深圳市基层街道组织的特点,通过在媒介组织中创造性地建立"城区主任"这样的新职位来实现传统媒体公共信息的本地化和直播化。另一方面,深圳报业集团的受访者也表示传统媒体的渠道要扎根本地,"越深越好"。《深圳晚报》的受访者在接受调研时认为:

> 我们的内容生产不是一朝一夕的,渠道搭建也不是一朝一夕的,包括政府部门和企业等渠道。还有就是品牌问题,对于网络上发酵的问题,最后还是需要纸媒来引导舆论。当你没有用的时候,(与网络媒体机构的)合作就无从谈起。我们专门设置了城区主任,他天天在外头。以前不知道他去哪儿了,现在知道了,因为他要直播。很多人在后面支撑他,做全媒体。以前有东部、中部、西部三个城区,现在合并成一个城区,把小的变成大的,再把大的变成小的、垂直化的。大的平台为什么来找我们?他们需要落地,需要把渠道

打通,对于我们来说,我们的优势也在这儿。深圳大概有60个街道,和上海比较像的是,深圳的街道功能非常强。以前传统媒体不爱搭理他们,实际上是很大的错误。我们要像枝干一样,尽可能向外扩展,根要越深越好,最好扎到每个人身边。街道是我们非常重视的一块。

六、上分下合:矩阵间关联建构公共传播新形态

综合前文,本报告对四座城市公共传播形态进行整体分析后发现,城市公共传播所涉及的城市规模越大、矩阵节点所处位置在政府体系内的行政级别越高,则政府政务发布与全媒体两类不同性质的公共传播联动矩阵之间越是泾渭分明,但越基层的政务发布矩阵与全媒体矩阵之间的关联越紧密。因此,对于像杭州、上海这样的大型城市,数字化城市公共传播体系呈现出不同的联动矩阵之间明显"上分下合"的总体态势。而银川由于行政级别相对较低、城市规模相对较小,因此其媒体矩阵和政务矩阵之间始终呈现出较为紧密的融合。

由于银川市政务发布矩阵与原来城市大众媒体之间合作频繁,因此其数字化政务矩阵积极与大众媒体分享政府部门与城市居民的互动过程(以及过程中产生的数据)。通过数据分享,银川市的大众媒体机构被激活并进入与城市公众的实时传播交往中,增强了大众媒体的互动性。媒体矩阵和政务矩阵间形成了彼此紧密依赖的共生关系。调研过程中,"银川发布"的受访者如此描绘两者之间的关系:

> 我们和媒体合作,媒体把他们热线中一些网民的诉求转给我们微博,我们答复了以后……我们跟我们区内的所有媒体的民生频道合作,我们不怕事多,就怕事少。这样也能激活传统媒体参与社会治理和网络治理的积极性;同时我们也觉得媒体(存在)采访难、采访成本过高的问题。他们转过来之后,我们一转办,(有关部门)必须答复,必须接受采访,不然办结率有问题。我们和媒体目前是共生状态。比如像《直播银川》,它是西北地区收视率最高的一档民生节目,比兰州、西安的电视节目的收视率都高,里面的话题就是来自我们后台民意诉求的沉淀,每一期节目大家都很爱看、都很关心,话题很精准。

但值得注意的是,银川这两个公共传播矩阵虽然存在较为紧密且正式的关联共生关系,但在政务发布背后实际推动政务信息流动的非正式交流微信群中,却又很清楚

地划分了政务信息传播平台和传统媒体之间以及政府职能部门与政务发布矩阵之间的界线。由于传统大众媒体和政府政务发布矩阵的自我定位不同,当媒体和政务发布两个矩阵的工作人员被置于同一公共信息场域中时,仍旧会产生"不恰当"的信息泄露或溢出现象。政务发布矩阵与全媒体网络在公共信息传播的获取方面,仍旧存在清晰的差异和界线。同时,由于市一级的政务平台对基层政府职能部门具有自上而下的"问政评估"权限,政府各个职能部门在其内部交流以及与市一级问政平台的沟通时,也有必要维护清晰的界线。谈及对这一界线的维护时,"银川发布"的受访者解释道:

> 我手头就两个(微信)群,一个是市管微博管理员的,一个是外围群,外围群里面有专家和媒体代表。各县区、各公安系统有自己的群,我们不进去,进去他们会很紧张。外围群里面的专家是侯鄂,跟我们合作五年了;媒体人只有一个,就是宁夏新闻网的副总编辑,是我们的启蒙老师,在舆情方面很有经验的老媒体人,人品也很好。我们以前出过事,群里说的话被人复制出去了。以前群里媒体人很多,被我硬着头皮全清掉了。

而上海、杭州与银川无论城市规模还是行政级别都有明显差异。上海与杭州为市一级的政务发布矩阵向城市全媒体矩阵的单向传播,但在政务发布联动矩阵中处于城市政府基层的节点与全媒体矩阵中区县甚至更为基层的媒体机构则互动频繁合作紧密。两类公共传播矩阵呈现出上端分开但基层节点紧密缠绕的整体关联形态。以上海为例,城市本身规模以及城市传统媒体机构内部的复杂性,外加"上海发布"自身与大众媒体的差异化定位,使得两个矩阵在市一级的互动不多,但是在城市基层的区县一级,两者却可以形成融为一体的"全媒体厨房"形态。之所以如此,主要是因为上海城市体量巨大,全媒体矩阵和政务发布矩阵中各方的内部利益更大,思路多样化程度更高,不便于"捏合"。深度访谈中问及两个矩阵为何呈现如此关系时,"上海发布"的受访者解释道:

> 我们和党媒互动不是很多,没有和《解放日报》直接合在一起,领导没有这样做。我个人理解,惠州和扬州因为城市体量不是很大,可以做全媒体,这可以对应黄埔、静安、虹口,它们已经成立了新闻中心。《黄埔报》的人现场采回来的新闻,可以《黄埔报》发,也可以别人发。(区县会成立新闻中心,但《闵行报》目前独立)成立新闻中心,由宣传部副部长挂帅,下面是"全媒体厨房":一拨做电视、一拨做报纸、一拨做政务新媒体,例如,"金山传播""爱金山""松江报""上海松江发布"等采用的都是打包的模式。但是,对"上海发布"和《解

放日报》而言,《解放日报》本身体量较大,有很多利益诉求和想法,不像县区(媒体)那么好捏和。例如,区里面可以捏和报纸和电视台,上海不能把SMG和上广集团捏合在一起。

与此类似,杭州城市一级的政务联动网络在民生服务和深入居民本地生活的城市推介模块与诸多杭州本地的自媒体公众号展开了较为深入紧密的合作、互动,但政务发布联动矩阵与全媒体矩阵在政务信息传播方面则由于"需求不一样",很难关联互动。一旦市级政务发布平台要将大众媒体用作信源,信息就需要经过严格的再度把关。而且,杭州市级发布平台一般不会转发传统大众媒体的信息。调研中,"杭州发布"的工作人员表示:

> 我们还有一块内容叫"推荐杭州",属于民生服务,这部分的内容我们会跟一些做得比较好的自媒体合作。杭州自媒体做得好的还是蛮多的,像二更、酱爆、杭州佬儿,他们会把他们做得比较好的内容推荐给我们,让我们平台再做一次发布。这种内容服务还是比较多的。跟媒体政务信息方面的合作,我发现不是很顺畅,媒体的需求和我们的需求不一样,他们通常是将政务信息当作素材来用,可能会做一些二度的解答;而媒体发布的信息对我们来说也不是很合适,之前做微博的时候就很明显,有些信息媒体已经发布了,但是经过我们核实,通常会有这样那样的问题,可能不是很准确。所以对于媒体发布的内容,我们是严格要求再度审核的。我们可以把大众媒体当成信源,但一定不会把它们当成转载的内容。

第三部分 新城市公共传播:启示与建议

根据对调研和深度访谈材料的系统分析,本研究报告发现在数字网络技术环境中,上海、深圳、杭州和银川等城市结合自身情况,创造出了具有"上分下合,联动共作"特征的城市公共传播新形态。这四座城市在公共传播形态创新方面的主要特点包括:(1)公共传播的改变直接对应了新技术环境中城市的行政需求,政府成为公共传播实践创新的强大驱动力;(2)各类政务信息的发布打通了原本党政宣传部门和政府行政部门的资源,为网络化公共传播创造了多种可能;(3)政务发布联动矩阵不仅改变了政府公共传播的时空参数,而且有效地重塑了政府行政本身;(4)全媒体联动矩阵报网并重,深入扎根本地生活,激活基层的各类资源;(5)不同的公共传播矩阵的功能定位出现明确的差异化细分:公共政策信息发布强调准确、客观、权威、时效,而全媒体矩阵网络则突出深度解释分析和基层市民动员等功能;(6)从城市公共传播形态整体考察,政务发布矩阵与全媒体矩阵之间的关联呈现出"上分下合"的结构特征。

首先,就其意义而言,网络化的城市公共传播形态能更为直接有效地对应城市在新技术环境中的治理需求。这种对接一定程度上转变了传统的新闻宣传观念和实践。在对这四座城市的调研中,多位受访者不止一次提到数字网络环境中有效的"宣传"需要以高效的"一站式"公共服务、富有深度且正面向上的分析解释,以及大量有"涵养"的市民粉丝等方式来实现。新的"宣传"成效表现为市民对政府公共传播体系的信任程度、城市本地粉丝群体的形成和维护,以及在城市危机事件发生时对政府内部和基层市民群体的实时动员能力。网络环境中,传统新闻宣传行为在理念和实践上的深刻转变一方面推动了政府行政与公共传播之间进一步的深度融合,实时的网络化公共传播过程构成了政府城市治理的核心,而不仅仅是对其效果的反映或呈现;另一方面,宣传实践的转变也推动城市传统媒体以更多元的方式,针对不同类型的受众采用差异化策略来完成新闻宣传任务。针对这方面的变化,城市党媒和政府信息发布矩阵都需要根据城市传播环境的变化,拓展传统的宣传思维,在数字环境中积极发挥网络矩阵的聚合作用,将自身建设成有效汇集城市各类公共服务,有能力深度渗入市民日常生活,高质量达成公众动员、公共服务和粉丝培育等目标的城市传播枢纽。

其次,这四座城市的政务信息发布网络大多打通了原本城市党政宣传系统和政府行政部门之间的条线区隔。在城市公共传播管理体制方面突破条线分割响应了公共传播过程与城市治理的融合。这种模式带来了以下便利:第一,双轨模式将宣传体系内原本存在的大量信息处理和发布资源重新激活,并将其用于满足数字时代不断涌现出来的政府行政需求。第二,党政宣传体系长期积累起来的权威性,能够更好地保证城市政府公共信息发布在政治和舆论导向上的把控,协调并鼓励从业人员在原来的新闻宣传体系与新出现的数字化公共传播平台之间顺畅流动,并帮助政府信息发布网络中的从业人员更好获取、聚合散布在城市党政体系内部的各类公共信息。第三,在采用双轨模式的城市中,宣传部常常负责"新闻业务指导",而实际负责政务信息发布矩阵日常运行的常常是市政府的行政部门。这样的安排将信息收集、制作和发布与政府行政工作直接挂钩,增加了政府行政部门与政务发布平台的融合互动,帮助两者在不同的传播实践之间达成更好的平衡。根据以上分析,城市公共传播形态的创新需要将城市原有的条块资源重新激活,通过资源的流动和分享整合新形态。媒介融合不仅涉及多种媒介技术之间的整合,而且涉及传统媒体技术环境中条块分割的城市公共生活与数字化公共传播实践之间的深度融合和重新设置。

再次,这四座城市的政务发布联动矩阵不仅改变了政府公共信息的传播,而且通过各种方式的联动直接改变了政府自身的日常行政实践。具体说来,研究发现,虽然这四座城市政务发布矩阵联动的正式程度、联动形式等都存在差异,但政务发布矩阵最终改变的不仅是政府公共信息发布的单一功能,而是重塑了基层机关和职能委办局的行政实践及其与公众的关系。从理论上看,数字化公共传播实践的创新与政府行政管理体制之间形成的张力为我国数字化政府的研究提出了新的议题。更关键的是这种张力背后,城市特有的市民文化(比如"上海发布"的个人交流、杭州的"精致舒适"等)、原有政治体系结构性力量的强弱甚至政府官员个人的数字媒介素养等因素都对两者的耦合产生了重要的影响。鉴于此,本报告提出数字化的公共传播至少为:(1)政府内部与外部传播的网络化重构;(2)政府日常行政实践的网络化;(3)市民与公共机构互动的网络化创造的难得的契机。

又次,这四座城市的全媒体矩阵的形态特征指明了传统大众媒体在数字网络传播环境中的发展趋势。原有党媒体系下的大众媒体在准确、深入、权威地向市民分析、解释和传达公共政策信息方面具有得天独厚的优势。此外,城市主流媒体在深度渗入城市本地居民的日常生活方面也已集聚起一定的资源(比如,阅读习惯、品牌认同、粉丝群体等)。深圳和杭州的城市主流媒体矩阵积极地利用外来的技术和资本力量,重新激活并增强了主流媒体的本地资源的价值。与此相应,城市的主流媒体也逐渐从狭义的新闻宣传业务向文化产业、会展策划、文艺演出,甚至艺术教育等多样化的业务领域迅速拓展。由此可见,传统的大众媒体在数字网络环境中亟待突破传统观念的束缚,更有创造性地发挥自身独特的本地资源优势,扎根城市本地生活,将自身打造成城市的信息资源中枢、文化活动中枢、社会交往中枢以及对政府权威政策和声音的"解释分析专家"。

最后,城市政务发布联动矩阵与全媒体矩阵之间的复杂关系对我们至少有以下几方面的启发:第一,两类矩阵的话语形态、传播实践和功能定位都发生了明确的细化分工。在新的公共传播环境中,原来大众媒体在信息发布方面的传统优势已经不复存在。政府越来越多的行政需求目前只能通过建立新的政务发布矩阵来得到满足。这种情况下,传统媒体为了更好地生存发展,必然要找到新的细分功能市场。全媒体矩阵新获得的功能(本地生活、公共活动动员、公共政策解析等)一方面对应了网络时代公共信息超载、本地与全球的辩证关系发生重构等重要的现实变化;另一方面以新的方式为媒体机构原有的各类资源找到了实现价值的恰当途径和机制;同时还在政府与媒体、媒体与公众之间建构了新形态的互动和依赖关系(例如,政府需要媒体的基层动员能力、本地信息资源和第三方的立场,市民需要媒体机构对政策信息提供权威的解释分析,而媒体则需要来自政府的行政和财务支持等)。第二,两类联动矩阵之间"上分下合"的整体态势以及从业者对此的解释一方面说明随着城市公共传播形态的复杂性和多样性不断提高,两个矩阵在信息发布实践方面的差异正在逐渐拉大。城市一级的政务发布平台无论是立场、政策信息发布的专业化程度还是与政府体系内部的关系强度都与全媒体矩阵有不可忽视的差别。另一方面,城市公共传播涉及的范围、规模和复杂程度越小,越容易牵涉两类联动矩阵深入城市基层的本地节点,不同矩阵之间的融合与互动就越紧密。由此出发,笔者提出在城市公共传播形态的创新过程中,需要重视各类联动矩阵在功能上全新的横向划分,理解不同数字化传播网络各自的特点;同时,更需要从纵向关注当同一联动矩阵的特定节点处在不同行政层级时,其与城市其他公共传播矩阵之间会发生怎样的融合互动。正如党政条线的双轨管理给上海、深圳、杭州和银川的政务发布矩阵提供了诸多便利,全媒体矩阵与政务发布联动矩阵在城市基层生活中基于功能差异的协同合作,能更有效地激发城市基层公共生活的生命力,使城市本身成为更为通达宽容的"媒介"。

参考文献

[1] 中国国家统计局.城市2016年GDP指标排名[EB/OL].(2017-01-20)[2018-05-13].http://data.stats.gov.cn/easyquery.htm?cn=C01.

[2] 上海统计局.2017年上海市国民经济和社会发展统计公报[EB/OL].(2018-03-08)[2018-05-13].http://www.stats-sh.gov.cn/html/sjfb/201803/1001690.html.

[3] 深圳统计局.深圳市2017年国民经济和社会发展统计公报[EB/OL].(2018-04-17)[2018-05-13].http://www.sztj.gov.cn/xxgk/tjsj/tjgb/201804/t20180416_11765330.htm.

[4] 杭州统计信息网.2017年杭州市国民经济和社会发展统计公报[EB/OL].[2018-05-13].http://tjj.hangzhou.gov.cn/web/Show_News.aspx?newsid=Zd67FYr/Gmw=&text=e2QRsks8CwPb1KyjnHMCR7UVdn1eiG3L&id=aGQ2vC4UrQiwgvQlzZi3/A==.

[5] 银川人民政府.银川市2017年国民经济和社会发展统计公报[EB/OL].(2018-04-12)[2018-05-13].http://www.yinchuan.gov.cn/sshc/ycgk/jjshfzqk/201804/t20180416_736942.html.

[6] 上海市新闻办公室.新闻办公室主要职责[EB/OL].[2018-06-14].http://www.shio.gov.cn/sh/xwb/n777/n779/u1ai11171.html.

[7] 四地召开媒体融合推进工作座谈会深度融合刻不容缓[EB/OL].(2017-02-13)[2018-06-14].http://media.people.com.cn/n1/2017/0213/c40606-29077636.html.

[8] 深圳市政府.深圳市人民政府新闻发布工作办法[EB/OL].[2018-06-14].http://www.sz.gov.cn/cn/xxgk/xwfyr/wqhg/fbh_52/.

[9] 深圳市政府.深圳市突发事件预警信息发布管理暂行办法[EB/OL].[2018-06-14].http://

www.110.com/fagui/law_395614.html.

[10] 杭州市政府.杭州市人民政府办公厅关于推进杭州市政府信息公开统一管理平台建设的通知[EB/OL].(2016-08-24)[2018-06-14].http://www.hangzhou.gov.cn/art/2016/8/24/art_933506_2123416.html.

[11] 杭州市政府.杭州市全面推进政务公开工作实施细则[EB/OL].(2017-09-15)[2018-06-14].http://www.hangzhou.gov.cn/art/2017/9/15/art_1256295_10792901.html.

[12] 陈玲.大数据催生政务变革引全国关注[N/OL].(2018-01-05)[2018-06-15].http://szb.ycen.com.cn/epaper/ycrb/html/2018-01/05/content_481.htm.

[13] 银川市政府.银川市政府信息公开指南[EB/OL].(2017-10-24)[2018-06-15].http://www.yinchuan.gov.cn/xxgk/zfxxgkzn/201608/t20160824_177994.html.

[14] 深圳报业集团党组书记、社长陈寅:用户是融媒体尝试的试金石[N/OL].(2015-02-19)[2018-06-17].http://media.people.com.cn/n/2015/0819/c14677-27486600.html.

[15] 裘新.纸媒行业不需要悲观主义者,徒说无益[N].21世纪经济报道,2013-10-25.

[16] 赵晴.杭州日报:是报,是网,是新的探索[N].中华新闻报,2009-07-31.

[17] 赵晴.杭报集团:以"三加"转型推动传播现代化、产业文创化[J].中国记者,2016(7).

[18] 宁夏记协.银川日报社:打造现代传播体系[EB/OL].(2017-06-14)[2018-06-17].http://www.xinhuanet.com/zgjx/2017-06/14/c_136361649_2.htm.

[19] 杭州政府网.杭州着力打造四大个性特色[EB/OL].(2016-07-12)[2018-06-17].http://www.hangzhou.gov.cn/art/2016/7/12/art_812262_1325476.html.

图书在版编目(CIP)数据

中国传播学评论. 第八辑 / 黄旦主编. -- 北京:中国传媒大学出版社,2019.8
ISBN 978-7-5657-2509-8

Ⅰ. ①中… Ⅱ. ①黄… Ⅲ. ①传播学—中国—文集 Ⅳ. ①G206-53

中国版本图书馆 CIP 数据核字(2019)第 137555 号

中国传播学评论(第八辑)
ZHONGGUO CHUANBOXUE PINGLUN(DI-BA JI)

主　　编	黄　旦
策划编辑	王雁来
责任编辑	王雁来
特约编辑	陈　默
责任印制	李志鹏
装帧设计	拓美设计
出版发行	中国传媒大学出版社
社　　址	北京市朝阳区定福庄东街 1 号　邮编:100024
电　　话	86-10-65450528　65450532　传真:65779405
网　　址	http://cucp.cuc.edu.cn
经　　销	全国新华书店
印　　刷	北京玺诚印务有限公司
开　　本	787mm×1092mm　1/16
印　　张	14.75
字　　数	280 千字
版　　次	2019 年 8 月第 1 版
印　　次	2019 年 8 月第 1 次印刷
书　　号	ISBN 978-7-5657-2509-8/G·2509　定　价　68.00 元

版权所有　　翻印必究　　印装错误　　负责调换